组块教学，过一种专业的语文生活。

——薛法根

· 教育家成长丛书 ·

薛法根
与组块教学

XUEFAGEN YU ZUKUAI JIAOXUE

中国教育报刊社·人民教育家研究院 组编

薛法根 著

北京师范大学出版集团
BEIJING NORMAL UNIVERSITY PUBLISHING GROUP
北京师范大学出版社

图书在版编目（CIP）数据

薛法根与组块教学/薛法根著；中国教育报刊社人民教育家研究院组编. —北京：北京师范大学出版社，2021.7（2025.7重印）
（教育家成长丛书）
ISBN 978-7-303-23328-1

Ⅰ.①薛⋯ Ⅱ.①薛⋯ ②中⋯ Ⅲ.①薛法根－教育思想－研究
Ⅳ.①G40-092.7

中国版本图书馆 CIP 数据核字（2021）第 061673 号

XUE FAGEN YU ZUKUAI JIAOXUE

出版发行：北京师范大学出版社 https：//www.bnupg.com
　　　　　北京市西城区新街口外大街 12-3 号
　　　　　邮政编码：100088

印　　刷：北京虎彩文化传播有限公司
经　　销：全国新华书店
开　　本：787 mm×1092 mm　1/16
印　　张：21.75
字　　数：373 千字
版　　次：2021 年 7 月第 1 版
印　　次：2025 年 7 月第 5 次印刷
定　　价：70.00 元

策划编辑：伊师孟　　　　　责任编辑：朱前前
美术编辑：焦　丽　　　　　装帧设计：焦　丽
责任校对：陈　民　　　　　责任印制：马　洁

教育家成长丛书

编委会名单

总 序

　　教育是国家发展的基石，教师是基石的奠基者。古人云："国将兴，必贵师而重傅。"兴国必先强教，强教必先重师。党中央、国务院高度重视教师队伍建设。2013 年教师节，习近平总书记在给全国广大教师的慰问信中指出："百年大计，教育为本。教师是立教之本、兴教之源，承担着让每个孩子健康成长、办好人民满意教育的重任。"2014 年，在第 30 个教师节前夕，习总书记到北京师范大学视察并发表重要讲话，指出："一个人遇到好老师是人生的幸运，一个学校拥有好老师是学校的光荣，一个民族源源不断涌现出一批又一批好老师则是民族的希望。"《国家中长期教育改革和发展规划纲要（2010—2020 年）》也明确提出，"有好的教师，才有好的教育"，要"努力造就一支师德高尚、业务精湛、结构合理、充满活力的高素质专业化教师队伍"。"倡导教育家办学"，要创造有利条件，鼓励教师和校长在实践中大胆探索，创新教育思想、教育模式和教育方法，形成教学特色和办学风格，造就一批教育家。"两个一百年"奋斗目标的实现、中华民族伟大复兴中国梦的实现，归根结底要靠人才、靠教育，而支撑起教育光荣梦想的，是千百万的教师。

　　时代呼唤好老师。有一流的教师，才有一流的教育；有一流的教育，才有一流的国家。出名师、育英才、成伟业，是时代赋予我们教育战线的神圣使命。"所谓大学者，非谓有大楼之谓也，有大师之谓也。"好学校、好教育的最重要标准，就是要有好老师。一所学校、一个地区，乃至一个国家，如果教师有理想、有爱心、有学识、有高超的教育艺术，那么即使硬件设施有些简陋，家长、学生也会心向往之。教师是中国梦的奠基者。教师的重要使命，就是为每个孩子播种梦想、点燃梦想，并帮助他们实现梦想。每一间平凡的教室，每一节朴实的课，都不仅是知识的传递，而且是人类文明精神的接续、人生梦想的起航。正是有亿万个孩子梦想的放飞、绽放，中国梦才更加光彩夺目。如果说中国梦最坚实的土壤是学校，那么教师就是最伟大的"筑梦师"，他们用默默无闻、孜孜不倦的智慧劳动，让每一颗年轻的心灵都与中国梦激情相拥。

倡导教育家办学，造就一批好老师，首先要尊重、珍惜我们的本土智慧、本土创造。教育家不是凭空产生的，而是扎根于自己的民族文化土壤，同时吸收人类文明成果，从而创造出独特而生动的教育实践、教育智慧和教育文明。五千年源远流长的中华文明，不但形成了有我们民族特色的教育理论体系，而且涌现出了千千万万优秀的教育家，有被推崇为"大成至圣先师""万世师表"的孔子，有"匹夫而为百世师，一言而为天下法"的韩愈，有"捧着一颗心来，不带半根草去"的人民教育家陶行知，等等。改革开放40年来，随着教育改革的不断深入，教育战线涌现出了一大批杰出教师。他们痴情于教育事业，坚守理想信念和教育良知，在三尺讲台上默默耕耘、刻苦钻研，同时以敢为天下先的精神大胆创新，不断进取、不断超越，形成了各具特色的教育思想和教学风格。正是他们的成功探索和实践，创造了具有中国风格的教育经验，丰富了具有中国特色的教育理论宝库。原由教育部师范教育司组织编写，现由中国教育报刊社人民教育家研究院组织编写的"教育家成长丛书"，就是要向这些宝贵的本土创造性的教育经验致敬。

当前，教育领域综合改革正在深入推进，考试招生制度改革的大幕已经拉开，立德树人、培育和践行社会主义核心价值观成为大中小学教育的头等任务。可以预见，中国教育将发生深刻的变革，将从"中国制造"向"中国创造"转变。"没有革命的理论，就没有革命的运动。"没有适合中国土壤、具有中国智慧的教育理论，就不可能为未来的中国教育改革提供有效的指导。我们的教育要向"中国创造"飞跃，必然要首先创造属于我们自己的教育理论，而不是"言必称希腊"或者老是贩卖欧美的教育理论。170多年前，美国思想家、诗人爱默生发表了著名演说《美国学者》，号召美国知识界："我们依赖旁人的日子，我们师从他国的长期学徒期时代即将结束。在我们周围，有成百上千万的青年正在走向生活，他们不能老是依赖外国学识的残余来获得营养。"由此，美国迈入精神立国阶段。

如今，我们也面临与爱默生同样的情形。随着我国GDP已从世界第二向第一迈进，我们要自觉养成强烈的"中国意识"，独立的中国文化品格，并由此去环视世界，去改造本土实践，去创造属于我们自己的精神养料——这在教育界显得尤为紧迫。"教育家成长丛书"，旨在把我们本土教育实践中蕴含的中国智慧提炼出来，从而形成具有时代意义的中国特色的教育话语体系，再以此去观照、引领、改造中国的教育实践，为伟大的教育改革提供经验、理论支持，也为未来的教育家提供丰富、可资借鉴的精神养料。

让我们为中国教育的伟大未来一起努力吧！

程成遠

2018年3月9日

前 言

　　见证着中国基础教育半个世纪的春华秋实，代表着中国基础教育教学成果的最高成就——"首届基础教育国家级教学成果奖"，闪耀着李吉林、窦桂梅、吴正宪、张思明、洪宗礼、唐江澎、邱学华、于永正、孙双金、薄俊生、龚春燕等一大批优秀教师的名字。而上述这些教师杰出代表恰恰都是《人民教育》"名师人生"栏目中最受读者喜爱的名师，都是"教育家成长丛书"的作者。

　　"教育家成长丛书"（以下简称"丛书"），是在第20个教师节前夕，为了研究、总结、宣传和推广我国众多优秀中小学教师的先进教育思想和鲜活宝贵的教育教学经验，培养造就一大批德才兼备的优秀教师和杰出的教育家，促进教师队伍整体素质的提高，根据教育部党组安排，由师范教育司组织编写的一套凝聚着一大批教育家成长智慧的大型教育丛书。

　　"丛书"自2006年问世以来，不但得到国务院和教育部领导同志的高度重视，而且先后印刷多次尚不能满足广大读者的需求。这其中的奥秘何在？

　　当你翻开"丛书"，每一部著作都讲述着一位教育家成长的故事。这些著作主要从"成长历程""思想概述""课堂实录"和"社会反响"等方面全景式反映其教育思想、教育智慧、专业精神和专业人格的形成过程与教学实践过程。这是教育家成长的基本素质所在。

　　当你沿着教育家成长的足迹走近他们的时候，你会融入这些带有"草根色彩"、扎根中华教育实践大地、充满田野芳香的真实感人的教育故事中。

当你从"丛书"中，从这些当年和自己一样的普通教师，成长为今天受人尊敬的教育家的成长过程中受到启迪，当你触摸着自己的心，把学生的成长和祖国的未来紧紧连在一起的时候，你会真切地感受到教育家离我们并不遥远。

当你用整个身心蘸着自己的生活积累去品味"丛书"中的每一部著作的"成长历程"时，在一位位名师不断学习、不断超越自我、不断超越学科教学的求索足迹中，你会读懂"教育是事业，其意义在于奉献"的丰富内涵。

当你研读"丛书"中的每一部著作的"思想概述"，和每一位名师展开心灵对话的时候，都会深深地感到，一名教师对教育独立的理解与执着的追求有多么重要。从一名普通的教师成长为受人尊敬的教育家的过程中，你会读懂"教育是科学，其价值在于求真"的深刻含义。透过"丛书"，你会看到一代代教师用爱与智慧塑造民族未来的教育理想。

随着我们从"知识核心时代"走向"核心素养时代"，教师教育教学活动的视野已拓展到人的生存与发展的方方面面。教师要结合自己的教学实践去感悟"教育理念是指导教育行为的思想观念和精神追求"，应该把爱化为自己的教育行为，让爱充盈课堂，触摸到一个个灵动的生命，让爱产生智慧，让爱与智慧在学生心中留下岁月抹不去的美好回忆，让教育者和受教育者都感受到教育的幸福。这是"丛书"给我们的启示，也是每位教师应有的胸怀和视野。

时代呼唤教育家。为了进一步把我们本土教育实践中蕴含的中国智慧提炼出来，从而形成具有时代意义的中国特色的教育话语体系，以此去观照、引领、创新中国的教育实践并在更大范围加以推广，"丛书"将由中国教育报刊社人民教育家研究院继续组织编写，希望能够在更广大教师的心田中播种教育家成长的智慧，从而出更多的名师，育更多的英才，成就中华民族复兴的伟业。这是时代赋予广大教育工作者的神圣使命。如果广大教师能在每位教育家成长、探索教育智慧的过程中受到启迪，形成自己的教育智慧，则实现了我们编辑这套"丛书"的初衷。

"教育家成长丛书"
编 委 会
2018 年 3 月

目 录
CONTENTS
薛法根与组块教学

［成长之路：一生只做一件事］

［组块研究：为言语智能而教］

课堂实践：好课是磨出来的

众家评述：语文是"根"的事业

附 录

后 记

成长之路：一生只做一件事

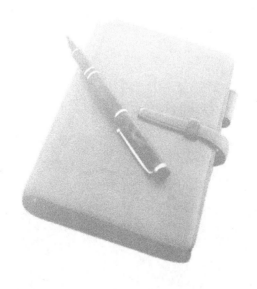

一、从小学生到师范生

我从小就想做一个老师，一个邻里乡间受人敬重的先生。在桃源乡下，村子里识字的只有两种人。一种是村里的会计，会写字能算账，哪怕算错了也没人怀疑，因为你压根就不知道是怎么算出来的；另一种是村里的先生，会教人识字读书，能帮人调解纠纷，说出来的话，句句在理，无人不服，也没人敢不信。于是，在我小小的心里，做老师，当先生，是很伟大的一件事。

看到村里的大孩子都背着书包进学堂读书，我也缠着父母要读书，感觉坐在教室里听老师讲课，和同学们一起读书、游戏，是一件最幸福的事。6 岁那年，我背着外公外婆买来的书包，吃完了"坐精肉"（据说吃了这块肉读书时屁股不离板凳，会很定心），准备了一大袋糖果，去村上的小学报名。排队点名时，被老师一把揪了出来，因为不够年龄。我眼睁睁地看着别人进了课堂，忍不住大哭。好在小姑姑花了 2 块钱（让我家人好一阵心疼），帮我从学校买了《语文》和《算术》两本书，在家里教我读起书来。于是，每天傍晚等生产队收工后，我总是和其他已经上学的小伙伴一样，长凳当桌，矮凳做椅，端坐在屋檐下写字。听着大人们路过时啧啧的称赞，那幸福的感觉至今萦绕心头。对读书的渴望、对学校的向往，让教育成为一件充满魅力、充满诱惑、充满幸福的事。人，生来就有这种对学习的渴望，对成长的向往。儿童自然是"天生的学习者"。

上了小学，教我语文的是钮才良老师，矮矮的，胖胖的。据说才小学毕业，是个代课老师。普通话带着方言，让我佩服的是他写得一手好字，黑板上的粉笔字就像书本上的字印上去的一样。每逢农闲季节，他就帮学校周围的村民写字，竹匾、长凳、油纸伞、挑水桶，写上了各家户主的名字。有时候在操场上一溜儿排开，那个气势，那个自豪，让我小小的心一下子饱胀起来。我偷偷地模仿钮老师的字，每天在奶奶的衣橱面板上用黄泥巴当粉笔，一笔一画地练字。有时还偷偷地捡起老师扔掉的粉笔头，在木板上写写画画。小学还没毕业，我的毛笔字已经写得很像样了，读高中的表姐常常让我代写毛笔字作业。这个小小的骄傲，一直带到读师范的时候，带到了现在。字是人的第二张脸，我知道自己的脸长得很一般，第二张脸再不漂亮一点，就没人想看了。一个好老师，不一定要十全十美，但一定要有一点绝招，让孩子们敬佩不已，偷偷地学，偷偷地练，这种潜移默化的影响就叫"教育"。

到了初中，开始两年还是在村小。印象最深的是施之寿老师，身材魁梧，戴着一副老花镜，透着一股书卷气。他教过我们语文、数学、英语、音乐、美术，甚至还上过几节体育课，似乎什么都能教。记得那时候一共唱过三首歌，都是施老师教的。一首是《学习雷锋好榜样》，一首是《游击队之歌》，还有一首就是《茉莉花》，那是当时唱过的最美的歌。在那间窄小的教室里，施老师一边拉着手风琴，一边领我们唱。他唱一句，我们就跟着唱一句。只觉得那种旋律，那个声音，软软的，甜甜的，舒服极了。尽管我五音不全，老是走调，但一唱起来就全忘了，至今仍然如此。语文、数学、英语，这些课上教的什么，我都记不清了，唯独这首歌，一直留在我童年的记忆里。一个好老师，留给孩子的，一定是人世间最美好的情感记忆，而不是冰冷的知识。

图1-1　中学时代的薛法根
（右上）

初中毕业前夕，老师让我们填志愿。志愿表上，我毫不犹豫地填写了江苏省新苏师范学校。农民家孩子，一心想跳出"农门"，就是想当一名老师。1983年夏天的一个午间，桃源乡广播站突然插播中专中师的录取名单，我真的考取了中师。当我坐了一天的轮船，跨进新苏师范学校的大门，看到"欢迎你——未来的人民教师"的一刹那，我兴奋得有一点不知所措：一个农民的孩子，居然要做很多孩子的老师，要成为受人敬重的先生了。但是，我知道自己并不聪明，只是比别人更勤奋一点而已，小学、中学靠的是起早贪黑地用功。这是我的母亲给予我的最珍贵的财富。人常说，父母是孩子的第一任老师。我的父母都是地地道道的农民，很穷，也不识字，但他们的淳朴、善良与勤劳就是一本最好的书。我读小学三年级的时候，母亲买了一个新竹篓，我和妹妹争着要背。母亲和我们约定：谁早起谁就能背着新竹篓和她一起去割草。我们都把能背新竹篓和母亲割草看成是一件很自豪的事情。于是，我每天抢着早起，背上新竹篓和母亲一起在蒙蒙的晨雾中走向碧绿的田野。我蹲在桑树地里，闻着青草的气息，将新竹篓一把把地塞满，我小小的心也被快乐填得满满的。当朝阳升起的时候，我迎着乡亲赞许的目光，放下竹篓，背起书包上学。那一天，总是阳光灿烂！劳动最有滋味，这不是从书本中学到的，而是源自我心底的生活。在每个早起的日子里，母亲悄悄地在我成长的心田里种下了勤奋、细腻、坚韧，以致在今后的岁月，日渐丰盛，心田的杂草自然枯萎、消除了。我懂得，只要肯做事，总会有收获。

　　师范生的日子其实很简单，也很快乐。我们不需要像高中生那样拼了命地读书，没有做不完的作业、考不完的试，有的是大把自由的时间。每个周末，你可以待在图书馆，也可以疯在运动场，还可以到姑苏城内城外闲逛，尽情享受青春岁月的无限浪漫。然而，一个偶然，把我三年的中师周末时光，定格在了一个窗台。大概是进入学校的两个月后吧，我的姑父从乡下到苏州城里办事，忘了带介绍信，没法住旅馆。傍晚时分，他找到我，想留宿一夜。没想到我跟管宿舍的倪老头（大家都这么亲切地称呼他）一说，他居然把我们赶了出来。我和姑父辗转街巷还是没能找到校长开到介绍信，最终倪老头还是网开一面。此后不久，倪老头竟然向学校提出，要我协助他管理宿舍。原来学生中间留宿亲朋好友的大有人在，唯有我没有隐瞒，是最老实的一个。从此，我便在倪老头回家度周末的日子，在宿管会的窗台边值班守候：收发信件、接待访客、代卖邮票……常常在半夜里，为迟归的同学"开后门"。闲时，我便在窗台前的大桌上，挥毫泼墨，练我的书法，作我的国画，读我喜欢的名著。无论窗外人来人往、嬉戏喧闹，我都可以凝神静心。三年的中师生活过去了，我对姑苏城里的名胜古迹仍然很陌生，但在校的师兄弟们，却对我格外熟悉。有人说，看了三年的门，做的都是些琐碎的杂事，浪费的是最美好的时光，不觉得有点亏吗？然而，在窗台前守候的日子，读书、练字、作画，帮熟悉或不熟悉的人打打杂，让自己的内心变得简单而又朴素，确是人生的一大财富。

　　三年后，学校推荐我参加无锡高等师范学校（简称"无锡师范"）三二分段大专班的入学面试。论学业成绩，我只能算中等偏上一点，而有这样的机缘，或许正与我的"打杂"有关，正所谓"一分耕耘一分收获"。到了无锡师范，政教处的老师就找到我，让我协助总务部门的老师管理宿舍。看来，一个人只要肯做事、能做事，到哪儿都会招人喜欢。在无锡师范，我们大专班的师范生被当成了小老师。我"打杂"的范围也越来越广，开始管理宿舍，后来参与管理学生食堂，做学生会劳动部长兼生活部长，又兼校刊美术编辑……除了上课，业余时间塞得满满的。忙忙碌碌的两年，似乎在学业上没有投入太多的时间与精力，我的学业成绩也一直平平。但我在这两年中，却学会了勤勉做事、真诚做人！

五年的师范生活，五年忙碌的"打杂"生活，磨炼了我愿意做小事、善于做小事的习惯，不嫌烦、不怕累、不叫苦，以饱满的热情，做好每一件别人都不太愿意去做的小事。《三国志·蜀书·先主传》有云："勿以恶小而为之，勿以善小而不为。"和平年代，教育虽不会有轰轰烈烈的大事，只有平平常常的小事，但教育无小事，事事育人。作为教师，不屑做小事，就难成大事。唯有勤勉与细作，才能让寻常的教育生活折射出非常的意义与价值。周末窗台边守候的，正是那不期而至的教育品性。

回想在师范的五年，学了不少课程，至于到底学了些什么，大多已经淡忘，又或者已经化为自己的学识与素养。那些能留下印象的，倒不是课程，而是教这门课程的老师。

教我语文的有好几位老师。第一位是念中师时的班主任王建中老师，我们进师范学习的那一年，他刚刚从师范大学毕业。王老师很有才气，课也教得认真，可惜我那时不太用功。二年级期末考试，全班唯一一个作文考了不及格的便是我。另一位是念大专时的班主任冯应侯老师，他的烟瘾重，课堂上抽的烟比讲的话还要多。在我的记忆中，他教的课好像没有考过试，但每次讲课前，都要我们研读课文，写不少于800字的评述。我们写作，他抽烟。整整两年，本来语文成绩平平的我竟然在烟雾缭绕中熏出了水平。而今，我对语文教材的解读功夫，大半得益于冯老师的"烟熏火燎"。由于我的字写得好，还有幸帮老师誊过一篇文稿。遗憾的是，冯老师过早地辞世了。还有一位是教"语言基础知识"的程庄宝老师，那是位很精干的老太太，教普通话时咬字特别标准。我素来"四""十"平翘舌音不分，程老师一顶真，我一怕，就分清了。我们几个老乡在食堂吃饭时聚在一起，用家乡话聊得正开心，她冷不防从你背后伸过头来，笑着说："你说什么话？要说普通话！"唬得我现在在家里都说普通话，严格的教育让我们都习惯成自然了。好习惯，不是一朝一夕就可以养成的。从不自觉到自觉，再到自在，需要有人督促你，需要有人鞭策你。那个人，就是老师。语文老师的职责，就是让学生养成良好的语文习惯。懂得这个

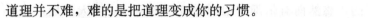

道理并不难，难的是把道理变成你的习惯。

　　不仅仅是普通话，我的一手好字除了自己喜欢书法，更重要的是在无锡师范遇到了书法家陆修伯老师。我每周有三个下午都到他的书法室去练字。陆老师常常让我练读帖的功夫，就是将字帖挂在墙上，让我用心默记字的间架结构；他对我的每幅作业都当面指点、示范，我从中获益匪浅。给我印象最深的是陆老师的和善与敦厚，凡是向他求字，都会欣然应允。字如其人，德高者书法的境界自然就不俗。这不由得让我想起导师庄杏珍老师所说的"课品如人品"。练字其实练的是人自己！我师从陆老师两年，尽管没有成为书法家，但对书法的热爱，至今不减分毫。看到那些赏心悦目的书法作品，烦躁的心便会静谧如水。超越功利的书法学习，可以始终让你保持那一份真诚的热爱和喜悦，无论是否成功，都可以让你快乐和幸福。学写字如此，学任何东西，也如此。

　　专业课中我学得最好的，应该是教育心理学。中师时，蔡建清老师任教这门课程，轻松幽默，就连考试都是有趣的。他会空着手进课堂，聊着聊着就从裤袋里抽出一卷试卷，说："开卷考吧！"大家欣欣鼓舞！我从来没觉得心理学有多难，或许正是蔡老师懂得我们学生的心理吧，让一切畏惧和担心都消失于无形。后来，蔡老师也成了特级教师，实至名归。大专时，教我们的是张百川老师，我们读的正是他自己编著的教育心理学教材。那时的教育学与心理学正处于"嫁接"初期，张老师的学术造诣让我们肃然起敬，也给我打下了教育心理科学的坚实基础。由此，我坚信建立在心理科学基础上的教育学，才是有根基的。我此后的语文教学实践研究，正是走了一条基于教育心理学原理的科学之路，将复杂的问题理得简单明了。毕业前夕，周元老师的教育统计学，又给我们打开了一扇科学研究教育问题的窗户，让数据说话，用事实证明。我非常庆幸先后遇到了教育心理学这个专业领域的几位好老师，他们用教育科学这把尺子，让我的教学一直走在了正路上！

　　师范的课程丰富而又精彩，相对而言，无锡师范的专业课程更具学术深度，更具学术前沿。丁力老先生的古汉语，尽管没人能考过 80 分，但每个人都如醍醐灌顶；傅嘉良老师的计算机课程，在 20 世纪 80 年代仅用十几台陈旧的苹果机，就让我们为之通宵达旦地设计电脑程序，走在了计算机教学的前列……师范有什么样的课程，我们就会成为什么样的老师。那些林林总总的课程，流淌过我们成长的岁月，最终融化在我们的经脉里。与那些高中生"冲刺式"的课程教学相比，师范生的课程教学则是"漫步式"的，悠然而有情趣，似缓缓流淌的清流，使人舒展，让人留念。

常常有人感叹，如今新教师的素质，真的是一代不如一代。尽管已经是本科学历，但是在"三字一话"（钢笔字、毛笔字、粉笔字、普通话）及阅读、作文等教师的基本功上，往往不如当初20世纪80年代的中师生。何以如此？因为师范教育留给师范生的，不仅仅是学科知识，也是作为一名未来人民教师所必需的能力、品质与专业精神。我常常记起在无锡师范的那个宽大的自习室，那是我们两个大专班学生在夜自习后的自习室。每晚9时以后，六七十名同学都静静地坐在那里，捧书夜读。那种氛围，我至今都记忆犹新，备感温暖。没有考试的压力，也没有老师的逼迫，就是对学习的纯粹渴望，让我们师范生的心变得纯净而又炙热。悬挂在墙壁上的那幅陆修伯老师的书法作品，也一直印记在我的心里：昨夜西风凋碧树，独上高楼，望尽天涯路；衣带渐宽终不悔，为伊消得人憔悴；众里寻他千百度，蓦然回首，那人却在灯火阑珊处。选自王国维《人间词话》中的这三句话，正是当时师范生求学生涯的最好诠释。

岁月沧桑，我曾就读的新苏师范、无锡师范，都已更名换姓，或并入职业大学，或升为教育学院。如同无锡师范校园里的那座钟楼，已不再有清亮的钟声。每逢同学聚会的时候，我们这些师范生，常常有种无家可归的伤感。然而我们始终记得当初进入校园，老师们对"师范"两个字的解释：学高为师，身正为范。

好老师，当是永远纯粹的师范生！

二、从模仿起步

1988年，我从无锡师范学校大专班毕业，走进了盛泽镇北观音弄16号，一所江南水乡的弄堂小学，时名"吴江县盛泽镇中心小学"。一幢三层的教学楼，一幢两层的行政楼，一个用煤渣铺成的操场，一到刮风的季节，便尘土飞扬；两幢楼中间的小花园，是校园里最美的风景。我在这里成了一名三年级的语文老师，上课只靠一张嘴，加上黑板和粉笔，日子过得不紧不慢。依稀记得同年级任教的是几位老教师，尽管学历不高，教学也并不出名，然而那种踏踏实实工作的敬业态度着实令我叹服。他们信奉"功夫不负有心人"，课堂上没有讲深讲透的，学生一时没有掌握的，常常利用课余时间补讲，尽管被人戏称为"堤内损失堤外补""磨洋工"，但他们就是雷打不动，极其耐心地反复讲解。对于班级的后进学生，更是舍得花力气，对那些顽皮偷懒的孩子，就采取"盯人"战术帮助孩子"削枝强干"，因而他们所带的班级井然有序，学生的学习习惯和学业成绩都令家长刮目相看。这样的教育似曾相识，我生在农村，亲历农民对土地、对庄稼的炙热情感和辛勤付出。他们没有太多的科学知识，仅有朴素的耕种常识，然而却凭着勤奋、凭着耐性，种出了一茬一茬的好庄稼，迎来了一个一个的好季节。

从这些老教师身上，我看到了农民般朴素的教育智慧：农民相信每一棵庄稼都能生长、都能结出饱满的果实，绝不会抱怨庄稼长得慢、结果少，而只会从自身寻找原因。那些老教师的内心深处也一定有这样的教育信念：每一个孩子都有做好孩子的愿望，每一个孩子都有学好的可能！于是，他们才会像农民一样，不辞辛劳地把一腔热情洒在了孩子身上。每天来得最早的是他们，回家最晚的也还是他们。我们的老校长常常要到办公室一个一个地催促他们回家，这样的情景我至今还历历在目。一如农民对土地的深情及对庄稼的信任，我们唯有无限相信每一个孩子都有成为好孩子的可能，才能在内心深处扎下教育的信念，才能具有真挚的教育情怀，才能产生教育的智慧和力量。

从教之初这段"磨功"，也消除了我初登讲台的那种高傲与急躁，静下心来，安然地过着教育的日子。的确，教育就是和孩子在学校里一起过日子，语文老师就是和孩子一起过语文的日子。无须天天"山珍海味"，就是每日的"粗茶淡饭"，恰能滋养人。习惯、修养、书卷气，便在不知不觉中潜滋暗长，就如庄稼一样，你每天细看，看不到它的变化，然而它却在悄悄地生长。这样的日子里，每一节语文课，便显得从容而淡定，不需要太多的精雕细刻，不需要太多的精彩纷呈，静静地听、说、读、写，让孩子对语文、对语文老师日久生情，而非一见钟情。我常常想：假若没有这样一段让人沉静的经历以及儿时母亲的劳作熏陶，就不会有后来这二十多年"板凳要坐十年冷、文章不写一句空"的执着与耐力。说到底，教师本身就是一本大写的书，他不仅仅是用学识教书，也是用他整个的心灵育人。语文教师，莫不如此！

1989 年 10 月，学校与吴县东山实验小学、昆山蓬朗中心小学开展友好学校交流活动，指定我上一节公开课。这是我教学生涯中的第一堂公开课，上的是《喜鹊》。课文中对喜鹊的描写我读来深有感触，因为我在乡间常常见到喜鹊。然而城镇的孩子对喜鹊的了解往往停留在书本中、图片上、电视里，没有那种自然的亲切感，朗读时就很难读得入情入境。于是，在一个星期的备课过程中，我常常留意小河边、田野中有没有喜鹊的身影，树梢上有没有喜鹊的巢。恍惚中，耳边似乎响起喜鹊的喳喳声，却是过度用心所出现的幻觉。我终究没有找到喜鹊的一点儿踪迹，然而课却上得很成功，尤其是我描述儿时情景并做示范朗读，把学生带入了乡村的田野之中，学生读得声情并茂，获得了一致的好评。我知道，如果你能集中所有的心思，专注于你所要解决的教学问题，就一定会不止有一个办法。教学，需要的是你全身心的投入；心无杂念，凝神静气，就会慢慢渗出你的教学灵感来！

课后，时任吴江县教研室小学语文教研员的周建华老师交给我"视听训练"的研究任务。在两年的实践研究中，我借助"视听训练"教材，选择学生喜闻乐见的各类故事、美文，绘制精美的幻灯片，录制配乐朗诵，每周给中年级段的学生上一节"视听课"。由于内容新鲜、形式活泼，学生学得极其生动，听说能力也得到了明显提高。经过"视听训练"的学生，耳朵变得特别灵敏，对语言特别敏感，语文课堂上更善于观察与倾听，并且更善于想象、思考与表达。显然，语文能力是需要专业化训练的，没有科学的"视听方法"与系统的"视听训练"，学生的"视听能力"就始终处于原始的朦胧状态。我们的语文教学理应着力于学生的语文能力生长，在"训练"上下功夫。只要是合乎学生语文能力生长规律的科学训练，就能真正促进学生的能力发展。有人一提"训练"便以为是"题海战术"，是"机械作业"，实际上是对"训练"的误解与误导。语言是一种交际工具，要掌握并熟练运用语言这种特殊的交际工具，非有科学而有效的训练不可。任何技能、能力都不是凭空产生的，都需要经历一个从不会到会、从不能到能、从不熟练到熟练的过程。听说读写的语文能力正是在一步一步扎扎实实的训练中形成并发展起来的。"题海战术"是教育功利主义思想下的产物，是对"训练"的异化，我们应该保持一份警惕，然"训练"却不能随意从教育的词典中删除。在"视听训练"的实验中，我强化了"语文教学要着力学生的语文能力训练"的意识，"训练"一词便在我的教育词典中扎下了根。

1990年，不甘寂寞的姚荣荣校长主动"攀高枝"，请到了华东师范大学杜殿坤教授和上海师范大学吴立岗教授当顾问，争取"理论下嫁"，设计了"以丝绸文化为背景，提高苏南小城镇儿童素质综合实验"，率先提出了"素质教育"的口号，成为吴江县乃至江苏省第一个"吃螃蟹的人"。我和十几个青年教师成为第一批志愿者，参加了教改实验，办起了"教海探航"夜校，利用业余时间读书、研讨。同年11月，学校趁着教改的东风，举办了江浙沪两省一市教育整体改革研讨会，推荐我承担了其中一堂作文课——"景物描写：《织女塑像》"的教学。当时，我踌躇满志，精心设计教案，反复推敲，自以为万事俱备，只欠东风。谁料想，在课堂上，平时伶牙俐齿的学生却呆若木鸡，把我晾在了讲台上。我就像个拙劣的导演，自说自演。课上砸了！面对这堂"非常失败"的公开课，我难过得几天吃不下饭。校长姚荣荣对我说："记住，你是在什么课上跌倒的，你就必须在什么课上站起来！"当时，作文教学还是一个不敢轻易尝试的"禁区"。特级教师也极少上作文公开课，都认为作文课无法了解学生、无法把握课堂，心中没有底。作文教学的新路在何方？鲁迅先生说得好："世上本没有路，走的人多了，也便成了路。"我想，正因为没有路，才值得去探索着前行，在没有路的地方走出一条路来。幸运的是，杜殿坤和吴立岗教授听了我的课，鼓励我将这个"写实作文题"做下去。我拜两位专家为师，成为他们的"编外研究生"。在他们的指点下，我确定了"素描作文教学"作为自己的研究课题，迈开了语文教学研究的新步伐。可以说，没有这次"非常失败的作文课"，没

图 1-2　和孩子们一起读书

有跌这一跤，也就没有这个课题，自然没有了以后的成功与发展。其实，教学实践中遇到的难题、困惑就是最有价值的研究课题。

"素描作文"，就像素描写生一样，将所见的景物、事件如实地、生动具体地描述下来。这是小学中年级学生作文基本功训练的必修课。"素描作文教学"是吴立岗教授从苏联引进到我国语文教学园地所开出的一株"奇葩"，而我则是将这株"奇葩"移植到自己的作文花园里的人。因此，我努力学习"素描作文教学理论"，认真琢磨"素描作文教学的代言人"——贾志敏老师的每一堂录像课，从中提炼出作文教学的技巧和要领。我还在自己的班级里模仿贾老师的课，一节一节地上，细心体会每一个教学细节的精妙之处，揣摩贾老师点拨、评价、激励的语言艺术。渐渐地，我上课觉得有了底气，学生也有了灵气。毫不夸张地说，我的作文教学功底就是在这一堂堂模仿课中练就的。移植别人优秀的、成功的科研成果，虽然是一种简单的验证性的实验研究，但对于刚刚踏进教学和研究大门的青年教师来说，仍然不失为一条捷径，既能体验教学研究的过程，又可以夯实自己的研究基本功，还能缩短从教之初的适应期，取得明显的教学效果。

1993 年 10 月，在泰兴举办的江苏省"教海探航"征文颁奖大会上，我应邀上了一堂自己构思的素描作文课《奇妙的魔术》，立刻引起了在场听课的 3000 多名教师的一致好评，就连负责摄像的老师也连连夸奖说："我拍了十几年录像课，今天的作文课是最精彩的。"三年的验证性课题研究，使我有了一种脱胎换骨的感觉。研究，的确能改变一个人的思想，也能改变一个人的行为，只要你真正把它融入教学的每个细节里。"素描作文"夯实了学生的作文基本功，其原理正在于科学的作文能力"训练"。"素描作文"涉及学生的观察能力、想象能力以及产生作文内容的能力、表达思想内容的能力等，而在表达能力的训练上，又有具体、可以为学生所把握的方法与技巧。这样的作文训练，让学生有内容可写、有方法可用、有技巧可学，一课一得，得得相连，奠定了学生的作文底子。然而，学生习得的单项表达技能需要在真实的生活语境中加以综合运用，才能内化为学生自身的表达能力。知识（包括策略性知识）得以运用才能转化为能力；而能力（听说读写的语文能力）在问题情境中才能转化为言语智慧。为此，继"素描作文教学"研究成功之后，我又构想了"课内素描作文、课外循环日记"双轨运行的作文教学新思路。所谓"循环日记"，即每组 5 个学生，共用一个日记本，每周围绕一个共同商定的话题，每天轮流用日

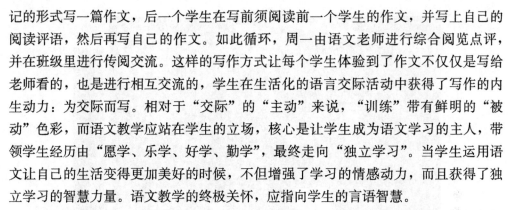

记的形式写一篇作文，后一个学生在写前须阅读前一个学生的作文，并写上自己的阅读评语，然后再写自己的作文。如此循环，周一由语文老师进行综合阅览点评，并在班级里进行传阅交流。这样的写作方式让每个学生体验到了作文不仅仅是写给老师看的，也是进行相互交流的，学生在生活化的语言交际活动中获得了写作的内生动力：为交际而写。相对于"交际"的"主动"来说，"训练"带有鲜明的"被动"色彩，而语文教学应站在学生的立场，核心是让学生成为语文学习的主人，带领学生经历由"愿学、乐学、好学、勤学"，最终走向"独立学习"。当学生运用语文让自己的生活变得更加美好的时候，不但增强了学习的情感动力，而且获得了独立学习的智慧力量。语文教学的终极关怀，应指向学生的言语智慧。

幼儿说话走路，都是从模仿起步的；从教之初，也是从模仿开始的。老教师们的敬业精神、名师特级的先进经验以及专家学者的教育理论，悄悄地移植到自己的教学中来、嫁接到自己的课堂里去，在反复实践与研究中逐步理解消化，转化为自身的教学理解和实践经验，从中领悟教育教学的一般规律，生长出属于自己的教学见解，迈开实验创新的步伐。模仿，最终是要学会自己走路，走自己的路。齐白石曾告诫弟子："学我者生，似我者死。"模仿，求的不是"形似"，而是"神似"，是在模仿、借鉴、融化的过程中凝结出自己的智慧之花、实践之果。

三、走教学的正道

1994年9月，我参加了苏州市首届小学语文、数学骨干教师高级研修班，师从庄杏珍老师。庄老师曾经三次进京，在人教社编写全国小学语文教材，与叶圣陶先生、袁微子先生等共事多年，对语文教育有深刻而独到的思想。她提出的"语言的形象与形象的语言"道出了语文教学的要义：引领学生凭借语言获得形象，进而发展富有形象的语言。在语文教学上，庄老师对弟子们常常施以"严格的爱"。

1995年5月，庄老师到学校听青年教师的课，刚巧抽到了我。当时我选的是《十六年前的回忆》。为了给领导、老师留一个好印象，我着实下了一番功夫，查阅补充资料、设计电教媒体、推敲教学用语。其中有一个教学环节，要求学生写一段对李大钊的学习感言，我生怕学生当堂写不好，就让学生连夜回家做些准备。结果，

图 1-3 为恩师庄杏珍老师庆寿

课堂上，学生的感言写得激情澎湃，教学似乎达到了高潮。谁知在评课的时候，庄老师一针见血地戳穿了这个课前的"小把戏"：这是在上课吗？上课不能作秀，做人不能作假！一瓢冷水羞得我无地自容，也浇得我如醍醐灌顶：真实，是课堂教学的生命！从此，我拒绝虚假，走上了语文教学的正道。根治自身教学顽症最有效的方法就是在专家面前真实地展露你存在的问题，请他们毫不留情地给你做思想内源的"外科手术"，让你在"痛苦"中脱胎换骨！在课堂上，我不仅敢于暴露自己的缺点，在专家、同行的帮助下不断获得提升，而且这样鼓励自己的学生勇于暴露学习中的不足，而后对症下药。

1996 年 4 月，我在常州上《她是我的朋友》，课堂上一位女生表现特别积极，每次提问都要抢着回答。有一回，我的问题刚说完，其他同学正要熟读思考，她却抢着举手，嚷着："我知道，我知道！"我随口说了句："我知道，就你知道！"那位女生赶忙放下了手，低下了头，似乎偷偷地流泪了。我曾想弥补一下自己的过失，大概是顾着上课进程吧，直到下课都没有安抚她。精彩的课堂教学似乎也让人容易忘却课堂上曾经发生的不快，我也很快就把这个课堂细节淡忘了。庄老师不知从哪

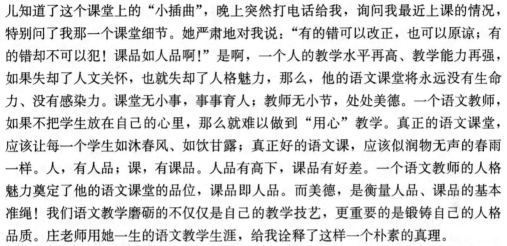

儿知道了这个课堂上的"小插曲"，晚上突然打电话给我，询问我最近上课的情况，特别问了我那一个课堂细节。她严肃地对我说："有的错可以改正，也可以原谅；有的错却不可以犯！课品如人品啊！"是啊，一个人的教学水平再高、教学能力再强，如果失却了人文关怀，也就失却了人格魅力，那么，他的语文课堂将永远没有生命力、没有感染力。课堂无小事，事事育人；教师无小节，处处美德。一个语文教师，如果不把学生放在自己的心里，那么就难以做到"用心"教学。真正的语文课堂，应该让每一个学生如沐春风、如饮甘露；真正好的语文课，应该似润物无声的春雨一样。人，有人品；课，有课品。人品有高下，课品有好差。一个语文教师的人格魅力奠定了他的语文课堂的品位，课品即人品。而美德，是衡量人品、课品的基本准绳！我们语文教学磨砺的不仅仅是自己的教学技艺，更重要的是锻铸自己的人格品质。庄老师用她一生的语文教学生涯，给我诠释了这样一个朴素的真理。

俗话说，"台上一分钟，台下十年功"，此话不假。在长期的课堂教学磨砺中，我逐渐形成了自然朴实、幽默大气的教学风格，庄老师也很为我的成长感到高兴。然而，谁又会想到，当初庄老师手把手教我备课、教我上课时，那种"煎熬"让人难以忘怀。每次备课，庄老师总让你详详细细地复述一遍教学过程，然后抓住你备课中的漏洞，一阵"穷追猛打"，问得你哑口无言，批得你体无完肤。所以，我们这些个弟子都"战战兢兢"，备每篇课文都不敢有丝毫的大意，一定要反复地琢磨每一个教学的细节，考虑课堂上可能发生的各种意外。庄老师逼我们想得更复杂一些、准备得更充分一些，于是，在课堂上就更从容一些、更自如一些。课前的求全责备，正是为了课上的胸有成竹；课前的"煎熬"，正是为了课上的"轻松"。直到现在，我才领会庄老师那与众不同的带教方式，才明白庄老师的良苦用心。

小学语文教材中有一篇课文《"精彩极了"与"糟糕透了"》，说的是一个叫巴迪的小男孩，他每写一首诗，他的母亲总是说"精彩极了"，而他的父亲却总是说"糟糕透了"。其实，这是两种不同的力量，一种是鼓励和赞扬，另一种是批评和鞭策。可以说，庄杏珍老师的谆谆教诲，让我从朦朦胧胧、自以为是的教学迷途中，走上了语文教学的"正道"。我从此在任何时候都能从语文教学的本真出发，从儿童学习语文的规律入手，在"乱花渐欲迷人眼"的纷繁的教学现象中，在五彩缤纷的各色语文旗帜中，始终保持语文的本色，坚守"语文教学要着眼于学生的整体发展，着力于语言文字训练，着重于学生语文素质的内化"。假如母亲给了我生命与美德，那么，庄老师则给了我智慧与品格，让我在人生之路上走得更远、飞得更高，而根则永远留在语文的大地上，扎在教育的土壤里。

四、与组块相遇

1998 年 7 月，我有幸被评为当时江苏省最年轻的小学语文特级教师。然而，面对语文教学中的沉疴，我常常感到束手无策。时任《江苏教育》主编马以钊先生曾语重心长地对我说："昨天你不是特级教师，并不说明你水平低；今天你成为特级教师，也并不证明你比昨天水平高。真正的'特级'要看今后。"的确，人创造辉煌只在一瞬间，但辉煌不只在一瞬间创造。对于语文教学，我仍然有太多的问题无法解答。新课程改革以来，小学语文教学研究呈现了生机勃勃的景象，但仍未从根本上解决语文教学"高耗低效"的难题，我苦苦思索着，从阅读心理学中努力寻找突破的方向。

那一年，我带教五年级。班里有一位叫佳浩的同学，错别字多，课文前背后忘，

图 1-4　课间和学生们在一起

记性差。但是，语文需要积累，字词句、重点的语段和课文，要读得进、记得住、用得出。佳浩同学默写 10 个词语，有时会错一半以上，更别说运用了。遗忘曲线、记忆规律，在他身上就是不见效果。我偶然从《阅读心理学》中看到美国心理学家米勒的"组块原理"，他说：组块（chunk）是一个记忆单位，人的短时记忆只能保持"7±2"个组块，超过 9 个记忆组块就很难记得住；虽然人的记忆组块数量不能增加，但可以扩大每个组块的容量，进而实现记忆质量的飞跃。我试着将这个原理迁移到佳浩同学身上，将课文中的词语进行归类，每一类 3～4 个词语；一类词语为一组，每次默写 3 到 4 组词语。果然，3 组 10 个词语，他基本默对了，也记住了。

组块原理可以用在词语教学上，是否也可以用在阅读教学上，做一次美丽的"嫁接"呢？1999 年 4 月，在太仓市明德小学举办的苏州市小学语文教学观摩会上，我执教公开课《螳螂捕蝉》。备课时发现这篇课文故事里套着故事，字词学习、对话朗读、故事复述、道理阐释等，要教的内容就像满地的珍珠，舍弃哪一个都很纠结。我翻阅以前教过的示范课教案，看到"组块记忆"这个字眼，脑海里蹦出了"组块设计"这个概念，顿时眼睛一亮：这个组块原理不正可以移植到语文教学上来吗？一篇课文中这么多的内容，学得多忘得也多，何不重组、整合，形成一个一个的"组块"？以往的"线性"设计，内容芜杂，塞满课堂；组成"块状"后，一堂课呈现 3 到 4 个板块内容，目标更加集中，内容更加简要，"顾此"却不"失彼"。我立刻构思了一个"组块设计"。

板块一：词串识记，练讲故事。我先让学生听写 5 组词语：①蝉、悠闲、自由自在；②螳螂、拱着身子、举起前爪；③黄雀、伸长脖子、正要啄食；④侍奉吴王的少年、拿着弹弓、瞄准；⑤不堪设想、隐伏着祸患、恍然大悟。而后示范讲述"螳螂捕蝉"的故事；再让学生凭借 5 组词语练习复述"螳螂捕蝉"的故事。

板块二：情境对话，明白寓意。我向学生提了两个问题：吴王听了少年"螳螂捕蝉"的故事，"恍然大悟"了什么？少年为何要选择花园里对吴王单独讲这个"螳螂捕蝉"的故事？

板块三：表演故事，练写旁白。组织学生扮演吴王和少年，表演当时"智劝"的场景，指导学生练写一段"花园的晨景"，作为表演前的"画外音"。

三个板块内容，紧紧围绕"语文能力"这个核心，前后贯通，"听说读写"融为一体，简单明了，便教利学。果然，经过"组块"之后的课堂，就像用水洗过一样，干净、简洁，教师教得轻松，学生学得扎实，整个课堂赢得了一片赞叹。"组块设计"这个偶然出现在我脑海里的词语，经过这次美丽的"嫁接"，才展现出无限的生机与广阔的前景。"嫁接"的优势在于汲取不同植物的优良性能，培育出新的品种，这是一种创造。当我们深陷"高耗低效"泥潭的时候，借鉴教育学、心理学等其他学科的新思想、新技术，不啻为一种智慧的选择。

然而，组块设计的教学原理是什么？可以有哪些组块类型？用什么来进行组块？组块有哪些设计的策略？……这一连串的问题，就像春天的小草一样，疯狂地在我的脑海里长出来，越长越多，越长越乱。我百思不得其解，找到了时任吴江区教育科学研究室的沈正元老师，向他请教。正元老师为人真诚，帮我一条一条地梳理，认定心理学"组块原理"引入语文教学，是一个具有原创性的课题，值得我研究一辈子。我将信将疑，抱着试试看的心理，将"组块设计"延伸到"组块教学"，写了一个初步研究方案。正元老师看了课题方案，从理论基础到目标设定，从内容设计到方法步骤，面对面地改，手把手地教，最终形成了第一份小学语文组块教学实验方案。从此，我与"组块教学"形影不离。

找到一个值得研究的问题，就如遇上一个众里寻他千百度的恋人，让你朝思暮想。胡适先生在《赠与今年的大学毕业生》中曾写道："如果你有了一个真有趣的问题天天逗你去想他，天天引诱你去解决他，天天对你挑衅笑你无可奈何他。这时候，你就会同恋爱一个女子发了疯一样，坐也坐不下，睡也睡不安，没工夫也得偷出工夫去陪她，没钱也得撙衣节食去巴结她。没有书，你自会变卖家私去买书；没有仪器，你自会典押衣物去置办仪器；没有师友，你自会不远千里去寻师访友。"的确，有了"组块教学"，我的教育生活中就有了主心骨，再忙再累，也会感到心安，也会有一种发自内心的快乐。即使在最疲劳的时刻，只要和人一谈起语文教学，一聊起组块教学，就会莫名地兴奋起来，整个人充满了精神。看书时，只要在文中发现含有与组块教学有关的概念或思想，那些词句和章节就会从书里面跳出来；有时看一些闲书，也会自觉地与组块教学产生无限的联想。如果没有这样一个魂牵梦萦的教育问题，即便满屋子都是好书，你也不会有读书的冲动，更不会从中有所发现。心里装着一个值得你研究一生的课题，你的人生也会烙上研究的印迹。

五、深耕三轮课题

对于大多数人来说，组块是一个生僻的词语，有点生硬，和语文的柔软不太和谐。这像极了我的名字，有点土气，没有一点语文的诗意。要让组块这个心理学概念成为大多数人耳熟能详的教学方法或语文思想，需要赋予它丰富的实践内涵和通透的学理阐释，在语文教学视域中获得重生。我深知这不是一件容易的事，或许穷尽一生也无法实现。但是我深信，只要组块教学的方向是对的，就值得做一辈子，即使未有穷尽，也必有收获。

图 1-5　与老师们进行课题研讨

把偶然的成功尝试提炼为可推广的教学方法，把教学中的问题设计成研究的课题，才能推动教学的深层变革。基于"组块原理"，针对小学语文教学"高耗低效"的顽症，我于 2000 年提出了"组块教学"的实验构想：以培养学生的语文运用能力为主线，将零散的语文训练项目整合成综合的语文实践板块，使学生在生动活泼的语文实践活动中获得充分和谐的整体发展。我试图通过"组块教学"实现语文教学内容结构化、方法科学化、过程最优化，运用"理论与实践的双重建构"，进行了三轮课题的深耕细作。

第一轮（2001—2005 年）：2001 年，"小学语文组块教学"立项为江苏省教育科研"十五"规划青年专项课题，我积极运用组块原理，在教学理论层面进行突破，建构语文组块教学的基本模式。

第一，提出了"三个走向"的教学主张。走向智慧，语文教学必须超越知识和技能，走向智慧，建立在三根支柱上："鲜明的思想""活生生的语言""儿童的创造精神"；走向生活，语文教学应植根于现实生活，弘扬时代精神，继承发扬中华优秀文化，吸纳人类一切进步文化的营养，及时更新、调整、补充、重组有关教学内容，使课堂充满生活的气息；走向实践，语文教学必须将"字词句篇、听说读写、知情意行"当作一个不可分割的整体，实现一个教学活动综合多项语言实践，达成多方面的教学目标，促进学生语文能力与人文素养的同步发展。

第二，形成了组块教学的操作方法。①重组教学内容。以现有语文教材为蓝本，选编切合学生学习的教学内容"块"。一是减，运用减法思维，将每篇课文中值得教又值得学的"精华"筛选出来，作为教学内容的"内核"；二是联，围绕"内核"，将相关教学点进行归类，并联系学生的语文经验，不断充实、丰富这个核心内容；三是合，理清序列重新组合，形成一个具有聚合功能的教学内容块。②整合实践活动。将每个教学内容块转化为一个综合性的活动板块，避免活动的碎片化和随意性。每个活动板块聚焦一个核心能力目标，依次设计阶梯式的学习活动，每个步骤都体现能力的递进式生长，形成一个有内在逻辑的活动链。③优化教学结构。组块教学以学定教，确立了读、悟、习的课堂教学基本结构。读，是整体感知，读读、背背；悟，是深度体验，想想、议议；习，是实践转化，练练、评评。组块教学着力培养学生构建联系的能力和自觉联系的意识，以促进学生学会学习，灵魂是联。读、悟、习的语文学习过程是学生个体与教材语言、情感、形象、思想相互联系、相互融合，达到共振，进入新的学习境界的过程。

实践表明：组块教学在内容上基于教材，植根于生活，将鲜活的生活素材融入课文、引进课堂，及时充实、调整、重组教学内容，具有开放性；在结构上突破线性思路，采取板块式的教学结构，凸显教学重点，拓宽教学时空，更具灵活性；在功效上，实现一个板块活动达成多个教学目标，减少无效劳动，具有增值性。2005年7月，我的第一本语文教学专著《薛法根教学思想与经典课堂》由山西教育出版社出版。

第二轮（2006—2010年）：2006年，"智慧解放理念下的组块教学研究"立项为江苏省教育科研"十一五"规划重点课题，我用解放教育思想改造组块教学实践，研究重心逐步转移到教学内容的研制和教学策略的选择上，形成了"组块设计、智慧教学"的新理念。

一是形成了智慧教学理念。人是生命的智慧存在，教育的全部意义在于解放一切阻碍人类生命智慧生长的枷锁，使人得以自由而充分地发展。"组块"是有意识地将许多零散的信息单元整合成具有更大意义的信息记忆单位。改善人脑中"组块"的容量与数量，将提升其智力活动的质量，促进生命智慧潜能的生长。发展儿童的智慧潜能是智慧解放教育的价值追求，发展儿童的言语智慧是语文学科的独当之任。语文教学必须引导学生在复杂情境中，运用所学的语文知识与技能，解决真实的生活问题，从而实现语文能力与言语智慧的生长。由此，语文教学要把重心从课文的思想内容转移到语文能力的发展上，通过课文内容学习其中的语文知识（程序性知识），进而通过相应的语文实践，形成并发展学生的语文能力；把目光聚焦在语言文字上，走"带着学生学语文（学知识长能力）"的路子，真正摆脱"跟着课文内容跑"的怪圈，让学生学到生活中学不到的东西，体现语文教学鲜明的成长性。

二是探索了组块教学策略。基于现有语文教材，科学研制以言语交际功能为主线的语文课程内容，使之"定向化与结构化"；基于儿童活动需要，设计适合学生的语文实践活动，使之"情境化和问题化"；基于语文学科特性，构建体现学生进步的语文评价标准，增强"主动性与独立性"。①内容研制策略。根据不同的文体，从不同文体不同读法的视角，研制适宜的教学内容。倡导用三种眼光看教材，从儿童的眼光来解读、用教学的眼光来审视、用生活的眼光来选择；根据教材文本语言的三个层次，即伙伴语言、目标语言与精粹语言，发现文本中适合学生学习的语言要素，经过筛选、重组与整合，形成动态、即时、开放的三个教学内容板块，即以核心知识为"内核"的内容板块、以语文技能为"内核"的内容板块与以问题解决为"内核"的内容板块。②活动设计策略。根据小学生每个年龄阶段的主导活动，变革学生的学习方式，科学、合理地安排听说读写的各项语文实践活动，并将零散的活动项目整合成综合的活动板块，构建三个层次的语文实践活动板块，即探究学习活动板块序列、读写迁移活动板块序列与情境任务活动板块序列。③教学评价策略。"教一学一考"的一致性策略，围绕教学目标，教的、学的与考的相一致，提高教学的有效性和评价的针对性；"知—情—行"的一体性策略，聚焦学生情感体验的深度、有效思维的长度与言语实践的效度；"点评—点拨—点化"的一贯性策略，教师积极介入学生的学习过程，以实现对话和引领，尤其是教师的及时点评、适时点拨及讲解点化。④课例研究策略。将《爱如茉莉》《我和祖父的园子》等典型课例按照文体进行归类研究，从中寻找该类文体的教学内容结构和研制策略；对同一文体的典型课例按照年级段进行纵向比较研究，从中发现年级段之间在教学内容、教学目标上的差异，建立合理的内容序列。

实践表明：组块教学是常态化的教学样式，具有"便教利学""学以致用""用能有效"三个特点：教学内容日渐清晰，教学方法行之有效，教学过程轻松扎实。组块教学从实践上实现了语文教学的三个根本性转变：从"教课文"到"教语文"的转变，从"教语文"到"学语文"的转变，从"学语文"到"长智慧"的转变。2009年10月《全国著名特级教师薛法根教学艺术专辑》由上海教育出版社出版。

第三轮（2011—2020年）：2011年，"关联理论视域中的组块教学研究"立项为国家社科基金"十二五"规划教育学一般课题，我运用语用学关联理论，阐释学生言语智能的形成机制，从中寻找语文教学的价值取向和逻辑起点，旗帜鲜明地提出了语文组块教学的核心主张：为言语智能而教。

在教学实践中，我们发现学生喜欢读书却不喜欢上语文课，一则是语文课多上几节少上几节似乎没什么不一样，二则是语文课上所学的在生活中没什么用，只是"纸上谈兵"。比如说，《军神》一课中沃克医生对刘伯承说："了不起，你是一个真正的男子汉，一块会说话的钢板！你是一位军神！"教学时都会聚焦在这个比喻句上，以此深入体会刘伯承那种钢铁般的军人意志。我们往往这么教：这是什么句？把什么比作什么？为什么把刘伯承比作一块钢板？这样比喻有什么好处？这"四问"分别指向比喻句的辨识、本体与喻体及相似点、比喻的作用，停留在语文知识的静态认知上。如果换了一个思路，可以这么教：这个句子有什么意思？沃克医生这么说有什么用意？这个比喻一般用于什么样的人？你想怎么夸赞刘伯承？这"四问"分别指向比喻句的意义理解、说话人意图的揣摩、运用的对象与语境，以及比喻的创作和表达形式的转换。很显然，这样的教学实现了"化知为用"，真正促进了学生语言运用能力的发展，生长的是学生运用语言的机智。说到底，语文来自生活，必须回归于生活，没有语言语用，哪来语文能力，更不要说言语智慧了。于是，"语用学"与"关联理论"就进入了组块教学的研究视野，从语言的源头寻找语文教学的方向与路径。

吕叔湘先生说："每逢在种种具体问题上遇到困难，长期得不到解决的时候，如果能够退一步在根本问题上重新思索一番，往往会使头脑更加清醒，更容易找到解决问题的途径。"① 这个课例揭示了"高耗低效"的三个根本原因：第一是目标模糊。语文教学要培养的是会运用语言的人，而非语言学家，教学目标应定位在"运用语言"，而非"研究语言"。语文学科的工具性与人文性，只有在人的语言的运用实践中才能得到真正的统一。第二是内容庞杂。文选型的语文教材，教学内容往往隐藏在选文中，需要语文教师去发现与提炼。我们常常从文字学、词汇学、修辞学、文章、阅读、写作等多个学科视角去解剖课文，所选择的教学内容庞杂、零碎、无序，更关键的是不确定，不同的老师可以教出不同的内容来。第三是活动低效。教学内容的碎片化造成教学活动的低水平重复；教学内容的庞杂又造成教学活动匆匆而过，学生学得不充分、不透彻；更因听说读写之间、与其他学科之间、与学生生活之间相互割裂，语文学习难以真实地发生。

针对这三个问题症结，我理清了语文教学的方向：语文教学培养的是"理解与运用语言的人"，而不是"研究与谈论语言的人"；语文素养的核心是语文能力；语文能力的本质是言语能力；言语能力的内因是言语智能；言语智能是言语智力的实践外化，即言语智慧技能。由此，我确定了语文教学的核心目标是言语智能。如何实现言语智能的发展？我进一步思考：语文教学的基本内容在于言语形式；言语形式的秘密在于言意的转换规律；言意转换的规律在于言意联系的发现、掌握与重构；学会联系就能实现言意之间的自觉转换，便能生成言语的智慧技能。由此，我重新定义了组块教学，即将零散的教学内容重整、转化为综合性、立体化、板块式的言语实践活动，引导儿童通过联结性学习和自主性建构，获得语文素养的整体提升。据此，我重新建构了组块教学的实践路径——板块式课程、联结性学习与统整型实践，实现从关注"教"到研究"学"的华丽转身。

---

① 吕叔湘：《关于语文教学的两点基本认识》，载《文字改革》，1963（9）。

　　实践证明：语文组块教学以"内容的重整转化"撬动"教学的深度变革"，聚焦教与学的关系与方式，重塑师生的教学生活，为的是共同织造完整的语文生活。语文是母语，儿童的学习生活和精神成长与母语相伴相生，学语文就是学做中国人；语文学习的根本意义在于运用母语完成自我生命的实践建构；语文教学的核心价值在于激发言语创造力，在教与学的多重交互中生成活泼的语文生活，促进儿童言语智能和精神生命的蓬勃生长，彰显母语教学的儿童性、整体性和文化性。在十年的教学实践中，我以《剪枝的学问》《祖父的园子》等50多个代表性课例阐释了组块教学的方法与原理，彰显了组块教学的实践特色：①目标的"言语性"。语文学科的本质属性是"言语性"，即运用语言的科学。发展言语智能是语文教学的核心目标，指向"言语实践"是语文教学的正道。②内容的"结构化"。围绕"言语智能"这个核心，将学生的语文经验与教材的语文知识进行整合，形成以能力为内核的内容结构，重构语文课程与教学内容，促进学生言语认知结构的改善。③活动的"板块式"。根据学生的年龄特征，将结构化的语文内容转化为具有聚合功能的活动板块，板块与板块之间契合教学逻辑，呈现言语实践的发展阶梯。语文教学活动从"线性"走向"块状"与"网状"，实现一个板块活动达成多方面发展。目标、内容、活动，是一个互为因果的教学整体，唯有"组块式"整合思维，才能认得清、把得准、做得透。

图 1-6　在办公室读书

经过第三轮实践探索，组块教学研究取得了丰硕的研究成果：2014 年"薛法根教育文丛"由教育科学出版社出版；《为言语智能而教——薛法根与语文组块教学》《现在开始上语文课——薛法根课堂教学实录》《做一个大写的教师》；《薛法根教阅读》由文心出版社出版；2016 年《文本分类教学》文学作品卷和实用文作品卷由福建教育出版社出版；2018 年《一课三磨：过一种专业的教学生活》《薛法根：组块教学》由江苏教育出版社出版；2013 年获得江苏省人民政府教学成果特等奖；2015 年获得第四届全国教育改革创新典型案例奖；2016 年获得江苏省第四届教育科研优秀成果一等奖、江苏省教育研究成果一等奖、江苏省教育科学研究精品课题奖；2018 年获得国家基础教育教学成果二等奖。

一生只做一件事，我与组块教学有缘结识，也与组块教学终身相伴。我坚信，语文组块教学以发展学生的言语智能为核心目标，超越知识与技能，摆脱了工具与人文之争，澄清了语文教学的价值取向，实现了语文教学的本质回归，是语文教学的正道。

六、不做重复的自己

在组块教学 20 多年的研究中，我幸运地遇到了很多"贵人"，杜殿坤、吴立岗、庄杏珍、贾志敏、于永正、吴忠豪、王荣生、张晓东、孙孔懿、董洪亮、彭钢、杨九俊、姚荣荣、钟金泉、康美英、朱家珑、李亮、沈正元……在这一串写也写不完的名单中，成尚荣先生是最偏爱我的一个，他始终关注着我，关注着组块教学，关注着研究进展，不止一次地对我说："不做重复的自己，争取更大的成绩！"在我的电子文档里，保存着成先生为我与组块教学而写的 5 篇文章，他用这 5 篇评论鞭策着我在组块教学的道路上取得更大的进步。

2006 年，我在多年语文组块教学实践的基础上，申报了"智慧解放理念下的组块教学研究"课题，第一次提出了"言语智慧教学"。然而，什么是智慧？什么是智慧解放？智慧解放理念的内涵是什么？言语智慧的概念如何界定？为何要以发展言语智慧为语文教学的目标？组块教学如何实现言语智慧的发展？一连串的问题，让我不知所措。尽管那时我在全国小语界已经小有名气，但缺乏足够的理论功底，无法回答这些深层次的追问。我只能求救于成尚荣先生，请他为我指点迷津。令我感动的是，成先生看了我的课题方案及相关论文，写了一篇近2000字的文章《让言语智慧在语言的屏障上爆发、生长——薛法根语文教学主张和风格》，对我的语文教学主张从理论和实践两个层面做了评析，充分肯定了"言语智慧教学"的主张，并对智慧解放理念做了这样的阐释："儿童有慧根，即有着巨大的潜能，但这些潜能常常被压迫着，教育必须解放这些潜能；解放潜能须用智慧的方式，而不是用外压式的、强制的方式……智慧解放，说到底，就是解放儿童，促进儿童生长智慧，这是薛法根语文教学的儿童立场，是'为发展言语智慧而教'的理论内核和基础。"这一番论述让我有了前行的勇气，因为我找到了"靠山"。

与成先生虽不常见面，但每次见面，他都要问我最近在看些什么书，研究些什么问题，写了些什么文章。我暗自惭愧，因为那段时间忙于学校管理，快一年没发表像样的论文了。成先生语重心长地说："你还是要把精力放到语文教学中来，多写点东西。"我暗自下决心，无论多忙，每天都要坚持看2小时的书，每周都写一篇教学心得。2011年，应《语文世界》的约请，我写了一篇《清简：为言语智能而教》的专稿，同时要约请一位专家写个点评，我再次请成先生帮忙。先生知道后非常高兴，不几日就发来了《清简，文化人格上生长起来的教学风格》的评论稿。读完这篇5000多字的评论，我惊讶地发现，成先生比我还要了解我自己。只要看一看这五个段落的标题，你就知道成先生对我的了解究竟有多深："讨论薛法根的风格必须追寻他的人格""童年农村的生活体验，在薛法根人格中沉淀下朴素，让他把教育和田野、庄稼自然联系起来""与儿童一起过快乐的日子，在薛法根的人格中沉淀下真正的爱，让他的语文教学像儿童世界那样充满简单之美""与专家、学者零距离的学习，在薛法根的人格里积淀了感恩品德，让他的语文教育追寻大师之道，追寻大道至简的深刻哲理""读书、思考、写作，在薛法根的人格里积淀了研究的品质，让他以研究的方式去建构、去实践、去创造，他的清简是研究的结晶"。魏书生先生说，人的眼球往外凸出，所以看到的常常是他人，而不是自己。成先生让我从他的文字里看到了我自己，确切地说是看到了一个未来的自己。我知道，先生那充满欣赏的评论，是对我的一种期待和鼓励。"朴素、爱、感恩、研究"这些人格中的美好品质，是先生寄予我的厚望，让不够完满的我能够沿着理想的境界而不断前行。那一年，我发表了30多篇文章。

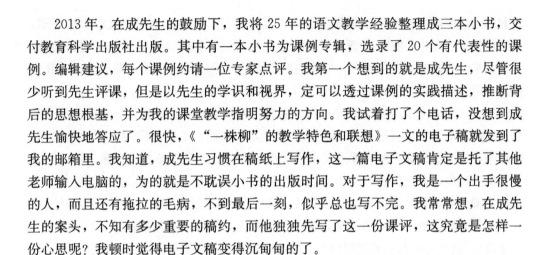

2013 年，在成先生的鼓励下，我将 25 年的语文教学经验整理成三本小书，交付教育科学出版社出版。其中有一本小书为课例专辑，选录了 20 个有代表性的课例。编辑建议，每个课例约请一位专家点评。我第一个想到的就是成先生，尽管很少听到先生评课，但是以先生的学识和视界，定可以透过课例的实践描述，推断背后的思想根基，并为我的课堂教学指明努力的方向。我试着打了个电话，没想到成先生愉快地答应了。很快，《"一株柳"的教学特色和联想》一文的电子稿就发到了我的邮箱里。我知道，成先生习惯在稿纸上写作，这一篇电子文稿肯定是托了其他老师输入电脑的，为的就是不耽误小书的出版时间。对于写作，我是一个出手很慢的人，而且还有拖拉的毛病，不到最后一刻，似乎总也写不完。我常常想，在成先生的案头，不知有多少重要的稿约，而他独独先写了这一份课评，这究竟是怎样一份心思呢？我顿时觉得电子文稿变得沉甸甸的了。

2014 年，我的组块教学研究成果荣获江苏省基础教育成果特等奖，成先生已得知这个消息，便打电话来向我表示祝贺。从电话里，我听得到他满意的喜悦，听得到他为我的成绩而备感欣慰的表情。那一年，先生又为我的组块教学写了一篇专稿《组块教学：语文教学的一种重要变革》，他说，组块教学有崇高的育人立意，有深刻的结构思想以及简约的实践范式。从此，我站在用语文教人的全新视角，从人的发展出发，定位语文教学的功能和属性，逐渐形成了"言语性、言语智能、板块课程、联结学习、统整实践"等组块教学话语系统。2016 年春天，我应一本教育期刊的约稿，将最新的研究成果写成《促进言语智能发展的教与学》一文。文中第一次清晰地界定了"言语智能"的概念及结构要素，努力建构起组块教学的理论框架。但毕竟缺乏学理论证，是一种自以为是的主观臆断，既兴奋又忐忑。每逢左右为难的时候，我总会想起成先生，请他看一看、评一评。于是，我再一次求救于成先生。先生在外奔波忙碌，但也只隔了三天，就回复我说，基本同意我的观点，并提出从美学的视角来重新审视组块教学。不久，《言语智慧的生长——美学精神引领下的组块教学》的文稿就快递到了我的手里，我真的无法用语言来形容那一刻的心情。读完 6000 字的文稿，我看到成先生用他深邃的思想为我指明了一个全新的美学研究领域，让组块教学迈向更为深刻而广阔的美学境界。

俗话说，人生有三幸：出生时有一个好妈妈，读书时有一个好老师，工作时有一个好领导。在我的生命中，不识字的母亲给了我生命，也养成我勤劳朴实的品格；

在我的语文生涯中，庄杏珍老师给了我语文的种子，让我走上了语文教学的正道；在我的研究历程中，我有幸遇见了成尚荣先生，给了我前行的勇气和转弯的智慧，让我始终向着最高的境界飞翔。无论何时，无论何地，我一直铭记着成先生对我说的那句话："不做重复的自己，争取更大的成绩！"

2003 年，我担任盛泽实验小学所属的吴江舜湖学校校长，兼任一个班的语文教学。在狭小的彩钢板搭建的办公室里，常常人来人往，电话铃声时不时地响起来。刚想坐下来批改作业，或者看点文字、写点东西，就会有事情找上门来，不得不放下手头的工作，办理那些琐碎却又必要的事务。"你改变不了环境，你就改变自己"。我努力调节着紧张而又忙碌的校园生活，从中寻找时间的空隙，一空下来就马上打开书本，翻到夹着书签的那一页，静下心来阅读。苏霍姆林斯基的《给教师的 100 条建议》，就在一个月不到的时间里，被我利用这些时间的碎片悄悄"蚕食"了。尽管有时还来不及看完一条建议，就要合上书本去做其他的事情，但总有那么多的时候，可以尽心阅读。那种翻阅书籍时的墨香，在嘈杂的时光中显得更加醇厚。我的办公桌上总放着几本书和杂志，一有空就随便翻翻。一部部教育理论专著便在这些忙忙碌碌的日子里，在我的手中一页一页地翻过。如今，我每逢外出，随身总要带一本书。偶尔没有携带，便觉得心里空落落的。至于每天晚饭后的 2 小时学习，更觉得是一种享受。哪天没有看书，连觉也睡不踏实。

不仅仅是读书，写作也是如此。有人常常抱怨没有时间看书，没有时间写论文。的确，教师的工作平凡而琐碎，在学校有忙不完的工作，在家里也有忙不完的家务，似乎找不到一块完整的时间。然而，我利用那些零零碎碎的时间，却写满了 60 多个笔记本，写下了几十万字的文章，发表在各级报刊。我喜欢将自己一闪而过的想法，及时记录在本子上；将平时在校园中看到的现象、发现的问题，用简略的文字写下来，并做出自己的思考；将阅读书报时看到的精彩言论，随手记下来。备课时遇到难题，有时在睡觉时突然有了灵感，想出了妙招，也会从被窝里爬起来写一写。有人惊讶我怎么会有那么多的新点子，其实那是长期苦思冥想的结果。从来没有人，聪明到可以不读书、不思考，就可以有新思想、新点子。在本子上记录、写作，实在是一个用笔思考的过程。教育教学中的琐事、烦事、难事，只要经过静心"笔思"，总能理出一些头绪，找到一些门道。更重要的是，用笔写作、思考的时候，可以让焦躁的心静下来，平心静气地想一想，避免了冲动与莽撞，处理得更加妥帖一

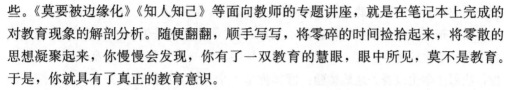

些。《莫要被边缘化》《知人知己》等面向教师的专题讲座，就是在笔记本上完成的对教育现象的解剖分析。随便翻翻，顺手写写，将零碎的时间捡拾起来，将零散的思想凝聚起来，你慢慢会发现，你有了一双教育的慧眼，眼中所见，莫不是教育。于是，你就具有了真正的教育意识。

任何事情，做的时间长了，就会心生倦怠。不重复别人，一般容易做到，不重复自己却很难。成功的范例、成熟的经验，既可以成为自身的优势，也可能成为自己的定式，埋下故步自封、停滞不前的隐患。教育的"秘密"在于不可复制，既要不重复别人，又要勇于"不做重复的自己"。教书匠与教育家的区别就在于是否重复自己。有的人教了10年，其实只有1年的水平，因为他简单地重复了9年，熟是熟了，却失去了教学的激情与创造。而有的人教了1年，却有了别人10年的水平，因为他每天都有所创新、有所发展、有所进步。如果你听到别人的言论感到新鲜，看到别人的课堂产生惊叹，那只能说明你已经落后了。为此，我常常有种紧迫感，时时用成先生的话告诫自己："不做重复的自己，争取更大的成绩！"就是教同一篇课文，每次都要有新的发现，都要有新的创意。面对不同的学生，不同的环境，不同的心境，教学就有了不同的状态，常教便能常新。

我教过三次《番茄太阳》。第一次在南京，我将教学重心落在"明明是一个什么样的盲童？"学生从文中描述明明的语段中，读出了"美丽、善良、富有爱心、乐观、坚强"等盲童的形象。教学中师生各抒己见，情趣盎然。然而细细琢磨，这个问题游离了文本的主题"心中有了快乐，光明无处不在"，教学停留在对人物形象的感受上，未能深入到文本深处，读到作者隐藏其中而没有说出来的话。这样的教学看似热闹，实质上缺少思维的深度与情感体验的厚度，是学生原有阅读理解水平的重复，因而教与不教的差异不大。于是，第二次在广州执教时，我将教学的着眼点落在了"番茄太阳"这个核心词语上，紧扣对"番茄太阳"这个名字的含义，引导学生由表及里、层层深入地揭示出其中包含着的丰富含义：第一层理解"这个名字是怎么来的"；第二层进一步感悟"番茄太阳"这个名字对于一个盲童的特别意义；第三层从名字联想到明明的笑容，引申出笑脸才是最美的"番茄太阳"；第四层引申出"番茄太阳"不仅仅是最美的笑容，也是挂在"我"心中的一轮太阳。由此，围绕题眼，学生解读出了"最美的名字""最美的笑容""最美的太阳"，理解力、感悟力得到了新的发展。然而，第三次在杭州上课时，却出现了意外。学生无法理解一个失明的盲童还能有如此积极、乐观的人生态度，都以为这是虚构的故事，脸上露出不屑的神态。一个学生当场就说："假如我失明了，真是生不如死。"可以说这代表了在场学生的基本态度。于是，所有的精美设计一下子都失去了意义。我处变不惊，让那个学生设身处地地体验：假如你是一个盲童，虽然你失去了一双眼睛，但是你还有一双手，你可以用手摸一摸黄瓜、番茄，你能感觉到它们吗？那双手，其实就成了你的眼睛啊！虽然你失去了一双眼睛，但是你还有一对耳朵，你可以用耳朵倾听这世界上奇妙的声音。这时，耳朵就成了你的眼睛！……转换了一个思维的方式，从另一个角度来体验，学生渐渐地受到了感动，终于发出了感人肺腑的话语："虽然我失去了一双眼睛，但是我还拥有一颗明亮的心！"因势利导，缘学而教，"点亮了学情"。学生在课尾写出了这样的感言："心底有了光明，快乐还会远吗？心底有了快乐，幸福还会远吗？心底有了幸福，春天还会远吗？""心底有了番茄太阳，灿烂的笑容还会远吗？心底有了番茄太阳，美好的生活还会远吗？心底有了番茄太阳，幸福的人生还会远吗？"我为学生的成长而感到由衷的自豪！同样的课文，不同的课堂，充满了智慧的挑战。唯有不因循守旧，不断否定自己，才能获得新的超越。

一篇课文如此，篇篇课文都应如此。有人一旦形成了自己的教学风格，就只选适合自己的课文上示范课，唯恐"失手"。但常态的教学中，不管什么样的课文，你都得教好。敢于挑战自己的弱项，是不重复自己的最好证明。《真理诞生于一百个问号之后》是一篇简单的议论文，一读就懂，没啥可教的，令人无从下手。我在备课时，一度也没有头绪，处于焦虑之中。但我坚信：总有一种办法可以教得好，只是现在还未找到。经过两个多星期的酝酿，在临上课前的晚上，我终于找到了教学议论文的组块方式，提了四个核心问题：你信吗？你了解吗？你比较过吗？你这样想过吗？真正体现了"只教不懂的，不教已懂的"这样的教学主张，将这篇一本正经的议论文教得清简朴实，妙趣横生。挑战自我，寻求突破，让我经历了凤凰涅槃的过程，对语文教学的理解更加深刻，更加逼近教育的真谛！

不做重复的自己，你便会看到太阳每天都是新的！

七、从一个人到一群人

从"组块"到"组块教学"，我走过了 20 多年的研究之路。一路走来，我并不孤单，因为有一群志同道合的语文老师，始终站在我的身边。我知道，教育是一群人才能做成的事业，单打独斗难成教育的大事。抱团发展，是教师专业发展的智慧选择。乔布斯说服时任百事可乐总裁约翰·斯卡利加入苹果团队，只问了一句话："你想用卖糖水来度过余生，还是想要一个机会来改变世界？"一个人，一生只做一件事；一群人，一心就能走出一条路，一条语文教学的科学之路，一条改变语文教师的专业成长之路。组块教学，这是一件值得一群人做一辈子的大事。为一大事而来，团队才有持久的凝聚力和不懈的战斗力。

（一）让自己长成一棵大树

从陶行知、斯霞、李吉林以及于漪等教育家的成长历程中，我深知要做成一件事，必须有一种"扎根精神"，要像大树一样，把研究之"根"深深地扎在教育的土壤里。根扎得越深越长，树才能长得越高越大。

盛泽实验小学尽管是一所弄堂小学，但是最早开启了素质教育的大门，让我看见了教育改革的无限风景，也给我创造了最为自由的成长环境。无论是做素描作文实验，还是搞循环日记改革，或者和实验班的老师一起摸索思维训练课程，学校都给了我足够的时间和空间，给了我足够的宽容和厚爱。我就像一棵树，在这片土地上尽情地生长。30 岁那年，我成为江苏省最年轻的小学语文特级教师，也是从这所学校成长起来的第一个特级教师。当时有很多名师纷纷"孔雀东南飞"，选择到城市的名校发展。我也收到了好几个名校的邀请，优厚的待遇和难得的机遇不由得让人心动。但是，更让我心动的，是这所学校有一群伴我成长的老师。年轻的、年长的，甚至退休的，都对我寄予了无限的希望，希望我可以留在这里，带着他们一起走出小小的弄堂，走向更大的教育舞台。我知道这里更需要我，我应该长成一棵大树，而不是成为一只候鸟。

作为团队的领衔人，我深知"水涨船高"的道理，也深知"海阔心无界、山高

图 1-7　第一期组块教学名师工作室成员

人为峰"的哲理。做强自己，让自己长成一棵大树，才能更好地引领团队。我始终扎根教学一线，将理论建构和实践创造融为一体，不断推陈出新。2011 年 12 月，我有幸成为江苏人民教育家培养工程第二期培养对象，迈上了成长的新旅程。在杨九俊、金生鈜、孙孔懿、周川及董洪亮等导师的指导下，我阅读并汲取教育大家的思想精髓，在实践中不断加深对教育教学的理解和认识，不断提升自己的思想境界与实践能力，研究领域也从学科教学延伸到了学校文化、课程建设、课堂研究与教师专业发展等领域。尤其是在 2015 年启动的"苏式课堂"项目研究中，我对叶圣陶先生"教是为了不教"的教学思想，有了更为深刻的理解，将之融入组块教学实践中，形成了基于组块教学的"苏式课堂"样本。

一是形成了"苏式课堂"的核心思想："教是为了不教，学是为了再学。"这是叶圣陶教学思想的完整表达，核心要义是教师教学的最终目的是学生能够独立地学、主动地学。教是手段，不教是目的；学是起点，再学是新起点。教的目的是培养学生独立的学习能力和自觉意识，并引发学生持续的学习行为，使之形成终身学习的需要。只有教师的"不教"，才能给学生的"再学"留下时空；也只有学生的"再学"需求，才能促发教师的"不教"智慧。这是对教与学的智慧表述，它体现了辩证的思想、转化的思想和发展的思想，它平白如话，但是具有深刻的哲理意义。

　　二是提炼了"苏式课堂"的主要观念：①师生观："学生是我们的小朋友。"互联网背景下，知识不是教师的专利，而是大众随时可以获取的产品；甚至，学生比教师懂得还要多、还要超前。教师与学生的关系，应该是一种彼此平等、相互信赖、共同成长的师友关系，亦师亦友，其乐融融。②教材观："教材无非是个例子。"在课堂教学中，我们要从教教材，转向教学生学教材，进而转向用教材教学生，充分发挥教材的育人功能，而非停留在知识传递。既要尊重教材、用好教材，又要改造教材、优化教材，更要合理开发、创编教材，让教材成为学生学习的源头活水。③教学观："帮着学生学。"教师的帮，在于关注交互中的种种意外，将其转化为教学推进的资源；在于及时捕捉学生的学习状态并作出恰当的反馈，给予学生鼓励、欣赏、启发，增强学习的积极性与自信心，并始终让学生保持独立思考的清醒和力度。教与学在深度交互中，会发生角色的转换，最好的学就是教别人学，最好的教就是和学生一起学。④评价观：促进学生的改变。课堂教学从"教"到"不教"，是一个变化的过程。这个变量就是师生的效能感，包括人生经验的丰富程度和学科经验的提升幅度。课堂既需要"保值"，即达到教学设定的目标要求，又需要"增值"，即超越既定目标的充分发展。

　　三是实现了"苏式课堂"的结构变革。课堂教学的结构取决于对课堂时间和空间的组合方式，同样的时间却可以营造不同的心理空间、创造不同的思维空间，"苏式课堂"的课堂结构应该契合学生的学习节律。第一，长与短。人类知识的生产含有三个阶段：生成阶段是发现式学习，需要足够的时间体验知识的形成过程，获得知识背后的人类智能，宜放慢节奏；整理阶段是接受式学习，较短的时间却能获得最多的结构化知识；运用阶段是建构式学习，需要充分的时间创造性地解决问题，以获得个体智能的发展。根据所学学科知识内容的阶段，合理划分时间段落，就可以顺应学习的内在机制。第二，直与曲。苏式园林的结构艺术在于化直为曲，在有限的空间里建造曲折的路径，拉长了两点之间的距离，延长了游览的路线和时间，给人一种曲径通幽的审美体验。同样的道理，课堂教学聚焦核心目标，将学习的重难点，设计成一条曲折的学习路径，在有限的时间里，给学生打开了无限的思维空间，让课堂充满智慧的挑战。假如直截了当地出示结论，则省略了学习的探究过程。第三，线性与块状。线性的课堂结构，一环接一环，环环相扣，严密无缝，滴水不漏，显得精致细腻，也易造成牵得太死。如果采取块状的课堂结构，根据学习内容需要，划分为长短不一的若干板块，每个板块相对独立而又彼此关联，这便让教学具有一种弹性。

"苏式课堂"的系列实践，让组块教学的课堂实践更有底气，也更接地气。凡是教师感到难教的课文，我都作为课题来研究，发现并建构适宜的教学内容，寻求最佳的教学设计，发现普适的教学原理，并现场教学展示、讲解示范。每一个教学范例，都力求简单实用，便教利学；每一个教学理念，都力求简洁明了，学以致用，用即有效。由此，我的组块教学伴随着"苏式课堂"走出了弄堂小学，走向更为广阔的实践天地，为广大语文教师所模仿、所借鉴，也逐渐被其他学科教师所运用、所创新。做强自己，就是要让自己的教学研究"顶天立地"，既有理论的高度，又有实践的根基，能为更多的教师理解与运用，乃至推陈出新，生生不息。

（二）让同伴变得更加优秀

迈克尔·乔丹曾说过："一名伟大的球星最突出的能力就是让周围的队友变得更好。"而团队的伟大，正在于让每一个伙伴都变得更加优秀。

2009 年，我成立了"薛法根语文名师工作室"，来自吴江区 6 所学校的 10 名语文骨干教师成为第一批学员。如何让这批骨干教师突破自己，在实践中变得更加优秀呢？我以陶行知先生"四颗糖"的故事告诉他们，真正的好教师，不是只有知识与能力的教书匠，而是拥有教书育人实践智慧的大教师。智慧型的教师必须具备三种特质：一是儿童立场。爱尔兰著名作家约翰·康诺利说过："每个大人心里都住着一个孩子；而每个小孩心里，都有个未来成人在静静等候。"我们要蹲下来发现儿童，要站起来引领儿童，更要陪伴左右和儿童一起成长。二是成长思维。就是要像儿童一样，勇于探索问题，敢于冒险尝试，坚信办法总比困难多。拥有这样的积极思维，才能产生教育的机智，让智慧"破壁而出"。三是共情能力。未来学家丹尼尔·平克认为，决胜未来需要六大能力：设计感、娱乐感、意义感、故事力、交响力、共情力。没有爱就没有教育，没有情感就没有动力。能与学生的情感产生同频共振，就能让教育充满情感的力量。

教学智慧不是在书本上读出来的，而是在课堂中磨砺出来的。我和工作室的学员一起"磨课"，围绕一节课，从教材解读到活动设计，从课堂应对到现场重构，一而再、再而三地反复修改、打磨，寻求的是最好的设计、最优的方案。同一节课，经过无数次实践研磨，形成的教学方案具有相当的专业"含金量"，是集体智慧的结晶。尤其是对那些特别难上的课，总要经过一次又一次的尝试，经过一轮又一轮的筛选，才能最终找到令人满意的设计方案。比如《谈礼貌》，这是一篇说理性的文章，浅显易懂，对于五年级的学生来说，不教也读得懂。难就难在似乎没什么可教的，不知从何入手。第一次，我们抓住三个故事，教学生体会讲礼貌的好处，朗读、讲述、表演、讨论，各种方法用尽，学生也没什么长进。第二次，我们关注生活实际，教学生比较生活中讲礼貌和不讲礼貌的现象与结果，分析其中的原因；然后出具多篇同类的说理文，比较写法的异同；最后借鉴"举例法"来写一篇说理文。设想很美好，现实很艰难。绝大部分学生学得似懂非懂，成了"夹生饭"。第三次，我们聚焦语言形式，教学生积累课文内外关于礼貌的俗语、古训和名言；然后探讨"故事与故事""故事与道理""道理与道理"之间的内在关系，发现了"事"与"事"的不重复性、"事"与"理"的一致性、"理"与"理"的递进性；最后比较三句写"理"的句子，总结了"引用、比喻和概括"三种说理的方法，并运用这样的方法，给一个故事阐明其中的"事理"。这样的设计体现了语文学科的专业性，是最优化的教学路径。

磨课，其实磨的是"人"。一个人在教学中的"陈规陋习"，需要别人一针见血地剖析、批判和矫正，不经历"刮骨疗伤"的阵痛，很多骨子里的毛病是改不掉的，唯有这样的"磨砺"，才能让你彻底告别一个"旧我"，获得"脱胎换骨"的课堂重生。有过磨课经历的教师，往往有这样一种体会，叫作"化蛹成蝶"。蛹使出浑身解数钻过狭窄的通道，哪怕伤痕累累、体无完肤，唯有如此，才能把全身的能量通过挤压转化到"两个翅膀"上，才能化作美丽的蝴蝶。课堂研磨，让你长出的"两个翅膀"，一个叫"思想"，一个叫"能力"。磨课，就是思想的种子在你经验的土壤上，开始生根发芽，你就有了主见，有了主张；就是科学的方法在你反复的运用中，慢慢熟能生巧，你就有了技艺，有了悟性。有了这"两个翅膀"，你的眼界再高，也能"飞得上去"，还能"落得了地"。磨课，是每一个教师获得专业自由必须经历的"阵痛期"，谁能"熬"得过，谁就能"化蛹成蝶"，迈向专业发展的广阔天地。在一轮一轮的磨课中，工作室的学员逐渐丰厚了自己的学识，凝聚了自己的教学主张。同样是实践组块教学，每个人可以有不同的见解，也可以有不同的风格。"似我者死，学我者生"，团队研究的意义在于"求同存异"，保持每个人的独特性与唯一性，在于"成人"。我们期待"百花齐放，百家争鸣"，听得到不同的声音，看得到不同的风格，让每一个人都成为他自己，而不是千人一面，不是成为组块教学刻印出来的"模子"。沈玉芬老师从联结性学习出发，建构了自己的"联结教学"理论，出版了《小学语文联结教学》专著，2014年被评为特级教师；徐国荣老师积极践行"言语形式教学"，形成了风趣幽默的教学风格，2016年被评为特级教师；王晓奕老师从教与学的关系出发，提出了"适性教学"主张，出版了《伙伴式学习》专著，2018年被评为特级教师；孙建兵、金苏华、金洁萍、黄妹芳、马吉香、姜欢晓等一大批工作室学员先后成了语文学科带头人。我们欣喜地看到了每一个人成长的足迹，在组块教学的研究道路上越走越宽，变得更加优秀而自信。

（三）一群人才能走得更远

有人说，一个人可以走得很快，但一群人才能走得更远。组块教学从一个人到一个核心团队，进而由这些核心团队的种子教师，带出更多的教学团队，从工作室成长起来的三位特级教师沈玉芬、徐国荣及王晓奕，先后成立了自己的名师工作室，带出了一批又一批智慧型的语文教师。组块教学的种子在吴江大地遍地生根，生机勃勃。2012年，吴江区成立了"小学组块教学研究室"，开启了组块教学研究的新阶段。

早在2004年，在广西桂林象山区崇善小学张林校长的邀请下，组块教学走出了吴江，在山水甲天下的桂林扎下了根。从最初的一所小学，到后来加盟的回民小学、平山小学、宁远小学以及铁西小学，最后在象山区教育局的主导下，于2015年成立了组块教学象山工作站，区域15所小学整体推广组块教学实验，并深入语文能力为主线的单元课程重组实践研究，取得了显著的成绩：一是形成了以能力为主线的单元课程。以"认读、概括、运用"等7项关键能力为主线，重构单元主题，对现有教材选文进行适度重组，创造性、高水平地实施国家语文课程。二是提高了小学生的语文实践能力。组块教学模式易于操作，一课一得，见效明显，全区小学语文教学质量检测与前比较，合格率提升5.6%，优秀率提升4.9%。三是促进了语文教师专业能力发展。以刘艳红老师为代表的工作站成员先后在省市及全国语文教学比赛中获奖37人次。事实证明，组块教学在象山区得到了广大一线教师的高度认同和积极参与，取得了区域推进的示范效应，并逐渐辐射周边区域。

2014年，江阴市教育局成立"组块教学工作站"，全市44所小学积极运用语文组块教学模式，选拔三期64名学员参与组块教学实践研究。经过6年三轮研究，结出了丰硕的成果。一是大面积提高了学生的语文水平。组块教学的联结性学习方式，有利于学生的自主学习，扩大了阅读量，提高了读写能力。2017年无锡市小学生语文学业水平调研测试，江阴市82000多名学生的阅读理解和写作均分明显高于其他市区。二是教学研究取得丰硕成果。工作站学员围绕"指向核心素养的分类统整教学"进行了三年六个阶段的研究，于2016年出版专著《文本分类教学》（文学作品卷与实用性作品卷），被一线语文教师广泛运用，在全国产生了积极影响。三是语文教师专业能力快速提升。1名学员被评为江苏省特级教师，19名学员的学术荣誉称号获得晋升，14名学员在全国、省级教学比赛中获得一、二等奖。事实证明：语文组块教学创新了江阴市小学语文教学的实践理念和变革路径，成为语文课程与教学改革的区域范本。

图1-8　组块教学部分研究成果

　　此后，组块教学在湖北省赤壁市、黑龙江省大庆市、广西壮族自治区柳州市、广东省湛江市等区域建立了工作站，整体推进组块教学实践研究；四川省成都高新区西芯小学、山东省济南市济阳县济北小学、安徽省铜陵市新苑小学、江西省南丰县实验小学、河南省焦作市学生路小学、浙江省台州市白云小学、上海市日新实验小学、北京小学丰台万年花城分校等12个省、市、自治区170多所小学先后加入组块教学实验。我们还通过网络，吸纳众多的语文教师一起研究、一起实践，他们都有一个共同的名字——"雪花膏"。真正的团队伙伴，即使从未见面，也会默然于心。2016 年，全国组块教学实验学校联盟正式成立，标志着组块教学从一个人到一群人到更多人的实践、跨越，呈现出继往开来的生命气象。

　　模仿、融合、创新，是我在语文组块教学研究中经历的三个不同的境界，而每一个境界都是一道教育的风景，也是人生的风景。

组块研究：为言语智能而教

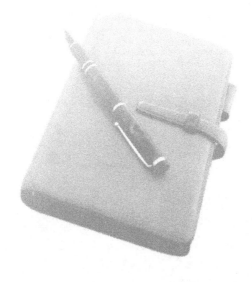

一、理论基础

百年现代语文教育历经八次课程改革，"高耗低效"的顽症依然未能得以根本性地解决，始终未能走出"少慢差费"的怪圈。重新审视语文教学的现状，不难发现三个层面的问题：一是语文课程性质摇摆不定，徘徊在工具性与人文性之间，导致语文课程与教学目标在实践中常常偏离语文学科的本质属性；二是语文课程内容残缺难定，文选型教材未能呈现确定的语文教学内容，将"教课文"当成了"教语文"，常常"种了别人的地、荒了自家的田"；三是语文教学方法陈旧单一，多读多写缺少学理的论证，阅读感悟缺乏内在机制的研究，停留在经验层面，难以从原理层面解决语文教学的方法困境。

语文组块教学针对上述问题，试图从教学内容的研制入手，实现语文教学的整体突围。借鉴心理学组块原理，基于现有的文选型教材，解决语文教学内容不确定与碎片化问题，提高课堂教学效率；在此基础上，运用语用学关联理论，逐步建构基于言语交际功能的语文板块课程，建构结构化、活动型的现代语文课程内容体系，并研究与之相应的学习方式和教学范式，大面积提高语文教学质量，促进学生语文素养和教师专业能力的整体提升，探索一条语文教学的科学之路。语文组块教学始发于心理学组块原理，建基于语用学关联理论，运用于语文课程与教学领域。心理学组块原理与语用学关联理论是语文组块教学的理论基础。

（一）心理学组块原理

学习是一种心理反应，从心理学视角可以打开学习的暗箱。没有记忆就很难有持续的学习，而记忆绕不开"组块"这一个心理学概念，它是由美国心理学家乔治·米勒提出的测量短时记忆（工作记忆）的一个信息单位。在认知心理学中，有意识地将零散的信息单位整合成更大意义的信息单位，并贮存在大脑中的心理活动称为"组块"。简言之，"组块"是对信息的组织和再编码，既指工作记忆的测量单位，又指工作记忆的心理过程。实验证明，一个人的短时记忆阈值是"7±2"个组块，超过一定的阈值就很难记得住了。比如，3、2、0、5、2、5、1、9、6、3、0、9、

2、3、0、6、8、7……你在 10 秒内无论怎么努力地记，都很难将这 18 个数字记得全、记得准，因为超过了短时记忆的阈限。但是，如果将这 18 个数字分成三个组块，即 320525＋19630923＋0687，成为一个人的身份证号码，第一个组块是所在地的代码，第二个组块是出生的年月日，第三个组块是同一天出生人的序号，你在 10 秒内就可以轻松而又准确地记住了。这就是组块识记的基本原理，将无关联的数字组合成有意义的信息，就能从机械识记变成意义识记，既减轻识记的负担，又提高识记的效果，同时便于长时间记忆，更便于在今后使用时准确、快捷地提取这个信息。尤其重要的是，这些有意义的组块可以在学习中以经验为纽带产生勾连，形成更大的组块，犹如织网一样，越织越大，最终形成具有个体特征的知识结构网络。神奇的是，这张知识结构网不但对所学的碎片化知识具有摄取功能，而且还将关联起来的碎片知识加以整合、加工，产生新的知识。简言之，组块是能够迅速地将长时记忆中的信息链接起来的索引项，可以在思维、想象等心理活动中激活已有的相关信息，以致产生新的信息。

图 2-1 课间给同学们讲故事

在学习心理学中，组块记忆具有下列特征。

1. 经验性

组块的方式依赖于人的知识经验、情感经验和动作技能经验等，不同的经验形成不同的组块，经验越丰富，组块包含的信息量就越大。

2. 结构性

信息组块之间具有相似性，因而会建立内在的相似联系，形成更具包容性的信息结构。相似联系越多维，结构越稳定。

3. 扩展性

组块具有扩展功能，可以摄取更多关联信息，且因经验的差异而产生倾向性，即越熟悉的信息越容易被摄取和整合。

4. 生产性

组块是能够迅速地将长时记忆中的信息链接起来的索引项，可以在思维、想象等心理活动中激活已有的相关信息，以致产生新的信息。

组块与组块之间，因相似而联结。因此，在相似理论中，"组块"也被称为"相似块"。人们在学习实践活动中积累了丰富的信息单位、知识单元（相似块），这些"相似块"有各种不同的类别，如语言相似块、情感相似块、形象相似块等，而"组块"则是认知过程中的一种组织策略和整合行为，具有重组、整合的功能，它可以提高记忆的容量和效率。人们对外界的认识常常要依赖"相似块"的存在和"组块"的心理活动。语文学习过程是个体心理"相似块"重组、整合的运动过程，语文学习过程中感知、理解、体悟、积累、运用的每一个阶段，都离不开"组块"的积极活动。相似论原理表明，个体学习语文过程中，首先从感官接触语言材料，或看，或听，将语言信息（伴随着情感、思想、形象）通过神经的传递，到达大脑的相应区域，与先前贮存在记忆中的"相似块"发生联系，从而激活"相似块"，形成感知或感觉，进而个体调动这些"相似块"，与所获得的语言信息通过不断的相似运动、相似匹配、相似重组，达到融会贯通、心领神会，最终形成或重构出新的"相似块"，实现理解、感悟。这些经整合而创造的"相似块"，不但在后续的学习情境中发挥摄取、重组作用，而且在相似的语言情境中，能外化为个体的语言信息，或语言，或思想，或形象，或情感，从而实现个体的主动表达、运用。这就是"组块"在语文学习中的心理学原理。

由此，心理学组块原理为语文组块揭示了这样一个原理：我们难以改变学生短时记忆的组块数量，但是我们可以改善人脑中"组块"的容量与质量，将提升个体学习活动的效能，促进学生生命智能的生长。

（二）语用学关联理论

语文学习的基本方式听说读写，本质上是学习如何运用语言的问题，自然属于语用学的范畴。语用学就是研究语言运用及其规律的学科，从说话人和听话人的不同角度以及相互关系上，研究人们的言语行为（言语表达和言语理解），研究特定语境中的特定话语，并探寻语境的种种功能，研究话语的种种言内之义和言外之意及其相应条件。语用学揭示了"意义"与"语境"之间的内在关系。语用学研究的意义不是语言文字本身的意义，而是把语言本身的意义同语言使用者联系起来所产生的意义。如："今天是周末。"这句话本身是陈述一个时间概念。但是和说话者联系起来，它传递的意义除了表明"今天是周末"的字面意义外，还可能是流露了兴奋的感情，周末可以休闲地享受生活；还可能是儿子提醒父亲兑现承诺，带他去公园玩；还有可能是表达讨厌加班，宣泄怨气等。这样鲜活的意义不存在字面上，是言外之意、弦外之音，这就是语用学中所说的会话含义。一句话，语用学研究的是使用中的语言的意义，是语言在具体语境中所生成的意义。语用学中语境不仅仅是狭义的"上下文"，"这里的语境包括交际的场合，交际的性质，交际的参与者以及上下文。语境直接影响着人们对话语的理解和使用"。根据目前的研究成果，大多数人将语境分为三类：上下文语境，指话语内部相互影响、相互制约的上文和下文构成的语言性的语境。情境语境，指言语行为发生时诸多的客观因素，包括时间、地点、场景以及说话的对象、目的、方式、话题等。其中还包括说话人和听话人自身的主观因素，包括相互间的关系、对客观世界的认识和信念、过去的经验、当时的情绪等。社会文化语境，指支配、规范着具体言语行为的广泛的社会习俗和文化传统。语境的功能，人们讨论得较多的是制约说话人表达意图的过滤功能和帮助听话者理解话语的解释功能等。语用学是一个有众多因素构成的复杂的网络系统，一切同语言运用有关的因素都应在其关注的视野之内。换言之，语用学的研究对象不仅指"一切语境"，而且包括实际运用中的话语、语用主题等因素。如果说语境是语用的条件，那么，话语是语用的工具，交际者是语用的主体。这三个要素相互联系、相互制约、彼此影响，构成了语用学的完整系统。

　　语文课程中专门设置了口语交际，实质上就是运用语用学的交际理论来整体建构教学的内容系统。但是语文课程更重要的是要学习书面交际，涉及读者（学生）与作者（隐身作品之后）、读者与教者（教师）、读者与读者之间的多重交互，各方对同一作品、同一话题的理解及回应，应遵循怎样的交际原理呢？这就是语用学的关联理论。英国学者斯铂佰和英国学者威尔逊从格赖斯的语用学关联概念入手，对话语理解过程进行了更加深入的研究，他们联名出版了专著《关联性：交际与认知》，提出了与交际和认知有关的关联论。它实际上是以一般认知观为基础，研究人类交际与话语理解的一种"认知心理学理论"。那么，什么是关联理论呢？

　　在言语交际活动中，说话人"明示"自己的话语意图，听话人据此"推理"出话语的暗含意义，从而"互明"对方意图，达到交际目的。其间，话语的内容、语境和各种暗含，使听话人对话语产生不同的理解；但听话人不是在任何场合下对话语所表达的全部意义都得到理解；他只用一个单一的、普通的标准去理解话语；这个标准足以使听话人认定一种唯一可行的理解；这个标准就是关联性。

　　基于上述观点，关联理论提出了最佳关联原则：每一个言语交际行为本身具有最佳关联性。人们对话语和语境的假设、思辨、推理越成功，话语内在的关联性就越强，无须付出太多的努力就能取得较好的语境效果。最佳的语境效果取决于语境的选择。关联理论认为话语本身具有内在的最佳关联性，理解话语就是选择一个能够实现最佳关联的语境。因而关联是已知的不变量，语境是一个动态的变量，既包括言语交际时的环境，又包括由话语所引发的各种信息，如科学知识、生活常识、人生经验等。简言之，关联理论阐释了"听说读写"的发生原理，遵循最佳关联原则，可以促进学生听说读写技能的发展。那么，关联理论对于语文教学又有何实践变革意义呢？我想借《晏子使楚》中的一段故事来阐释。

　　有一回，齐王派大夫晏子去访问楚国。楚王仗着自己国势强盛，想乘机侮辱晏子，显示楚国的威风。楚王知道晏子身材矮小，就叫人在城门旁边开了一个五尺来高的洞。晏子来到楚国，楚王叫人把城门关了，让晏子从这个洞进去。晏子看了看，对接待的人说："这是个狗洞，不是城门。只有访问'狗国'，才从狗洞进去。我在这儿等一会儿。你们先去问个明白，楚国到底是个什么样的国家？"接待的人立刻把晏子的话传给了楚王。楚王只好吩咐人打开城门，迎接晏子。

　　晏子看到这个五尺来高的门洞，不但准确领会了楚王的用意（侮辱晏子身材矮小），而且将门洞视作狗洞，向楚王传达"要我钻狗洞，楚必是狗国，楚王即狗王"的话语意图，从而变楚王以强凌弱的交际环境为平等对话的交际环境，并改变了楚王的做法，维护了自己的尊严，实现了既定的交际利益。由此可见：交际主体不但能准确地领会与传达话语的意图，而且能借助语境关联，积极改变交际双方的认知环境，影响并诱发对方的行动符合自己的意图，实现既定的交际目的。这种卓越的语言运用能力称之为"言语智慧"。语文教学正是借助文质兼美的语言运用范例，让学生学得语言运用的基本规律，并通过生活化的问题情境习得言语交际的实践机智，生长出晏子般的言语智慧。听说读写的言语能力唯有在语境中加以综合运用，解决实际的言语交际问题，才能化作言语智能。可以说，在真实问题中的言语交际智慧是语文能力的核心。

　　由此，语用学关联理论为语文组块教学做出了三个方面的理论阐释：第一，语文教学是一种特殊的言语交际，根本目的在于指导学生"学习运用语言进行认知与交际"，旨在生活化的言语实践中形成与发展言语能力。第二，课堂教学的本质意义在于创设"促进语言知识生成与能力转化的丰富语境"，语境效果是衡量言语能力水平的重要标志。第三，言语能力的内生机制在于遵循与运用关联原则"构建言语意义与交际语境的最佳关联"，言语形式的同义选择是关联性的实践表征。

二、核心思想

（一）语文是"根"的事业

　　语文的背后是"人"，语文教育的根本价值就是"育人"。如果把"人"比作"树"，"树"总是先长根，再长叶，最后开花结果。一个人的精神之根在他的母语，语文教育就是"根"的事业。

1. 母语是精神生命的家

　　传说神对着造好的泥人吹了一口气，那些泥人便活了，这口气就是"语言"。人

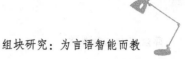

之所以成为人，关键在于人有语言甚至有文字，可以凭借语言文字进行思考、与人交流，进而传承文明。海德格尔曾说："语言乃存在之家，人则居住在其深处。"一个人对世界的全部认识，说到底是他的语言经验。大千世界中的红色，色谱中有成千上万种，然而我们人类至今可以分辨出来的只有几百种。有些红色只能借助那个事物来描述，比如桃红、玫瑰红等，那些无法用精准的语词表述出来的红色，我们就无从知晓。有人说，作家最伟大的贡献，在于他用语言将人类的情感细腻而准确地描述出来，于是为全人类所共同认知、共同拥有。一个"囧"字，就可以将我们内心那种尴尬、困顿、纠结、挣扎而又无奈、绝望的复杂心情，一下子点明了、固着了，于是我们便可以言传了。同样的道理，我们的精神与思想，唯有在语言文字的世界里，才确认它的存在；失去了语言文字的凭借，思想与精神便没了着落、无从生根。"我思故我在"，那是你用语言在"思"，语言可以让你意识到"思"的存在。语言拓宽了他的认识世界，丰富了他的内心世界。一个人的精神生命，其实就是活在他的语言世界里，其精神世界的宽度与高度，往往取决于他的语言阈限。从这个意义上说，语言与精神同构共生，语文不仅仅是一种工具，还是一种生命的表现与存在。

2. 学汉语就是学做中国人

一个民族有别于其他民族的根本标志在于语言，失去自己语言的民族已经被同化了。汉语是我们的母语，学语文就是学汉语，学汉语就是学做中国人。当我们用汉语来说话、作文的时候，我们就活在中国的思想与文化里。复旦大学王德峰教授曾经举过一个生动的例子，他说"缘分"这个词语，在中国人的话语中，一听就懂，不必解释；而一旦要翻译成英文，则很难找到一个恰当的单词，可以既表示"偶然性"又表示"必然性"。你说"缘分"，就是活在中国传统思想中，这个词已经融入了中国人的血脉中，一代一代承继下来，积淀为一种文化的底色。我们浸润在一个一个汉语语词的世界里，就是耳濡目染中国"儒、释、道"的文化。从这个意义上看，学说中国话，就是学做中国人。话说好了，人也就做好了。如果你学的母语不是汉语，而是英语，那么即使你是黄皮肤、黑眼睛，本质上已经不是中国人；如果你学的母语是汉语，即使身在西方，说英语穿西装，骨子里仍然是一个中国人。汉语文，就是中国人的精神家园；教孩子学汉语言，就是让孩子的精神之根扎在中国的民族文化中；教学生学好汉语文，就是在培养真正的中国人。所以，端端正正写汉字，认认真真说汉语，就是在延续中华文明的血脉。

3. 爱汉语才能学好语文

"人生聪明识字始"，学语文从识字开始，而汉字浸润着中华民族祖先的智慧。每一个汉字都是一幅画，都是一个故事，都是一段人生。汉字的音形义，相辅相成，是一个完美的整体。音同字不同，同字不同音，字同义不同，这些对外国人来说，无异于"天书"，而对于中国人来说，恰恰是乐在其中。无数的汉字典故，记录着中国人学语文、用语文的无限创造力，更不用说那些汉字写成的诗词文章，让人迷恋与沉醉。汉语是美的，当你看见这种美的时候，你就会发自内心地热爱它。爱语文，才能让语文在一个人的内心世界里深深地扎根；爱语文，才能让学生在语文学习的世界里乐此不疲，最终学好语文。汉语的美，在于"意合"，在于语言与形式的完美结合，在于"言在此而意在彼"的曲折委婉，在于"言已尽而意无穷"的深远意味，在于从"言"到"象"再到"意"的层叠与转换。展现汉语这种独特的艺术之美，才能激发人的学习欲望与探索热情。如果对语文一知半解，仅仅将语文当作一种工具来训练，甚至演变成一种机械的题海战，异化成做题目拿分数，那么，语文就只剩下了赤裸裸的骨架，令人恐怖。既要看到语文"有用"的一面，又要看到语文"美丽"的一面，如此，语文才有真正动人心魄的魅力。超越功利的语文，才会成为永恒的事业。

图 2-2　在办公室查阅资料

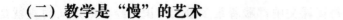

（二）教学是"慢"的艺术

语文是"根"的事业，而"根"总是慢慢生长的。唯有慢，才能扎得深远，才能根深叶茂，才能长成参天大树。语言文字是人类区别于其他动物的重要标志，是千万年进化形成的智能标识。研究表明，灵长类的智能程度越高，生长初始的时间就越长。人的语言文字学习，也有一个漫长的时期，其中有特殊的敏感期。教育的节奏应和生命的节律相一致，先慢后快，才能顺势而为。语文教学，尤其是小学语文，应是一门"慢"的艺术。

1. "吝啬"知识

作为一门学科，我们总想教点知识。如果一堂课不教点"知识干货"，好像对不起学生，心里不踏实。事实是，语文教学和其他学科不同的是，你教的知识，未必是"真知"；即使教的是"真知"，也未必"有用"。语文教学，不要急着"抛售"知识，而要学会"吝啬"知识。

其一，对知识要有饥饿感。常识告诉我们，一个人一天只能吃三餐，一定要你吃六餐或者九餐，你一定会得厌食症。中国的教师，最不吝啬的工作就是教知识，总是千方百计将自己所有的知识毫不保留地塞给学生。于是，教学中充斥着各种各样的知识，学生的头脑变成了记忆知识的容器。失去了对知识的饥饿感，也就失去了求知的欲望和探究的兴趣。反观国外的母语教育，教师很少教知识，即使教，一节课也只教很少的一点知识。学生一定要在嗷嗷待哺的时候，才教给他们必要的语文知识，否则有限的一点语文知识也会被白白糟蹋。

其二，从"举三反一"到"举一反三"。婴儿学会叫"妈妈"，需要无数次的简单重复，最后终于开口说话，认识了自己的"妈妈"；后来，当孩子长大之后，发现每个孩子都有自己的妈妈，这些有孩子的女人有一个共同的称谓"妈妈"，这时的"妈妈"就成了一个概念，即语文知识。推而广之，语文知识是从大量的语言现象中抽取出来的，是对经验的一种归纳，是"举三反一"的结果。没有足够的语言经验和对语言现象的抽象，就难以有语文知识的体察与认知。语文知识是从语言现象和事实中"剥茧抽丝"出来的，宜慢不宜快，宜少不宜多。语文教学，开始走的是"举三反一"的慢车道，后来才进入"举一反三"的快车道，即运用规律进行言语实践。

其三，教得完整不如学得充分。字词句篇、修辞逻辑等语文知识，就潜藏在一篇篇课文中。细细推敲，每篇课文中都藏着很多语文知识，经典的课文简直就是"遍地黄金"。语文教学最容易陷入知识碎片化的教学陷阱，一篇课文从头教到尾，遇到知识点就教一个知识。乍一看，教得完整了；细思量，每一个知识点都蜻蜓点水，教过了，然而并非学会了。更糟糕的是教得越多，忘得也越多。结果，要么像猴子下山摘玉米，掰一个丢一个；要么像乞丐拾金，行囊里装满了知识的金块，压得迈不开步子。语文教学，要学会取舍，将适合学生需要的语文知识筛选出来，教得少一些，学得透一点。慢的艺术，就是处理好少与多、减与加的辩证关系。

其四，语感比语识更重要。莫言获得诺贝尔文学奖，揭示了一条语文规律：语文能力不是由语文知识转化来的。莫言没有学过系统的语文知识，却依然写出了那么多优秀的文学作品。可见，语文教学不能没有知识，但也不能迷信知识。语文知识有两种状态：一种是知识状态，称为语识；另一种是经验状态，称为语感。语文教学要珍视学生对语言的敏锐感，珍视学生鲜活的儿童语言，鼓励学生说自己的话，而不要过早地用语法规则去约束他们。在小学低年级，应该倡导学生写童诗、编微童话，在没有语识的状态下，创造属于他们自己的句子。让学生保持好奇心、求知欲和想象力，丰富与磨砺学生的语感，比教语文知识更重要。

2. "浪费"时间

语文教学因"高耗低效"备受诟病，因而提出了"有效教学"，甚至"优效教学""高效教学"，似乎要让课堂的每一分钟都"物有所值"，不能"虚度光阴"。于是，我们看到了语文教学中的高密度、快节奏，很难看到悠闲舒适的课堂生活。卢梭说："最重要的教育原则是不要爱惜时间，要浪费时间。误用光阴比虚掷光阴损失更大，教育错了的儿童比未受教育的儿童离智慧更远。"这些话似乎让人匪夷所思，但却蕴藏着教育的真谛：闲暇出智慧。

其一，生长需要时间酝酿。杜威说："教育即生长。"生长本身就是教育的目的，除此之外，别无其他的目的。身体的发育需要时间，精神的生长更是一个漫长的过程，需要足够的时间来酝酿。语文能力是潜滋暗长的，不像数学、科学，或者体育那样，一教就看得到变化，一学就看得到进步。语文的进步是缓慢的，有时是隐性的，似乎看不到生长的痕迹，但暗地里却在悄悄地积淀，在慢慢地酝酿，最终爆发为一种学习的顿悟，一种语言的爆破。儿童的语言学习，在敏感期会表现出快速的

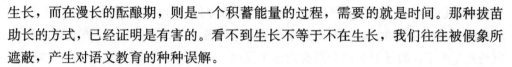

生长，而在漫长的酝酿期，则是一个积蓄能量的过程，需要的就是时间。那种拔苗助长的方式，已经证明是有害的。看不到生长不等于不在生长，我们往往被假象所遮蔽，产生对语文教育的种种误解。

其二，知识需要时间消化。布鲁姆提出掌握学习法，其核心要义就是：学生要达到掌握的水平，关键在于花在学习上的时间量。学习速度的快慢是由能力倾向决定的；但如果学生把所需要的时间都用于学习，而且有足够的时间去学习，绝大多数学生都能达到掌握水平。简言之，给予学生足够的时间，学生都能掌握所学的知识。我们的语文教学，都是在规定的时间内，要求所有学生掌握同样的知识，这就造成一部分学生的"消化不良"。假如课堂上留出一部分时间来"浪费"，教学效率看似低了，实际上是给了那些需要时间再学习的孩子一个极好的"反刍"机会。不要把课堂的每一分钟都预设好了，留给学生时间，就是留下发展的空间，这是教学的艺术，否则就变成了教学的算计，而不是设计。我念初三时的语文老师，总是在上课的中间插入一两个有趣的故事或者新闻，我们听得饶有情趣，心情格外轻松愉快，学习的效率便更高了。

其三，腾点时间给特别的学生。语文课上，我常常会盯着一个困难学生"死磕"，有一种不达目的不罢休的架势。有人说这是不经济的行为，也是不聪明的。最好的办法是暂时放过去，以后再说。我们常常为了全体而放弃了个体。其实，那个学生在那个环节，在那个时刻，最需要的是教师现场的指导，只有在那个关键的节点上，老师花了时间，才能让这个孩子看得到自己的学习变化，看得到自己成长的过程。一旦你暂时放弃了，失去了那个最好的契机，再去指导，就变了滋味。趁热打铁，才能水到渠成。所以，要舍得在那个孩子身上"浪费"时间。这节课在这个孩子身上"浪费"时间，那节课在那个孩子身上"浪费"时间，其实，这样的"浪费"对个体学生而言，是最大的效率。何况，这个孩子的学习过程，对其他学生而言，就是一个最好的样本。所谓启发，就是看着别人怎么学。

其四，"浪费"时间也有价值。语文能力固然重要，但语文教学不能只有能力，还有更多有价值的东西，如果局限在看得见的语文能力上，就会将语文教学窄化了。比如，思考的习惯、人际的分享、美德的熏陶等，都关涉语文素养的形成。教学中的某些活动，看似无用，实则有大用。比如，一年级老师教学生认读"国"字之后，又给学生图文并茂地开讲"国"字的演变以及"国与家"的故事，这似乎没有什么用处，但是学生对"国"字背后的文化产生了浓厚的兴趣，就会自觉地去研究汉字的起源，进而对汉语、对民族文化有了深厚的情感，不知不觉中，民族文化的种子就悄然生根了。满足于会读会写会用这个汉字，必然窄化了语文教学的育人功能。无心插柳柳成荫，"浪费"的时间，说不准会结出语文的花和果来。这犹如那个挑水工，明知一个水罐漏水，照样天天用它挑水。意外的是，那一路上漏洒的水，浇灌出了最美丽的鲜花。

3. "制造"麻烦

小说中的反面人物，总是给正面人物制造各种各样的麻烦，由此考验出正面人物的伟大与美好。语文教学要让学生越学越聪慧，就是要人为地制造一点语文的麻烦，激励学生寻找解决的方法与策略，从而在言语实践中获得真知灼见、真才实学。没有麻烦的教学是顺畅而快捷的，而麻烦不断的教学是迟缓的、曲折的，考验的正是师生的言语智慧。

其一，故意出错。学生对自己所写的错别字、病句，往往视而不见。但是对语文老师在课堂上写错的字，说错的话，会特别敏感。因为小学生总是关注他人，而极少自省。语文教学中教师不妨故意出错，让学生在纠正教师的错误中辨析正误对错，也获得学习的自信。一次，我教"尴尬"一词时，故意将"尢"写成了"九"。大部分学生也不以为意，只有两个细心的学生指出了错误，一时引起全班学生的好奇。在细致的比照中，真相大白，学生都恍然大悟。结果，这个词语再也无人出错。曲线指导比直接提示花的时间多，但是最终的效果更深远。

其二，持续追问。韩愈说："师者，传道受业解惑也。"语文教师不仅仅要给学生解惑，更要给学生造惑，通过不断地追问，"逼迫"学生的思考层层深入，最终获得真知真解。斯霞老师教"祖国"一词时，问学生："什么是祖国？"学生回答："南京是祖国。"斯霞老师追问："南京不是祖国，像北京、上海一样，是我们祖国的一个城市。再想一想，什么才是祖国呢？"学生再答："祖国就是国家。"斯霞老师再次追问："美国、日本也是国家，它们是我们的祖国吗？"学生第三次回答："祖国就是我们自己的国家。"斯霞老师高兴地说："说得对！祖国就是我们自己的国家。我们的爸爸妈妈、爷爷奶奶，祖祖辈辈生活的这个国家，就是我们的祖国。"试想，如果斯霞老师在学生答错之后，直接告诉学生什么是祖国，省略了这个曲折的追问过程，学生的所得就有限了。而追问，却让学生经历了一个复杂而饶有情趣的思维过程，

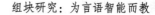

他们获得的不仅仅是一个概念，而是一种言语思维的发展。善于追问，不断制造麻烦，实在是一门学问。

其三，置身困境。语文教学要面向学生真实的生活世界，将学生可能面临的生活问题移植到课堂里，创设真实的语境，考验学生的言语应对能力。这样的真麻烦，可以让学生有一种身临其境之感，最能激发学生的创造力。教完《鞋匠的儿子》一课，我设计了一道生活难题：学校开展为贫困地区献爱心活动。小明家境一般，他把身上仅有的三个一元硬币投进了"爱心箱"。一个同学故作惊讶："哎呀呀，叮叮当当的，你捐的可真不少啊！"如果你是小明，该如何用话语来化解呢？这样的尴尬场面，学生在生活中会经常遭遇，此时要求学生借鉴林肯化解参议员羞辱的应对方式，写一段智慧的话语，就是一个极好的实践活动。果然，一个学生写了这样一段话："我非常感激你对我的夸奖。我知道，我捐的并不多，但也代表了我的一片心意。有人说，穷人捐出的一元钱，有时比富人捐出的一百元还要珍贵。假如我连一元钱也没有，我也会给他们一个善良的微笑，给他们一个温暖的拥抱，给他们一份我真诚的祝福。爱心，是不能用金钱来衡量的。你说对吗？"不能不说，这样的应对非常人所能，体现的不仅是一种言语的智慧，而且是一种做人的美德。当学生习惯用语文来解决生活中的麻烦时，他就有了一种自觉的语文意识，就有了一种语文素养。语文教学最忌讳的就是纸上谈兵，所学的知识无法在生活中加以运用，但语文教学最常用的也是纸上谈兵，通过书面的文字来与人交流解决问题。没有了麻烦，必然隐藏着危机。

（三）目标是"人"的智能

在语文教学实践中，急需解决三个关键问题：一是"不完整"。教学实践中，对语文课程标准缺乏深刻的理解和准确的把握，极易将三维目标割裂成并列的三类目标或三项目标，且往往偏向于"情感、态度、价值观"，未能聚合于"完整的人"，偏失了语文课程的价值目标。二是"不确定"。文选型教材的教学内容往往隐藏在课文及练习中，具有不确定性，教学中对课文的教学价值和育人功能缺乏精准的解读，未能联系儿童的语文经验研制适宜的语文本体性内容，造成教学内容的随意、零碎和泛化。三是"不充分"。听说读写之间、语文学习与其他学科及现实生活之间相互割裂、缺乏整合，导致教学活动太多、过碎，在线性的教学流程中常常为求"教得完整"而失去了"学得充分",未能留下足够的时间与生长的空间,儿童难以充分经历从知到能、从生疏到熟练的实践转化。

语文是母语,与生命的成长息息相关,须臾不可分离;教学是生活,是师生共同创造的精神作品,留下永恒的印迹。语文学习的根本意义在于运用母语完成自我生命的实践建构;语文教学的核心价值在于激发言语创造力,在教与学的多重交互中生成活泼的语文生活,促进儿童言语智能和精神生命的蓬勃生长,彰显母语教学的儿童性、整体性和文化性。语文教学应该超越知识与技能,以发展儿童的言语智能为核心目标。

图 2-3   出国教育考察

1. 言语智能是一种言语创造力

什么是言语智能?通俗地说,言语智能是指运用语言进行认知与交际的言语心理特征。从心理语言学视角来看,言语智能包括三个层次:第一,言语智能是一种具体语境中的言语创造力。在言语活动中,对语言具有特别的敏锐性和熟练的驾驭力,应对问题语境具有较高的自我效能感,既能遵循言语规范达成顺畅的表达与交流,又能在特别境况下突破言语规则,创造更富表现力的话语方式和言语形式。第二,言语智能是一种言语操作的心理结构。这种心理结构是一种内隐的"语言习得机制"(乔姆斯基语),具有自组织功能,将言语现象及言语活动内化为普遍的言语法则,形成言语的心智操作系统。这种言语的深层结构具有潜在的心理势能,在具体语境中可以化为听说读写等言语能力,并得以丰富、更新和完善,具有智慧生命特有的生长性。第三,言语智能的基本元素包括言语材料、言语法则及言语思维。

言语智能不是三种元素的机械相加，而是三种元素有机结合，形成一个以言语思维为主线的整体结构。言语材料主要指语汇，包括词素、词语和固定短语，是言语智能形成的"语言养料"。类聚化的语汇越丰富，就越能增强言语的辨识力与表现力；处于休眠状态的语汇在言语运用中，才能被激活为积极语汇；语汇来自生活经验，又运用于生活实践，具有自我更新功能。言语法则指运用语言的普遍语法，包括词法、句法、段法及章法等，是言语智能生成的"基因密码"。言语法则可以语感状态存在于言语经验中，也可以语识状态清晰地表述。言语法则具有递归性，既可以让繁复的话语变得无比简明，又可以准确理解从未见识过的话语，还可以在反复运用中生成无限丰富的话语。有限的言语法则衍生出复杂的言语结构和无限的语句，具有创造属性。言语思维是人类独有的思维方式，十之八九是形象思维，是言语智能发展的"动力装置"。以形象性为主的言语思维将言语材料、言语法则围绕语义联结成一个融会贯通的心智操作系统，锻造出个性化的"语言合金"。这种"语言合金"从内在来说是一种言语构思，呈现简约式结构，即关键词句的非连续性状态；从外化来看是一种言语作品，是言语构思的扩展式结构，呈现为带有个性特点的连贯性话语或文本。

2. 言语智能是言语生命的成长标志

言语智能是人的生命特性，海德格尔在《诗·语言·思》中说："人是能言说的生命存在。"世界上只有人用语言进行思维、与人交流，并传承人类文化，人的生命堪称"言语生命"。言语是人的生命活动，言语智能伴随着人的精神发育与生命成长。重要的是，言语智能并非孤立、封闭的，而是与多元化的智能形成一个生命智能的共同体，连缀成生生不息的智能"树"，促进生命的蓬勃生长。

言语智能的天然禀赋唯有在后天的言语实践中才能得以充分生长，错失发展的关键期便永久地消失。儿童期的语文教学是促进言语智能的黄金期，教学中要善于运用教材蕴含的、即兴生成的言语实践契机，创设生活化的言语实践活动，鼓励学生运用语言解决问题，获得思想与言语的提升。如果满足于知识的识记，满足于做对题目，满足于纸上谈兵式的"屠龙之技"，很有可能将学生教成"书虫"或者"书橱"。

我们都学过《狼和小羊》这篇课文，印象深刻的是"狼的本性是凶恶残暴的"，未曾留意的是小羊和狼之间的那场"争辩"。小羊在遭到狼的诬陷时不慌不忙，先还之以礼："亲爱的狼先生"，再断然否定："我怎么会把您喝的水弄脏呢？""这是不可能的。"继而以理服人："您在上游，我在下游，水是不会倒流的呀！""去年我还没出生呢！"这里潜藏着"争辩"的一般流程、规则与礼仪，可以借以应对相似的生活困境。有学生被人怀疑"偷了班级的图书"，只会气愤地哭泣："我没有！我没有！"其实完全可以像小羊一样与人"争辩"一番："亲爱的××同学，我怎么会偷班级的图书呢？前几天我还为班级捐献了两本精装书呢！"不卑不亢，问题迎刃而解；如果遇到的是像"狼"一样蛮不讲理的人，就不必显露你的语文能力，赶紧走开，求助老师，以免落得和小羊一样的悲惨结局。

这样的"实战型"教学才能让学生越学越聪明，不仅培养了学生的争辩能力，而且锻炼了学生运用争辩能力解决生活问题的言语机智。何事需要争辩；何人可以与之争辩，如何争辩，如何把握争辩的分寸感与妥帖感；何人不可与之争辩；何时、何地不宜争辩……这些对语言的敏感性、驾驭力，以及语境应对的效能感，标志着一个人的言语智能水平。所谓"聪明"，就是知道如何用语文的方式化解各种生活、学习的难题，并获得言语智能的不断生长。

3. 组块教学是发展言语智能的"最佳路径"

言语智能的各个要素并非单线独进式发展的，而是在特定语境中围绕语义聚合成一个个以短语为内核的言语组块。个体言语能力的强弱不在于掌握了多少语汇、语法或言语方式，而在于生成和储存了多少个言语组块。心理学研究表明，象棋大师能自觉地将一些象棋套路组合成模块加以记忆，且数量巨大，而新手不善于运用组块策略，未能将象棋套路关联起来而缺乏预见性及应对力。言语组块、棋路模块等都是有意识进行组块的结果。所谓组块，就是有意识地将许多零散的信息整合成更大的意义单位，即信息组块。组块既是一个记忆单位，又是一种记忆策略。改善人脑中组块的容量与数量，可以提升心智活动的质量；自觉运用组块策略，可以形成更多高质量的知识组块，促进智能的充分发展。

语文组块教学是基于组块原理的教学策略，将零散的教学内容整合、设计成有序的实践板块，引导儿童通过联结性学习和自主性建构，获得言语智能的充分发展和语文素养的整体提升，并建构具有组块特色的语文课程，实现语文教学的科学化。

发展言语智能是语文组块教学的"独当之任"。语文课程具有多重功能，丰富语言、敏锐语感、发展思维、培养能力、涵养情感、修养道德、完善个性、健全人格

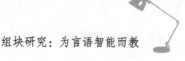

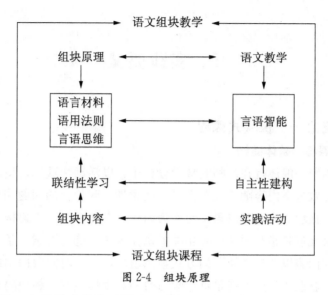

图 2-4　组块原理

以及传承文化等，在教学中常常试图全面兼顾，而未分清语文学科的专业属性与从属功能，以至于迷失在学科功能的丛林里；语文课程的三维目标"知识与能力、过程与方法、情感态度价值观"，在教学中往往被简单移作课时目标，造成教学目标的离散与教学内容的模糊。组块教学以结构主义思想将语文课程的多重功能与三维目标在教学实践层面加以整合，形成以发展智能为核心的功能"树"与目标"群"，回归语文学科的"言语性"，鲜明语文教学的专业属性，确定语文核心素养的关键"基因"，即言语智能。由此确立了语文组块教学的核心理念：为发展言语智能而教。言语智能的发展才能促进学生"自能读书、自能作文"，实现"不教之教"的理想境界。

　　语文组块教学是发展言语智能的"最佳路径"。联结性语文学习将促进学生形成自觉的联系意识，将散落在课文中的言语材料、言语规则以及言语方式等整合为结构化的言语知识，实现知识的自我建构；情境性语文活动将促进学生综合运用语文的知识技能，形成"字词句篇、语修逻文"之间的整体关联，实现"听说读写"之间的顺畅转化，越学越聪慧；统整性语文实践将以语文为凭借贯通各门学科，促进学生在跨界学习中进一步生长言语智能。组块教学"连点成线、聚沙成塔"，是发展言语智能的必然选择。

三、实践要义

（一）要义之一：板块式课程

1. 板块式课程的整体建构

语文教学内容一般体现在教师的教学设计中，以活动为载体，呈现线性的连续性教学活动，导致教学内容随"线"而教，随意性、碎片化的问题非常突出，且长期得不到解决。板块式内容是以语文元素为内核，在任务情境中建构的结构化教学内容板块。语文元素是指与语文学习相关的语文知识、能力要素、学习策略及习惯态度等。板块式内容以"教学块"的方式整体呈现，一个时间段内围绕一个教学内容，逐层展开，就能给学生留有足够的学习时间和发展空间。板块内容的建构主要考虑以下三个方面。

（1）课程内容的教学生成

理想的语文课程内容建构是"自上而下"的，从课程标准到语文教材，再到教学内容，应该实现三个转化，即课程内容的教材化，教材内容的教学化，教学内容的活动化。但是，至今未能建立这样的课程内容"大厦"，唯有采取"自下而上"的方式，从教学层面逐步建构。我们从学生的"语文活动"入手，推断活动形成的"语文经验"，分析经验背后的"语文知识"，从而准确把握具体的"教学内容"，进而聚沙成塔，为语文课程内容"大厦"添砖加瓦。生成教学内容需要凭借三根支柱：一是语文能力的形成规律。对语文课程标准中的能力目标进行深入的研读，提炼语文能力的构成要素及发展序列，确定每个学段、每个年级及每个单元的能力目标，进而确定每篇课文的能力生长点。二是教材文本的教学价值。对教材中的选文进行深入的解读，发现隐藏在文本中的语文元素及教学价值，确定每篇课文的教学着力点。三是教学活动的逻辑起点。将文本的教学着力点与学生的能力生长点进行深入的审读，找到两者的契合处，确定学生学习活动的逻辑起点，以此对教学内容进行"取舍"与"整合"。

（2）文本功能的教学定位

文本有记载事件、认知事物、交流信息、表达思想、涵养性情、与人交际以及

传承文化等多重功能，而文本一旦选入语文教材，就成为语文课程内容的载体，具有教学功能。从教学内容的角度，重新审视教材选文的教学价值和教学功能，对选文进行课程化设计，在文本中呈现确定的教学内容，将"选文"变成"课文"，就可以实现"教语文"就是"教课文"的理想境界。

我们根据文本潜在的教学功能，分为三类：定篇，指教材中规定的经典语篇；类篇，指按照文本类型重组的单元语篇；用篇，指为完成任务而选择使用的语篇，或用其中的观点，或用其中的事实，或用其中的表达方式等。

（3）教学内容的板块结构

现行语文教材以单元来编排，每个单元用时相差不大，平均一篇 2 课时。板块式课程根据三种不同功能的语篇，采取长程（一周及以上）与短程（1～2 课时）相结合的结构编排。经典的定篇进行长程教学，确保有足够的时间慢慢"咀嚼"，类篇进行短程教学，一组类篇突出一个文类要素，有足够的语篇数量实现"熟能生巧"，而用篇则进行长程设计短程操作，一个情境主题设计为若干个具体任务，形成任务群，每个具体任务进行短程教学。从语文教学的实践需要出发，我们将三类功能语篇作如下结构化编排：定篇，每学期安排 8 篇，每篇用 4～5 课时，六年共选编 96 篇经典文章；类篇，每学期安排 16 组，每组 3～5 篇选文，用 2～3 课时，六年共选编 600～800 篇文章，阅读量是现有教材的一倍以上；用篇，每学期安排 4 个单元，用 4～5 课时，六年共完成 48 个情境任务。

2. 板块式课程的内容开发

板块式内容的核心是语文元素，即使是人文主题，也需要转化为语文学习的议题，如"母爱"，转化为"母爱的艺术表达"，指向言语智能的发展。定篇、类篇、用篇，三类文本因功能不同，所凝聚内容的语文元素也就不同。确定了板块式内容的内核，才能将碎片化的内容整合成结构化的板块；板块与板块之间，还应该有一条主线贯穿起来，才能成为一个序列整体。

（1）定篇的内容板块以"能力"为主线，以"能力要素"为内核

对课程标准中的各项语文能力进行学理分析，提炼能力生长的关键要素，包括关键技能和核心知识（程序性知识）；对经典文本作深入而透彻的解读，发现学生独立阅读的疑难之处，寻找适合学生解决疑难的阅读方法（核心知识）和关键技能。两相对照的契合点，可以聚焦在词汇、句式、段落与篇章的结构等教学点上，构成

经典文本的教学内容。一篇经典文本可以形成以"能力要素"为内核的多个内容板块，进而将这些内容板块设置成由表及里的阅读台阶，引领学生步入经典的阅读殿堂。

（2）类篇的内容板块以"文类"为主线，以"文类要素"为内核

按照文本类型，对现有教材中的选文进行重组，不足的增补，不好的删改。每一组 3～5 篇选文，围绕一个"议题"进行比较阅读，以发现同一"议题"在不同语篇中的变与不变，探究其中运用语言的规律和奥秘。"议题"是多元的，可以是关于这一类选文的读写策略、文体特征、表达方式、作家风格以及主题表现等。比如一组林清玄的哲理散文，可以选择"小中见大"的说理方法作为"议题"，也可以选择"清新优美"的语言风格作为"议题"，依据是能促进学生已有读写技能的熟练或提升。

（3）用篇的内容板块以"功能"为主线，以"功能要素"为内核

在真实的生活情境中，为解决特定任务而选择的语篇，使用的实际上是语篇的"交际功能"。引用文本材料，就是使用语篇的"交流信息"功能；化用表达方式，就是使用语篇的"表现自我"功能；借用文本作者的构思方式，或者文中人物的对话交际方法与艺术，就是使用语篇的"与人交际"功能。比如以"劝说"为任务的教学内容，可以从《螳螂捕蝉》中发现"智劝"的方法，从《狐狸和葡萄》中发现"讽劝"的艺术，从《谈礼貌》中发现"理劝"的策略，还可以从《红楼梦》里各色人物的对话中发现成功"劝说"的秘诀。这样的阅读指向"任务"解决，着眼于语篇中隐藏的"交际功能要素"，文本、非连续性文本，乃至非文本，都在"交际功能要素"的统领下聚拢起来，形成了教学内容的有机整合。

3. 板块内容的建构方式

（1）师生同构

板块式内容不是选文的重组归类，也不是知识的简单拼凑，而是从学生的语文经验出发，为发展学生的言语智能而作的内容研制和板块重构。教学需要师生合作才能完成，教学内容的建构也需要师生的共同建构。教师的课程标准解读需要和学生的语文经验相映照，教师的文本解读也需要和学生的语文学习需要相呼应；学生在语文学习中的困惑与发现、独到的见解与创意的方法，本身就可以转化成教学内容。学生实际在学什么与实际在教什么应该是一致的，教的和学的不一致，就会造

图 2-5　和学生一起上语文课

成教与学的内容错位。

（2）任务导向

语文教学内容中，有很多是缄默知识，难以用语言表述，适宜以活动为载体进行实践体验。任务导向的板块式内容，一般都以语文活动的方式呈现。在真实的生活情境中，为了达成言语交际目的，需要设置相互关联的言语任务群，形成任务驱动下的语言实践活动。每一个具体任务都设计了相应的活动步骤，学生完成这些具体的活动，无意识中就完成了语文教学内容的学习。

（3）焦点生成

一篇文章是一个召唤结构的整体，散点透视无处不美，教学如果只在文章的表层徘徊，或者散点阅读，就会造成随意性和碎片化阅读。板块式内容聚焦在一个"关键点"上，在完美的文本表层掀开一层果皮，让学生可以"吮吸"文本内部"甜美的果汁"。这样的焦点式阅读，生成的是层层深入的台阶式阅读活动，活动背后的教学内容则从散点走向焦点，从碎片走向结构。

4. 定篇的内容建构策略

（1）定篇的内容目标

定篇是经典作品，包含古代诗词、现代文学经典（含儿童文学经典）及实用文经典（含科学作品）。经典作品的育人功能是给学生奠定精神的底色，涵养品性，陶冶情操；经典作品的语文功能是让学生爱阅读、会阅读，积累经典的语言，具备审美的眼光，能辨别作品的优劣美丑。

小学是阅读的起步阶段，重要的是阅读兴趣、方法与习惯。定篇的教学内容目标可以从三个方面来建构：一是经典的作品，选择什么样的经典作品就是选择什么样的教学内容。经典的选文就是学生学习的内容，在朗读、品味、背诵等语文活动中，学生将作品的内在精神营养和作品的语言文字本身，作为一个整体积淀下来。二是读写的方法，经典作品内涵丰富而深刻，需要恰当的阅读方法与策略，才能看到深层的意义；经典作品又藏着怎么写的秘密，打开经典文本才能发现作者运用语言的方法与艺术。正因如此，经典作品适宜慢慢细读，可以获取多方面的营养。三是语文的习惯，经典阅读中，常常需要使用工具书、查询参考资料、边读边想、不动笔墨不读书等，这些正是学好语文的基本态度和必备习惯。

（2）定篇的内容结构

定篇以作品为主体，以能力为主线，以方法为支点，形成一个整体的内容结构。

它以作品为主体。基于作品的价值分析，精心挑选了96篇经典作品。其中古诗词19篇，占19.8%，包括古诗词、韵文、古文等；现代文学经典40篇，占41.7%，包括儿歌、童诗、寓言、民间故事、神话故事以及散文、小说、戏剧等；实用文精品37篇，占38.5%，包括描述性短文、叙述性短文以及记叙文、说明文、新闻报道、非连续性文本等。

它以能力为主线。小学阶段的阅读能力可以划分为4个维度、12个能力项、36个关键点。四个维度为：认读与检视、理解与感受、积累与运用、评鉴与创造。每个维度可以细分为若干个能力项，比如，认读与检视，可以分为"朗读、默读与浏览"3个能力项，其中"朗读"能力项又细分为"叙述朗读、角色朗读、表情朗读"3个子项，每一个能力子项又确定了关键的能力生长点：叙述朗读的关键点为"正确、流利、有感情"；角色朗读的关键点为"角色、对象、表意图"；表情朗读的关键点为"情境、基调、分寸感"。在此基础上，按年级建构起"朗读"能力的发展序列：

一年级：学会借助拼音正确地朗读课文，读准多音字，正确处理轻声、儿化音和变音；学会连贯地朗读课文，做到吐字清晰，发音响亮，不添字、不漏字、不颠

倒、不回读。

二年级：学习用普通话准确、流利地朗读课文，恰当处理停连、重音、语速，富有节奏感；学会读出陈述句、疑问句、感叹句的不同语气、语调；能区分叙述语言和角色语言，学会分角色感情朗读。

三年级：学会用普通话正确、流利、有感情地朗读课文，恰当处理停连、重音、语速，读出语句的节奏感；能把握角色与对象的关系，借助提示语读出角色的语气、语调、语态。

四年级：用普通话正确、流利、有感情地朗读课文；能辨别课文的情感基调，读出相应的语气、语调和语态。

五年级：能用普通话正确、流利、有感情地朗读课文；根据文体特点及听众对象，把握语气、语调及语态的分寸。

六年级：能用普通话正确、流利、有感情地朗读课文；能根据文章的感情基调，朗读时语气、语调及语态与文章的思想感情相吻合；学习自然大方的表情朗读。

这些能力的生长点不是一个定篇就可以完成的，需要在不同的定篇中加以学习，呈螺旋式上升状态发展。

它以方法为支点。定篇的阅读课程内容以阅读任务为主导，设计系列问题，将儿童的阅读视角引向文本的隐秘处，并教给儿童相应的阅读方法与策略，以便他们解开其中的奥秘，看到文本内隐的精彩。这样的课程内容具有能动性，可以实现学生与文本的双向互动。从某种程度上，将教师的点拨功能融入了课程内容设计中，学生阅读时似乎有一个导师在旁指点。

（3）定篇的课程设计

一个经典文本，要成为阅读课程的教学文本，需要赋予文本课程内容与呈现技术。首先，研制定篇课程内容，需要对单篇经典文本进行深入透彻的解读，并进行学理的考证，所凝练的阅读方法与策略，与文本的类型、体式相吻合，所作出的文本阐释经得起时间的检验。其次，要确定用何种方式呈现课程内容，即阅读方法与策略如何让学生在阅读中自然而然地触摸到，而不是另起炉灶单独讲述。最后，基于上述思考，定篇阅读课程内容的基本结构为"阅读导语—问题泡泡—指点迷津"。

阅读导语：在阅读单篇文本之前，需要编写一段阅读指导语，目的是提出这篇作品的阅读任务及目标，指向某个阅读能力的生长点。这段导语应该用语简练、任务明确，富有激励性。

问题泡泡：在单篇文本的关键处，用插入问题泡泡的方式，打断学生的阅读流程，让他们在此处停留片刻，根据泡泡中的问题或提示，进行阅读思考，从而有所发现、有所启发。问题泡泡可以是指向文本内容的理解性问题，内含的是理解的路径和方法；也可以是指向文本形式的理解性问题，内含的是言语表达的规律和技巧；或者是指向文本深度解读的背景资料和链接，内含的是阅读搜索与甄别的方法等。

指点迷津：单篇文本的末尾，用点津的方式，将泡泡内的问题加以概要的解释，并进一步阐明阅读的方法与策略，或者提供名家的经典解读等。指点迷津，就是要给学生一种豁然开朗的阅读升华之感，让儿童看到自己看不到的见识，激发进一步阅读的渴望。一篇经典的单篇文本，不求一次读完，可以多次阅读，每次插入一个方面的问题泡泡。一文多次读，每次可以从不同的角度切入，获得不同的阅读感受和阅读能力生长，这就放大了定篇文本的阅读价值，更可以促进学生对经典篇目的反复阅读，形成深度阅读的好习惯。

（4）内容的板块建构

发现文本阅读的关键点。文本阅读的关键点，就是学生独立阅读文本所遇到的疑难之处及解疑释难所需的语文知识。仅仅发现学生阅读中的疑难之处还不够，还要善于发现关键点背后潜藏的语文核心知识，特别是阅读方法等程序性知识，这是答疑解惑的"钥匙"。阅读中语文知识的及时介入，才能让学生具备"透视"文本的眼光，看到一般人看不到的东西。有些文本的关键点不在"写出来的地方"，而在"未写之处"，这更需要阅读时的用心发现。《我和祖父的园子》选自萧红的《呼兰河传》，文中写到"我"跟着祖父在园子里栽花、拔草、下种、铲地、浇菜等农活，只有一处写了"我"和祖父的对话，那就是"我"把狗尾巴草当作谷穗，其他事件中都没有对话描写。这些未写的对话，也未曾引起学生的注意，习以为常了。但是语文教学恰恰应该在这个关键点上，引发学生的思考：这么多的事件中，"我"和祖父的对话应该不止一次，为何只写了这一处？这么一问，阅读就深入到了"对话选择"的写作知识，教学内容变得可见可教，具有了确定性。

整合内容碎片的教学块。从教学解读的视角可以发现文本中的诸多关键点，涉及字词句篇、语修逻文、听说读写等多方面知识，且散落在文本的每一个角落。教

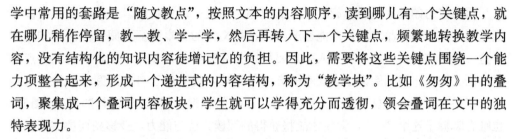

学中常用的套路是"随文教点"，按照文本的内容顺序，读到哪儿有一个关键点，就在哪儿稍作停留，教一教、学一学，然后再转入下一个关键点，频繁地转换教学内容，没有结构化的知识内容徒增记忆的负担。因此，需要将这些关键点围绕一个能力项整合起来，形成一个递进式的内容结构，称为"教学块"。比如《匆匆》中的叠词，聚集成一个叠词内容板块，学生就可以学得充分而透彻，领会叠词在文中的独特表现力。

构建板块之间的逻辑链。由关键点整合而成的教学块，以外在的活动形式承载着内在的教学内容。一个教学板块可以围绕一个核心内容充分展开教学过程，给学生以足够的思考时间和创造空间，不必像流水一样地"赶场"。对于重要的内容板块，可以用一节课、几节课，甚至更长的时间来进行充分的教与学。叶圣陶先生曾说："作者思有路，遵路识斯真。""思有路"是文本的结构逻辑；"识斯真"是阅读的认知逻辑。内容板块之间的教学逻辑应是"文本结构逻辑与学生认知规律"的内在统一。曹明海先生在《理解与建构——语文阅读活动论》中指出："就阅读一篇文章而言，阅读主体的心理过程存在一个层次递变的结构模式。""感知、理解、深悟"三个基本阶段相互联系，构成一个动态的、完整的心理运行轨迹。教学内容的板块与板块之间，应该顺应学生的阅读心理发展轨迹，步步为营，有序延展，拾级而上；每个板块都应建立在文本整体阅读的基础上，避免肢解文本。比如《哪吒闹海》中"概述、讲述、转述"三个内容板块，紧紧围绕"讲故事"这个能力，形成了三个由易而难、由浅入深、由表及里的阅读认知台阶，结成了一条教学的逻辑链。

5. 类篇的板块式内容建构

（1）重识文体元素

文体是指文章的体式，文体元素包括文体的语言特点、形式结构、表现形式以及交际功能等。现行的语文教材中，第一、二学段以"普通文"为主，间或编排了儿歌、童谣、寓言等儿童文学作品，以及少量的民间故事、神话故事等；第三学段则选编了说明文、议论文等实用文体以及诗歌、散文、小说、戏剧等文学作品。重新认识文体对学生阅读与写作的重要价值，对语文教学改革具有重要意义。众所周知，阅读是一种文体思维，什么样的文章就应该用什么样的阅读方法，把虚构的小说当成真实的事件来读，就会闹笑话；写作也是一种文体思维，有什么样的交际目的就会选择什么样的文章体式，用抒情诗的方式写论文，显然无人认同。

　　语文能力的发展呈现螺旋式上升的规律，不是一蹴而就的。学生必须在阅读了大量同一文体的作品之后，才能逐渐辨识这类文体的文本特征及阅读方法，知道对于这一类的作品，应该从哪儿入手，要特别关注哪些关键节点，思索这些关键点背后的语文知识，找到阅读这类文本的方法与策略，拥有属于自己的阅读经验。这是一个"举三反一"的学习过程，不经历"三"的积淀，就难以获得"一"的提升；也唯有掌握了这个"一"，学生才能将获得的阅读方法与能力，迁移到同类文体作品的阅读中，实现"举一反三"。这种将单篇课文按照文体归类教学，由此促进学生阅读能力的正向迁移是有效的。这种由篇及类的"类篇"教学是最经济实惠的，可以帮助我们暂时从人文主题的单元序列中跳出来，从文体分类阅读的视角，将一册教材中的选文加以分类重组，形成以文体为主线的阅读单元，改进阅读教学。

　　阅读教学，就是建立学生与"这一篇"课文或"这一类"课文的联结。学生已有的生活经验和语文经验与阅读"这一篇"所需要的百科知识和阅读方法之间的落差，就是语文教学的内容落点。生活经验和百科知识是语文教学的智力背景，语文经验和阅读方法则是语文教学的本体内容。简单地说，阅读教学主要教学生适切的"阅读方法"，即选择解决文本阅读中疑难之处的程序性知识、策略性知识。阅读方法取决于文本体式，实用文可以"得意忘言"，文学文必须"品言会意"。从语言学角度看，文体是"语音模式、语言秩序、语言体式"。在认知心理学视域下，文体可以解释为一种"文章图式"，这是围绕某一个主题组织起来的信息的表征和贮存方式。文体其实就是人们解读和创作文章的信息模式和认知图式。阅读教学根据文本体式而教，可以帮助学生积累言语文体感，形成文章图式认知，进而再转化为文体思维和建构能力。

　　(2) 重组单元篇目

　　通读一册教材中的所有课文，界定其文体类别。对于改编后文体模糊的"教材体"课文，根据学段教学目标定位及学生实际需要，或按照实用文归类，或按照原文所属文体，改用原文教学。以苏教版第六册为例，8 个单元 26 篇课文。三年级学生处于"学习篇章阅读"的起步阶段，应该以实用性作品为主，通过课文的阅读逐步掌握记叙文的基本特点和阅读方法，为后续高年段的文学作品阅读打下基础。据此，第六册的 26 篇课文可以围绕"记叙文阅读"，重新组合成 4 个实用文阅读单元和 2 个文学阅读单元。

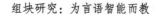

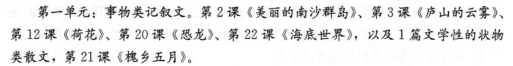

第一单元：事物类记叙文。第2课《美丽的南沙群岛》、第3课《庐山的云雾》、第12课《荷花》、第20课《恐龙》、第22课《海底世界》，以及1篇文学性的状物类散文，第21课《槐乡五月》。

第二单元：事件类记叙文。第4课《翻越远方的大山》、第5课《雪儿》、第6课《花瓣飘香》、第11课《赶海》。

第三单元：人物类记叙文。第7课《菩萨兵》、第8课《李广射虎》、第9课《少年王勃》、第10课《大作家的小老师》。

第四单元：事理类记叙文。第17课《你必须把这条鱼放掉》、第18课《狼和鹿》、第19课《放飞蜻蜓》、第26课《剪枝的学问》、第25课《争论的故事》。

第五单元：科普童话。第14课《我应该感到自豪才对》、第15课《水上飞机》、第16课《跟踪台风的卫星》。

第六单元：诗歌。第1课《长城和运河》、第13课《古诗两首》（《望庐山瀑布》《绝句》）。

此外，第24课的两则寓言《揠苗助长》及《鹬蚌相争》，可以补充中国古代寓言故事若干篇，组合成中国寓言阅读单元，与第九册的《伊索寓言》阅读单元形成前后呼应；第23课的《日月潭的传说》，与第四册的《沉香救母》、第九册的《嫦娥奔月》、第十一册的《牛郎织女》等属于民间传说，可以补充中国民间传说故事若干篇，组合成中国民间传说阅读单元。这两个新开发的阅读单元，作为第六册教材的补充拓展，是极有价值的。如果仅仅单篇教学，又未能与整册教材前后相同文类的课文练习起来，就只见树木不见森林，失去了教材编排这一文类的教学价值。

同样，对于以上重组的6个单元，其中有些单元的课文篇数不足，需要增添篇目。比如诗歌单元，现代诗只有一首，可以补充2～3首同一人文主题的现代诗，作比较性阅读。有些单元的课文不适合三年级学生阅读，或者有更好的文章，则可以替代原来的课文。总之，编入单元的课文，可以因需而定，在具体篇目上作一些微调。

（3）重设单元目标

根据语文课程标准中各学段"阅读与写作"目标定位，参照各册教材的编写意图及教学建议，确定单册教材的教学目标，在此基础上设定每个单元的"阅读与写作"目标。仍以苏教版第六册为例，按文体重组之后的 6 个单元，其读写教学的主要目标可以分为三个方面：识字写字；词句理解；文体阅读与写作。类篇重在文体阅读，因此可以将单元目标重新设定为：

第一单元：事物类记叙文。能概括事物特点并用自己的话陈述；能梳理文本顺序与辨别景物写法；能识别总分结构并准确理解段意；能区分客观描写与主观抒情并领会语句的情感色彩；能区分生活观察、科学观察与文学观察。

第二单元：事件类记叙文。能按照文本叙述顺序概述事件；能识别承接与并列结构，准确理解段意；能联系语境领会语句潜藏的意思和情感；能借助思维导图等领会事情经过的起落变化。

第三单元：人物类记叙文。能按照顺序复述核心人物的主要活动；能联系生活经验和语境领会语句潜藏的意思和情感；能从事件的"转折处"领会人物的"特点"（性格、美德、精神等）。

第四单元：事理类记叙文。能抓住重点有序复述事件；能从事件的"非常处"（反常、超常）比照生活常态，理解其中的道理，并用自己的话陈述。

在此基础上，在教学中根据学生的学习需要和能力发展规律，选定一个"议题"，组织学生围绕"议题"阅读多篇课文，从中发现读与写的方法与规律。比如第四单元"事理类记叙文"，可以确定"作者如何说理的秘密"，让学生在阅读中发现不同的说理文有不同的说理方式：《你必须把这条鱼放掉》《剪枝的学问》都是借用故事中人物的"话语"来说道理；《放飞蜻蜓》《争论的故事》是用故事中人物的"对话"来说道理的；《狼和鹿》则是通过前后的"比较"来说道理的。这样的"议题"可以统领 5 篇课文的读与写，学生读与写的能力也得以日渐成熟，提高了阅读理解的速度。

（4）重建单元结构

按照文体类型重组的单元课文，并非随意堆砌的，而需要根据其教学功能形成一定的结构。每篇课文应充分挖掘其教学价值，并根据单元教学目标界定其教学功用，以此形成单元课文的功能性结构。较典型的课文，往往是某类文体的代表作，

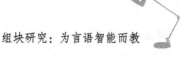

可以作为"范例"，侧重于"方法"；有难度的课文，常常在某些关键点上体现文体阅读的特征，可以作为"样本"，侧重于"问题"。教学中以问题解决为主要方式，教师根据学生阅读中遇到的关键点、疑难处，组织由浅入深的学习活动，如讨论、追问、归纳等，形成阅读技能；较简单的课文，一般可以作为"习题"，侧重于"练习"。教学中可以围绕课文设计相应的读写练习，用以学生的自读自练，形成独立阅读能力。"范例""样本""练习"，这样的功能结构呈现出阶梯式的阅读能力发展过程，可以增强学生的学习效能感和自信心。

按照文体类型重组的单元，课文之间因主题内容的异同，形成不同的关联结构。一种是单篇组合式结构。同一文体单元内的单篇课文，主题内容各不相同，处于单一形式的组合，如上述第二单元的 4 篇课文，虽然都属于事件类记叙文，但是主题内容各不相同；也有的单元，文体相同，人文主题也相同，处于复合形式的组合，如上述第五单元的科普童话，3 篇课文都是写事物的特点及功用的。另一种是单篇连续式结构。同一文体的几篇课文，都出自一部作品或者出自一个作家，这样的单元为主题性文体阅读单元。单篇课文可以作为阅读整部作品或同一作家系类作品的一个"引子"。比如《三打白骨精》可以作为阅读《西游记》的引子，从这一篇故事中把握中国古典章回小说"人物类型化"的阅读特征；再如《伊索寓言》，教材中的三则寓言，可以作为阅读《伊索寓言》的"例子"，从这三篇寓言中把握伊索寓言"故事＋道理"的结构模式。

当然，同一文体下的单元课文，可以就其一个侧面来教，将课文都看作是"例文"。比如按照"人物的对话""故事的反复结构"等进行重点教学，以形成新的单元结构。不论什么样的单元结构，都应该指向学生的文体读写能力发展。

6. 用篇的板块式内容建构

（1）交际功能主线

运用语言，实质上使用的是语言的功能，犹如我们使用智能手机，实际上用它的各种功能。赵毅、钱为钢在《言语交际学》中认为，语言有"表白功能、认识功能、人际功能、信息功能、指令功能、执行功能、情感功能、美感功能"等多重功能，最基本的是语言的交际功能。语言的交际功能是在言语活动中体现出来的，比如你要"劝告"同学不要随地乱扔脏物，在和同学的交谈中，会不自觉地运用"劝告"这个交际功能，实现你的"劝告"意图。每一个言语交际功能都有特定的言语方式，针对不同的对象、在不同的环境条件下，可以选择最为妥帖的那一种，以达到最佳的交际效果。比如"劝告"，你可以直接制止同学的不良行为，也可以从保持校园美观的角度婉转地说，还可以用其他同学的榜样行为来暗示着说。一种言语交际功能可以有多种言语表达方式，是"一对多"的关系。言语交际功能是从语言的使用功效、作用角度来说的；从使用语言的主体角度来看，则表现为个人的言语交际意图，是指在活动中实际使用的言语交际功能。在言语交际活动中，学生是根据具体的交际语境，选择最佳的表达方式，以实现言语交际意图，即实现言语的交际功能。由此可见，认识与把握言语的交际功能，实质上是把握运用语言的内在规律。成功的言语交际，生长的是言语智能。

不同年龄阶段的学生，因其主导活动不同，对语言的交际功能使用也不同。根据吴立岗先生的研究表明，小学低年段学生的主导活动是读写算入门和游戏活动，发展通过想象概括信息和自我表现的言语交际功能；中年段学生的主导活动是比较系统的学习活动，发展学生通过观察概括信息和自我表现的言语交际功能；高年段学生的主导活动是人际交往活动，自我意识迅速增强，发展学生根据不同对象施加影响和实现自我教育的言语交际功能。据此，我们概括为发展学生"交流信息、表达自我及影响他人"的言语交际功能。三大言语交际功能在实践中可以转化为三个方面的言语交际能力及言语交际行为线：交流信息指具有准确概括并传递信息意义

图 2-6　在课堂上听课

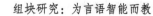

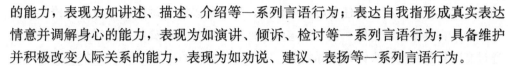

的能力，表现为如讲述、描述、介绍等一系列言语行为；表达自我指形成真实表达情意并调解身心的能力，表现为如演讲、倾诉、检讨等一系列言语行为；具备维护并积极改变人际关系的能力，表现为如劝说、建议、表扬等一系列言语行为。

（2）情境任务驱动

言语交际功能是在言语交际情境中体现出来并转化为个体的言语交际能力的，脱离具体言语情境的言语知识都无法实现能力的转化。在言语情境中，个体面临具体的言语交际任务，生发出言语交际的动机，因而能主动积极地投入到言语交际活动中，无论是说还是写，都具有内驱力；更重要的是，情境中的说或写都有具体的对象和特定的环境条件，需要学生因地制宜，采取最适合的言说方式，促进个体言语智能的发展；言语交际效果的及时反馈或延迟评价，都能让学生获得言语交际的效能感，增强言语自信力与敏锐感。

根据学生的主导活动，我们设定了三类言语交际情境。

一是日常生活情境。日常生活中的言语交际行为具有无意识的特点，每个人都习以为常，感觉不到存在的问题。唯有将这种日常交际行为搬进课堂，或借助模拟表演，或借助书面记录，或借助录像观摩，让学生从旁观者的角度进行审视，发现其中的问题，从而自觉加以改正。这种对日常生活的反思情境，可以促进学生良好的言语态度和习惯的养成。

二是语文学习情境。在语文教学中，我们将静态的文本内容转化为活生生的言语交际场景，让学生从某个角度参与活动，进入特定的角色进行拟真的言语交际。比如读了《哪吒闹海》这个故事，要求学生变换身份，从东海龙王的角度讲述这个故事，从哪吒父亲李靖的角度讲述这个故事，再从哪吒的角度讲述这个故事。角色不同，立场不同，目的也不同，因而一个故事讲出了不同的版本，考查的是学生的角色讲述能力以及辨识事件真相的能力。这样的语文学习情境，带有强烈的训练色彩，可以有效促进学生言语技能的发展。

三是真实任务情境。从学生的生活实际出发，选择来自他们生活中遇到的真实问题，聚焦某个言语交际功能，而后通过系列的阅读、写作、预演等学习活动，寻找切实可行的解决方法与策略，从而在问题解决中建构起个体的言语交际知识。这类以问题导向、任务驱动的真实情境，融合了口语交际、阅读与表达、综合性学习等多方面的课程内容，实现了语文学科自身内容板块的重新整合，是一种值得尝试的语文内容板块。在一个任务解决过程中，学生可以综合运用已经习得的语文方法与技能，在具体的语境中，在不确定的条件下，锤炼言语交际的应对机智，且可以通过交际对象的反应来评判交际效能，实现自我教育的功能。其中成功的交际作品，就成为学习的必备内容，给问题解决注入新的知识，带来新的改变。从这个角度来说，用篇的交际功能得到了最充分的实现。

（3）单元整体建构

根据言语交际的双向交互特点，我们从言语交际行为的功能视角，组合了20对交互的言语交际为主线的课程内容单元：倾听与讲述；提问与解答；描述与说明；陈述与评论；讨论与汇报；建议与批判；采访与介绍；申述与答辩；朗诵与表演；演讲与辩论；倾诉与安慰；赞美与批评；约请与回应；请求与谢绝；劝说与批驳；道歉与谅解；检讨与教导；商量与辩解；咨询与开导；抗议与调解。

每个单元根据言语交际的规律，设计成一个个内容板块，板块与板块之间，有内在的逻辑关联。以"解说"主题单元为例，我们进行了整体设计。

一是话题选择。言语交际课程要遵循"从动机走向目的"的心理学原理，在具体的交际情境中，激发学生的言语交际需要与欲望，使交际主动地投入到言语交际活动中，不知不觉中达成言语交际的教学目标。言语交际的话题首先要来自学生真实的生活问题情境，是一种现实的需要，而非虚拟的或仿真的训练题；其次要富有挑战性，非学生已有的水平所能及，需要进一步的学习和锻炼，才能激起学生强烈的好胜心和求知欲；最后要具有适用性，可以广泛运用在自己的生活中，以此让自己的生活变得更加美好。比如学校新建了一个"程开甲展厅"，陈列了校友程开甲一生的奋斗经历，许多人慕名前来参观。学校招募一批展厅解说员，负责给来访者"解说"。"解说"是一种言语交际功能，不仅是单向的传递信息，而且是一种与来访者的双向互动，给予别人愉悦的精神体验。因此，这个话题对小学高年段学生而言，更能满足他们的言语交际需要，对低中年段学生来说，"讲故事"的交际方式更加贴近他们的生活实际需要。

二是任务设置。言语交际课程还要遵循"从交际功能到行为活动"的转化规律，将特定的交际话题分解为一系列的言语交际活动，组成言语交际"任务群"。这些具体的任务围绕交际话题逐层展开，形成一个阶梯式的实践过程，逐步实现言语交际功能。言语交际功能是在一个个具体的任务中体现的，学生的言语交际活动指向的

是显性的任务，体验的是内隐的言语交际功能。任务群的设置需要遵守三条标准：一是言语知识的介入程度，学生从中见识了多少言语交际知识或经验；二是全体学生的参与程度，每项任务的参与人数和参与深度，是衡量任务设计效度的重要依据；三是学生经验的改变程度，究竟在哪个层面上丰富与改变了学生的言语交际经验，是认知层面，还是能力层面，抑或是情感、态度及价值观念层面。以"解说"为例，可以分设下列任务：

任务1：阅读程开甲。选择《程开甲》《"核司令"程开甲》《八一勋章英模传》等人物传记，进行主题阅读；整理与展厅主题一致的9个人物小故事，缩写成解说手册《程开甲的故事》；绘制人物大事记，熟记程开甲在科学事业上的伟大贡献。

任务2：观看专题片。选择《吴江英模人物——程开甲》《"两弹一星"功勋程开甲》两部人物专题片；整理专题片中的"解说词"，结合在博物馆、科技馆等场所聆听讲解员的实际感受，讨论"解说"的方法与策略，列出"解说"的要领。

任务3：设计解说词。选择给低年级小朋友作为解说对象，撰写某个展厅的解说稿；模拟练习解说，让聆听者提出解说仪态的注意事项，包括微笑、引导手势、眼神交流等。

三是现场体验。言语交际课程内容是学生在实际交际中建构起来的，不同的交际对象，不同的交际环境，不同的交际时间，交织成复杂多变的交际情境，需要学生临场进行及时的调整与应对，并且在现场交际中生成言语交际的机智，体现言语智能的生长。在"解说"现场，我们即兴做了三次调整，考验学生的交际应对机智。调整时间：要求在课间10分钟内，给一名二年级班级学生作概要讲解；调整对象：要求给随访的3位教育局领导做10分钟的概要解说；调整目的：要求给一个报社的记者做解说，并根据记者的提问做应答性解说。

四是角色互换。言语交际是一种双向互动，而学生在实际的言语交际中，或者从言者的角度，或者从听者的角度来体验交际过程，难以把握对方的心理感受；如果将学生的交际角色做一个换位，学生便能站在对方的立场上，对自身的交际行为做出反思。这种反思性的角色互换学习，可以让学生对交际应该遵循的规则和礼仪有更加真切而深刻的体会，从而自觉改进自身的交际行为。在"解说"活动中，让学生当一回参观者，便能发觉解说中的诸多问题，从而汲取更多的言语交际经验。从另一个角度来看，换位交际，又是一种相对于"解说"话题的反向切换，变成了"倾听"与"询问"的言语交际话题。从这个意义上讲，反向切换便生成了新的言语交际话题，学生可以体会一种新的言语交际功能。也可以说，这是一种言语交际功能的切换。一个成熟的言者（作者），必定也是一个优秀的听者（读者）。

五是效能评判。一个完整的言语交际行为，一定要自我评判言语交际的情境效能，即是否实现了交际的目的，也就是是否实现了言语的交际功能。就口语交际而言，主要是通过交际对象的反应来自我确证，或者通过交际对象的调查问卷来进行评估；就书面交际而言，也可以通过交际对象的反应来确证成效，而简单的办法是看言语交际的作品，通过情境预测来判定可能产生的交际效果。一个人具有良好的效能感，可以增强言语交际的信心，还可以加深对言语交际功能的运用自觉。对于很多人来讲，言语的交际功能是一种无意识，而成为一种有意识，并且又转入一种有意识的无意识，便是进入了一种自觉自如的境界。

（二）要义之二：联结性学习①

语文组块教学不停留于让学生获得语文知识，也不满足于发展学生的语文能力，而着眼于深层次地改变学生的认知方式与认知结构，关键在于学生思维方式与学习方式的转变。无论是自主、合作还是探究，究其学习的心理机制而言，都是一种联结性学习。所谓联结性学习，简言之，就是个体发现、把握并重构知识经验之间的逻辑关系而得其智能意义的学习方式。学生在联结性学习中，学会将各种激活点相联结，将各属性联系成整体，从而形成结构，恢复"学的内在秩序"。联结性学习通过学习方式的转变，促进儿童思维方式的转型，具有深度学习的意义。

1. 语文联结性学习的基本要素

语文联结性学习的基本要素：意义地图、命题、整合、应用、结构化。

（1）意义地图

文本是一个开放的结构。对于学生来说，文本就像一幅丰富而完整的地图。从

---

① 本小节为作者与沈玉芬老师合著。

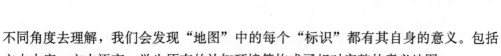

不同角度去理解，我们会发现"地图"中的每个"标识"都有其自身的意义。包括文本内容、文本语言、学生原有的认知环境等构成了相对完整的意义地图。

（2）命题

从言语交际的角度来说，命题是指一个判断（陈述）的语义（实际表达的概念），这个概念是可以被定义并观察的现象。命题不是指判断（陈述）本身，而是指所表达的语义。当相异判断（陈述）具有相同语义的时候，它们表达相同的命题。

（3）整合

在意义地图中，各种零散的元素可以进行删选、整合，生成新的意义，并获得以言表意的"内在的秩序"。它包括句与句联结，从整齐的句式中体会作者情感；言与意联结，感受作者想象；文章与作者联结，从表达特点了解作者的写作风格。

（4）应用与结构化

就是要从众多纷繁的语言现象中发现并提炼出具有交际功能的言语结构，通过对言语结构的学习和掌握，改善大脑的言语认知结构，从而使零散的知识学习结构化、序列化。

语文学习从举三反一到举一反三，学生不但获得意义结构，而且促进了言语智能的自我生长。同时，"意义地图、命题、整合、应用、结构化"五个要素并不按照固有的程序与模式一成不变地运行。形成并运用的言语结构，在新的语境中，会成为新的意义地图中的元素，并根据新的命题被重新激活，重新整合与建构。在这些学习过程中，文本内在的规律被揭示，语文知识与语文能力，语文学习与学生生活，语文情感与语文认知等之间外显或内隐的联结，使言语的意义丰富了学生的认知环境。

2. 语文联结性学习的基本类别

（1）类化识别学习

凡具有创造才能的人，大都具有一种在最不相像的地方捕捉到最朦胧的相似线索或共同要素并拿来加以运用的能力。这种能力即类化识别能力。通过前后联系，发现各种对象的共同性质，进行概括，形成类别，并能根据已形成的类别去识别具体对象。小学生往往缺乏发现与概括的能力。因此，需要有意识地让学生进行类化识别学习。如苏教版二年级《鸟岛》一文中，为了更准确地说明一种颜色，在颜色词的前面加上具体事物的名字：玉白色、青绿色。玉与白色，青与绿色，两者之间分别构建了联系，形成了内在的词结构，表示"像玉一样的白色，像青草一样的绿色"。其实，类似的结构的词，如"梨黄、橙红"等在生活中亦常见。通过举三反一，归纳概括，使词语的内在结构更清晰，从而学会举一反三。

（2）类别关系学习

类别关系，是表示不同类别对象之间的逻辑关系。如果类别学习是把握一个类别对象的学习，类别关系学习则是把握两个或多个类别对象的逻辑关系的学习。例如，除以具体事物的名字修饰颜色词，使颜色表达得更加准确外，还可以修饰其他字词以表示颜色的程度：鲜黄、深红、淡紫等。说明性文章有的侧重解说事物，有的侧重阐明事理。两者虽以说明为主要表达方式，但由于说明对象的不同，说明的顺序、说明的方法等不尽相同。同样是说明事理，但论点如何提出，论证如何完成等又不尽相同。论点、论据和论证，是议论文体的共性组成部分。但是，教材中不同年级的议论文正由于有其个性表达处，才有其无可替代的价值。学生学会从这三方面发现一篇议论文的独有特征，比较中形成议论文体的内在结构。学生在主动发现联系、形成结构的过程中，发展言语智能，促进言语生命的成长。

（3）问题解决学习

问题解决学习是一个广义的范畴。基于类别的关系学习与创生之外，为言语理解与表达需要而产生的学习都可以称为问题解决的学习。善于学习的人，能从没有联系处看到联系，能从简单联系处发现更为丰富的联系，由此，言语理解的困难自然被消除。同时，当前面所述的类别关系特征成为过于固化的认识模式时，问题解决学习还包括打破类别，重新建构新的联结，从而获得新的言语意义。问题解决学习属于更高层次的语文联结性学习方式。在这一类别的学习中，学生不停留于一类言语结构的识别，类与类之间的言语结构的发现。他们能切合自己的内心选择自己所需要的联结，也可以建构个性化的联结，获得新的言语理解。发现、选择与重新建构，是学生言语智能成长的重要路径。

3. 语文联结性学习的行为表征

（1）融入情境

言语智能生长于特定情境中的言语实践活动。情境的内涵是丰富的，指文本所提供的语言情境，也指课堂的教学情境，还指学生的学习情境。在语文联结性学习中，融入情境中的情境，特指学习情境。学生进行语文联结性学习的基本特征为融入学习情境，自主发现，主动建构。学生找到"借景抒情"的语句，概括出"借景抒情"的表达方法，我们不能认为学生已经习得"借景抒情"这一语文知识。因为学生在这过程中所获取的只是名词概念。"借景抒情"这一方法类别所蕴含的"内在秩序"并未被学生所感受并理解。学生只有进入关于"借景抒情"的学习情境，把景物描写与自身情感体验相联结，发现景与情之间的内在关联，学生才算是真实地习得。得到发现，这是融入情境的基本表现。在归纳出一组词语存在的内在规律后，能触类旁通，在头脑中及时提取与之相似结构的词语；读到老舍的《草原》这篇课文，联想到老舍的《猫》等其他作品，发现老舍朴素自然的写作风格；从《军神》一文中"一块会说话的钢板"，发现艺术形象与原本对象之间的差异，从而真正认识艺术形象；从《姥姥的剪纸》"密云多雨的盛夏，姥姥怕我溜到河里出危险，便用剪纸把我拴在屋檐下"。在这句话中"拴"

图 2-7　指导学生写作

的不科学性中，发现联结作者情感的通道等。在一次次的发现中，学生之间触摸到了形式与内容、文本与作者、文本与读者等之间的联系，获得真正的言语意义。

（2）形成组块

改变线性的学习方式，以组块的形式进行学习，这是语文联结性学习的又一表征。"块"的学习，因知识内在联系的紧密性与结构化，更易建立言与意的联结。促使言语智慧的实践转化。对一个人来说，联结的能力是与生俱来的，就如巴甫洛夫的条件反射理论所隐含的联结原理。但是，这种先天的联结方法比较简单。两个语言材料之间的联系是事实存在的。但是，不具备联结能力的人，难以发现或者只能发现其中单一的联系；具备较强联结能力的人，则能建构两者之间多维的、多层次的联系，从而获得更为丰富的言语意义。联结，是可学习的。如何让学生去学习联结？组块是一种行之有效的策略。组块，使原本纷繁的内容变得简单了，言语形式与言语内容之间的关系得到了清晰的揭示。组块，可以是在教师的指导下去发现，也可以让学生在学习中自主建构。

（3）言语交际

不管是口头的言说，还是书面的表达，都为语言交际。这是广泛意义的概念理解。不同的写作目的，构成了不同的语言交际意图。每一种特定的语言表达方式或语言结构，都具有独特的语言交际功能。掌握语言现象背后的语言规则，把握语言在传达信息时所产生的"如何传达信息"的信息，能使学生更好地理解与把握语言交际的各种命题。发现与建构语言交际意图下语言与语言之间多维度、多层次的联结，掌握语言规则，这是至关重要的。但是，语言的规则、语文的知识还需在新的语言交际情境中加以运用，才能化知为能，转知成智。从一定角度来说，语文学习的过程就是学生建构自己心理词典的过程。

普通心理学认为，心理词典是指保存在人脑中的一部词典，它存储了大量的词条，每个词条又包含词的写法、语音以及词义等各种信息。在联结性学习中，学生获取语言交际的内在规则，并把规则运用于新的语言交际情境。于是，这些规则纳入学生的心理词典中。不断丰富的心理词典，优化了新的语言交际学习。

（4）组块破解

脑科学研究表明，学习就是学习者建立神经网络的过程。汉语是属于"意合型"语言。字词连缀顺序的变化，带来意义的变化及表达效果的迥异。因此，汉语的学习，主要是把握字词句篇之间的内在关联，获得意义理解及运用法则。但是，如果这种规则固化不变，语言的价值取向也变为单一而僵化，语言本身所蕴含的无穷意义就显得有限了。因此，我提出了"组块破解"这一概念。笔者认为，尽管组块的存在能够极大地提高人们的信息加工能力，但组块也可能成为我们思维的障碍。组块破解，打破常规，是一种创造性的阅读，也是更高层次的语文联结性学习表征。它使学生的语文学习与自身的日常生活，自我的各种心理要素有了更紧密的联结。当然，原本的组块所隐含的关系越紧密，破解的难度也越大。但是，学习破解，能使学生获得更深层次的阅读体验与学习收获。

4. 语文联结性学习方法

儿童在学习过程中如何去发现联系，将各种激活点相联结，将各属性联系成整体，建立"内在的秩序"，从而主动获得意义联结呢？

（1）归类

按照不同的特点分类事物，使事物更有规律。语文学习也当如此。组块原理表明，当知识的状态由散在转为严谨时，可以缩简需要识记的单元数量，但并不减少所识记材料的范围。在阅读理解过程中，知识的内在联系越紧密，结构化程度越高，识记和存储效果越好。在新的学习情境中，结构化的知识也易于被激活，建立意义联结。例如，在低年级的识字教学中，苏教版语文教材编写了合辙押韵的词串形式韵文，意为扩展儿童识记的容量，促进儿童识记能力的发展。除韵文之外，许多课文也可以抓住词语之间的联系，构建类似的词串学习方式。在归类的联结性学习中，随着言语结构的丰富，儿童能从文本中提炼这样的词语组块，具有了自主构建言语结构的能力。由此，在具体的语境中，话语明示意义的推理无须付出太大的努力，就能做出正确的理解。

（2）比较

通过比较，把握事物内在的本质意义。儿童可以和自己的心理预期进行比较。小斗士恩科是一位生活的英雄，白衣天使叶欣是一位奋战在没有硝烟的战斗中的英雄，花木兰是不失女儿情态的女英雄，船长哈尔威是履行船长职责的英雄……同样是英雄，与自己心理预期的有什么不一样？发现不一样，才能找寻到只属于"英雄世界"的独特。儿童尝试打开心理预期，排除原有心理图式中生活经验、情感体验、阅读认知等封闭性的压制，就能真正触摸到文本的意义。儿童可以对言语作品中的言语材料进行比较。例如，同样写《埃及的金字塔》，把说明文的开头与散文的开头进行比较，就能发现两种文体全然不同的言语表达形式。

（3）联想

由于某人或某事物而想起其他相关的人或事物，由于某概念而引起其他相关的概念，这叫联想。在联想的过程中，儿童发现联系，建立联系。亚里士多德提出了三大联想律：相似率、对比率和接近率。约翰·穆勒则认为："联想不是被动的过程，而是主动的联结。这种联结不仅是观念的联结，而且也指动作的联结。"主动地发现关系，以"相似率、对比率、接近率"进行联想，符合联结的内涵。读到《安塞腰鼓》一文中节奏明快的语段，联想到《在大海中永生》中沉重的语句，把握明快与沉重相反的语言内在特征；读到《爱之链》这篇外国小说，联想到微型小说《桥》，发现小说的相同结构；读到季羡林《夹竹桃》这篇散文，联想到季羡林其他的散文，提炼出作者独特的语言风格。倘若儿童能从该事物所呈现的各种现象中发现在自己的大脑中已经储存了与之相似的、相对的、相近的丰富实践经验，并且还能够从这些现象后面把握某种本质的关系，那么，我们就可以说，儿童的认识已经进入到对该事物某种规律的认知阶段了。

（4）推理

由一个或几个已知的判断，推导出一个未知的结论的思维过程，即推理。关联理论认为，说话人明示自己的话语意图，听话人据此话语推理出语境中的暗含意义，获得最佳语境效果达到成功交际。从阅读教学角度理解，作者的言语本身具有最佳关联性。这样写，而非那样写，要遵守一定的会话准则。即使是有些言语表面上好像违背了合作准则，实际上是为了传递言外之意，是另一种方式的遵循合作准则。违反合作准则的言语同样要根据合作准则来理解。

5. 语文学习的联结形式

（1）"言"与"意"的联结

阅读是言语接受的过程。文章是言语接受的前提。我们站在这样的角度看文章，我们不仅要求文章语言通顺规范，内容正确深刻，结构清晰完整，而且会要求文章有"传"情"达"意的功能。一篇文章，"言"与"意"是融为一体的。"得意而忘言"，这是一种阅读教学常态。教师带领儿童沉浸于文本动人的情感等内容时，时常忘却了言语形式。于是，再动人的情感等因为缺少了言语的支撑而显得单薄。同时，"得言而忘意"，是另一种阅读教学形态。关注了言语形式，讲解与评析言语的妙处，却又丢失了言语内容的本身。于是，再有特点的言语形式因没有内容的充实，而显得机械、枯燥与无趣。通过言语形式读懂言语内容，实现"言"与"意"的联结与转化，这是阅读教学核心的教学目标。

（2）"表"与"里"的联结

任何的言语形式都表述了两个内容。一个内容是一眼就能看见的，即它所表述的表层内容。就如"今天的太阳真好！"一句所陈述的"太阳好"这一事实。另一个内容是需要去用心发现的内容，即形式为自己创造的内容，是形式本身所产生的深层的内容。"真好！"两个字、一个感叹号，除了陈述太阳好的事实外，也许还传递着说话者快乐的心情，表达着说话者对美好生活的感慨。在言语形式中蕴含的东西，比在言语内容表层表达出来的东西更真实、更丰富。"听锣听声，听鼓听音"，在由"表"及"里"的联结中，儿童知道文本表面的语言现象，也知道这一语言现象背后的奥秘，使儿童更好地实现由"言"到"意"的转化。

（3）"上"与"下"的联结

如何从表层的理解达到深层的理解，获得文本的"意"？让学生发现与建立

"上"与"下"的联结极为重要。从微观上，作品内的上下文构成了一个个完整的语境。它包括句段篇、作品内的言语形式、写说者的"题旨"、语体风格等。汉民族整体的思维方式牵制着汉语，使语境内的段落呈环状或者螺旋形，即段落以反复而又发展的形式对一个主题加以展开，讲究起、承、转、合，追求整体效果。一个字，一个词，一句话，甚至一段话的存在都与整体语境相联结。同时，语境内各个语言现象之间也密切相连。从文本角度来说，语文学习就是发现各个语言现象与语境整体之间联系的过程。以整体的视角准确考量词语之间的联系，结构之间的联系，与人物形象之间的联系等，细致剖析各元素对表达主题的作用，全面把握文本的特征，系统探寻其内在的逻辑，鲜明感知言语个性。

（4）"异"与"同"的联结

异中求同，即从同一样式的文体，同一主题的文体，同一结构的语段中抽取其相同处，由具体到一般，能把握其内在的结构，获取抽象的意义。同中求异，即发现相同文体、相同主题、相同结构语段等之间的不同之处。就如议论文的教学，用一个个事例证明自己的观点，这是常用的例证方法，这是议论文体的相同处。但是，"你之所以为你"，每样事物，每一人物，总有"成为自己"而特别拥有的本质特征。因此，教师可以让学生在了解事例论证的基础上，通过如何"就事说理"，如何"以理服人"的寻根探源，找出不同，全面把握议论文体的特征，认识真正意义上的整体。当然，这一整体也是一个相对的概念。选取不同的议论文本作为具象，进行异同比较，所获取的抽象意义可能也不尽相同。选取更多的议论文本作为具象，进行异同比较，所获取的抽象意义更接近整体。"异"与"同"的联结，阅读中，学生的思维自然要比单一的感悟深刻得多。

（5）"知"与"用"的联结

语文独当之任为"正确理解和运用祖国的语言文字"。除理解外，其中还有核心词汇：运用。理解是"知"，运用为"用"。"知"与"用"相辅相成。没有割裂开来的"知"与"用"。"知"是"用"的基础，在"用"中"知"得到强化。"知"和"用"，就如纸的正反两面，缺一不可。它们所组合成的，就是关于听说读写的言语实践活动。经"知"后的言语运用得心应手，历运用后的"知"也自然主动积极。只有写，你才会写。由此，可以进行类推：只有读，才会读；只有听，才会听；只有说，才会说；只有实践于"用"的言语活动，才有更大的可能积极主动，从而读得懂、写得顺、听得清、说得明。言语实践活动是基于运用的学习方式，儿童成为听说读写的主体，他们有言语理解的欲望，有辨别言语的热情。在这一过程中，"知"与"用"得到联结，儿童这一主体内在的心理结构发生了改变，言语的学习也就发生了。

（6）"文"与"人"的联结

"文"可以理解为文本。在课堂上，我们可以带领儿童揣摩作者的内心，比照自己对事物的感情，对生活的态度，让作者的内心与儿童的内心之间产生勾连。读进去，读出来，在文本中徜徉的过程中，儿童读到自己，发现自己，完善自己。带领儿童打开心理预期，排除原有心理图式中生活经验、情感经验、阅读认知等封闭性的压制，触摸到文本的本质意义，实现"文"与"人"的联结。"文"可以理解为语文。通过小学语文联结教学，儿童逐渐形成联结的语文意识、即联结的语文思维、语文情感与语文习惯等。

（三）要义之三：统整型实践

学科统整型实践是将语文与其他学科、儿童生活贯通的语文深度学习，旨在将学生学得的语文读写方法和策略，运用到复杂的、不确定的问题情境中，锻炼语文实践能力，促进言语智能的发展，整体提升语文素养。

1. 主题阅读：通过阅读得以学习

我们主张各科教学须凭借教材文本，让学生先行阅读，通过阅读学习学科知识。数学、科学、美术等教材都是"非连续性"文本，阅读中需要把握"文"与"图"的内在关联；对于概念、定义、定理、法则等，需要把握关键词及相互间的逻辑关系；对于操作性的图示，需要借助操作要领的描述，想象完整、连贯的实验步骤。而品德与社会、心理健康等教材中的文本，阅读的目的指向文本的意义，而非言语形式，需要提取核心信息或概括主题思想，用列标题、绘图表等方式，呈现阅读所知。学生的先行阅读，就是学科的自学过程。各科教学建立在这样的阅读自学基础上，才能教在起点上。在此基础上，我们根据学生的年龄特点和阅读能力发展序列，研制了跨学科的综合性主题阅读书单，如数学阅读课程、科学阅读课程、名人传记阅读等。

2. 学科写作：借助任务学习写作

我们倡导学科写作，即在学科教学之后，鼓励学生将学科学习中的所知所感所惑，用写作的方式记录下来，写成学科小论文、调查报告、实验报告等。学科教学为学生提供了取之不尽的写作素材，而语文教学则为学生提供了切实有用的写作方法。两相交融，既解决了写作内容问题，又解决了写作方法问题。比如教完数学《圆面积》一课，要求学生用一两百字简要描述圆面积公式的推导过程：平分、切割、拼合成平行四边形、想象更细平分、切割成更小块、拼合成长方形。一连串的动词前后承接，才能表述严密。而这样的小论文写作，需要的是用词准确、语句简练，既有逻辑性，又有形象性，体现了论文写作的言语品质要求。事实上，学科写作是一种功能写作，有利于学生更加透彻地把握学科知识。能写《圆面积公式推导》的学生，对圆面积的计算原理就有了更为清晰而深刻的理解，不再是死记公式或简单套用。据此，我们将学科教学中需要"写"的项目提炼出来，编制成学科写作课程，实现借助写作达成学科深度学习。如数学小论文写作、科学实验报告写作、综合实践社会调查报告写作等。

图 2-8　带学生在生活中学习语文

3. 跨界学习：依靠言语解决问题

言语实践需要拟真或真实的生活情境，在任务解决中催生学习的动力，生长言语实践能力，比如围绕核心问题的辩论、演讲、表演、阐述等。尤其重要的是，将生活中遇到的真实而复杂的难题，引入语文教学中，鼓励学生模拟场景，凭借语言解决问题。这样的主题演说，考验的是学生的认知能力和表达水平。生活中到处都有用"言语"解决的人际问题，申请书、倡议书、通知书、建议书……这些都是交际性的言语实践，应社会生活之需，实用的；而生活中还有用"言语"解决的私人问题，日记、随笔以及各种文学作品，这些都是审美性的言语活动，应个体精神之需，看似无用的。交际性的言语表达贵在明了与得体，审美性的言语创作贵在个性与创意，这些都是发展学生言语智能的实践要素。

（1）要合"语体"

人们所说的话语，有的平直简易，使人明了，是为生活语体；有的典雅含蓄，富有美感，是为文学语体；有的严谨缜密，极富逻辑，是为科学语体。在不同的语境中，面对不同的人和事，你要选择恰当的语体。比如在课堂上，师生之间的对话，宜用规范的生活语体，自然亲切，通读易懂，便于交流和沟通。如果用文学语体，或许就会给人做作的感觉；而在演讲场合，如用文学语体，则更具感染力，可以取得更好的效果；私下和人交流，在用词用语上，可以根据两个人的亲密程度，选择让对方听着自然舒适的语句，才能达成心灵的沟通。

（2）要切"文体"

小学教材中的范文，大多数经过编者的改编后成了"普通文"，即我们常说的记叙文，写人记事写景状物，目的在于方便学生阅读与写作，尤其是便于学生初学写作。然而，记叙文是作为教学文类编入语文教材，实质上不是一种独立的文体。在生活中只有各种实用型的文体，如书信、通告、说明书、广播稿、新闻稿等，都有鲜明的文体特征和写作规范，一旦错用就会造成误解。在文学创作中，也只有诗歌、小说、散文、戏剧等文体，创作时须遵循文学文体的基本规律。就言语交际来说，学生最为紧迫的是要学会各种实用型的文体，掌握这些文体的写法，可以更好地解决生活中的言语交际问题。一位学生在春游的时候，私自离队爬上了一座山，最后归队时迟到了半小时，教师责令他写一份检讨书。然而这个学生从未学过检讨书的写法，于是写成了一篇400多字的春游历险记，让教师哭笑不得。可见，从学生的生活需要出发，教会学生各类实用型文体写作，才能让学生选择恰当的文体解决生活问题。

（3）要显"主体"

语文学习不仅仅是能力问题，还是一个人的精神和品格问题。无论是说话还是

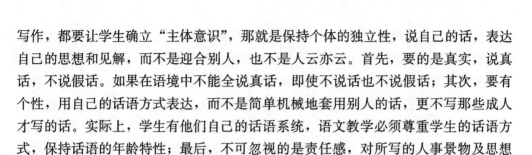

写作，都要让学生确立"主体意识"，那就是保持个体的独立性，说自己的话，表达自己的思想和见解，而不是迎合别人，也不是人云亦云。首先，要的是真实，说真话，不说假话。如果在语境中不能全说真话，即使不说话也不说假话；其次，要有个性，用自己的话语方式表达，而不是简单机械地套用别人的话，更不写那些成人才写的话。实际上，学生有他们自己的话语系统，语文教学必须尊重学生的话语方式，保持话语的年龄特性；最后，不可忽视的是责任感，对所写的人事景物及思想感情，要有清晰的体认，朦胧模糊的时候，要静下心来想一想，想明白了再写清楚，这样写，是对自己负责，也是对别人负责。俗话说"文责自负"，只要对自己所写的每一个字、每一句话都有强烈的责任感，就不会马虎敷衍。

四、教学范式

（一）基本模式

语文组块教学通过长期的课堂教学实践研究，提炼了简单易行的教学操作模式，便于一线教师的模仿运用。

1. 选择生长性的教学目标

围绕"言语能力"，根据文本教学价值及学生发展可能，确定最具生长价值的核心目标，以实现多方面的教学功能，体现"聚合性"。一篇课文的教学目标，可以分为两个层次：一是基础性目标，主要是掌握字词句、熟读重点段及绘制文本结构图；二是发展性目标，主要是单元语文要素，即读写能力的生长点，需要从学生的已有能力出发，切近"最近发展区"，精准定位每篇课文的教学目标，形成单元目标链。比如统编教材第十一册第八单元"阅读鲁迅"，围绕"借助资料读懂课文内容"这个核心目标，可以设置这样一条生长性的目标链：《少年闰土》参阅鲁迅的生平史料解读词句细节，《好的故事》参考名家解读理解"昏沉的夜"这一意象，《我的伯父鲁迅先生》参阅鲁迅的年谱，理解"碰壁"的言外之意，《有的人》参照原文，领会诗句的出处与诗人的用意。这样的目标可把握、可实现、可评价。

2. 整合本体性的教学内容

聚焦"运用法则"，选择语文本体性内容，并整合为板块化的教学内容，实现以少胜多，体现"简约性"。

语文组块教学以教材为凭借，关注言语材料、言语规则及言语方式、言语情感，即从关注文本思想内容转向为关注文本的言语形式，着力三个层面的教学：一是字词的积累。没有字词"量"的积累，没有对词的意义、情味以及词性（词语在不同语境中的具体用法）的充分感知，言语智能便无从生根；二是句式的丰富。善于发现文本中句子的各种样式以及句子的组合方式，并在语境运用中加以内化；三是表现方法。同样的意思不同的表达方式，以及用什么文体，先写什么后写什么，写得详细还是简略等，都需要用心揣摩、潜心涵泳。可以说，每篇课文都隐藏着作者的言语意图，这种言语意图是借助特定的表达方式与语言结构体现出来的。每一种特定的表达方式或语言结构，都具有独特的言语交际功能，如赞美、说服、劝告、驳斥等，准确把握这种言语形式的交际功能，是生长言语智能的必备基础。语文教师唯有在深入研读教材的过程中，敏锐而准确地把握这样的方式与结构，看到内容背后的形式、形式背后的结构，才能研制出具有语文学科特征的教学内容，才能真正体现语文学科专业的成长性。

一篇文质兼美的课文，从言语形式的视角，可以找到很多的教学点，散落在文本的每一个角落，涉及字词句篇、语修逻文、听说读写等多方面知识。教学中常用的套路是"随文而教"，遇到生字教识字，看到修辞教修辞，需要朗读教朗读，频繁地转换教学内容，造成教学的碎片化。而组块教学紧扣文本教学的关键点，连点成线、织线成网，形成三个动态、即时、开放的教学内容板块，不求教得完整，但求学得充分。

一是以语汇为内核的内容板块。文本中散落的字词和短语，绝大部分是陈述性知识，可以有意识地围绕某个"线索"形成词串加以整体识记。词语组合的基本线索有：第一，描述的对象，人、事、景、物，或者一个场景等；第二，语境的功能，包括表意的实词与表情的虚词，可以按照词性分类组合；第三，词语的结构，特别是富有表现力的主谓式、偏正式等短语结构；第四，表达的语义，根据同义、反义和近义将词语归类整理。这些语汇板块中的字词短语，不是简单的归类识记，而是需要以文本语境为背景，在朗读、复述、写话等语文实践运用中，转化为学生自身的语言材料。

二是以语用法则为核心的内容板块。文本和生活中都潜藏着言语的运用规则，不留意便会从我们的耳边和眼前滑过去，只能说是"读过了或听过了"，而没有"读到了或者听到了"。教学的要义就在于让学生从言语现象中发现那些"特别"的地方，从中提炼、归纳出具有普适性的言语规则，包括句法、段式和文体，有些是陈述性的静态知识，但更多的是程序性知识，可以改变言说的行为。这些规则不能简单地告诉，而需要学生在读与写的活动中，经历"举三反一"到"举一反三"的双重转化，才能内化为自身的言语能力。

三是以读写策略为核心的内容板块。怎样倾听？怎样说话？如何朗读？遵循什么样的写作规律？这些都是事关听说读写语文智慧技能形成的原理、策略与方法技巧，有别于语言的运用法则。这些内容是在学生已有的听说读写经验基础上，进行的理性归纳和科学整理，有些是条件性知识，比如根据对象选择争辩的方法，有些则是元认知知识，是对自我言语行为的反思与调整。

3. 设计阶梯性的教学活动

基于"活动功能"，将教学内容转化为适合学生的言语活动板块，如以积累为内核的诵读板块、以理解为内核的述演板块、以迁移为内核的读写板块、以创造为内核的问题解决板块等。一个活动板块可以集中一个内容板块，也可以整合多个内容板块；一个活动板块对应一个教学目标，或者多个活动板块指向同一个教学目标；组块教学突破"线性"的教学思路，采取"板块"的活动样式，且板块与板块之间，以连续性的教学目标为内在逻辑，形成并列式、递进式、承接式与主从式等关联结构，让课堂教学呈现清简有致的结构风格，像洗过的天空一样，纯净而又疏朗。比如《哪吒闹海》这个耳熟能详的神话故事，以三个教学活动板块加以统整，删繁就简，步步推进。

板块一：概述故事。抓住三个关键词"一摆""一扔""一抖"，用三句话简要概括哪吒凭借两件法宝三闹东海的故事。"一个故事"说成"三句话"。

板块二：讲述故事。围绕"夜叉从水底钻出来，只见一个娃娃在洗澡，举起斧头便砍。"这个句子，展开合理的想象，把这段故事讲生动：什么模样的夜叉？看见怎样一个娃娃？夜叉会说什么？哪吒会怎么回应？……"一句话"讲成"三句话"。

板块三：转述故事。学生分别扮演龙王敖广和哪吒，转述哪吒三闹东海的故事。敖广怎样向玉帝告状？哪吒怎样向父亲李靖解释？目的不同，对象不同，转述的内容和话语方式也不同。"一个故事"有了"三种说话"。进而揣摩课文的编者如此讲述故事，出于什么目的？你从文本中可以找到哪些依据？

"概述、讲述、转述"，三个教学活动板块紧紧围绕"讲故事"这个核心能力，形成了三个由易而难、由表及里的认知与实践台阶，结成了一条教学的逻辑链，实现了文本形式结构与学生认知规律的内在统一，促进了学生言语智能的生成。这样的教学板块避免了线性教学的"流水账"，凸显了教学重点，留给学生更多独立思考、创造实践的时间与空间，一个教学板块可以达成多个教学目标，更具增值性。

4. 采用一致性的教学评价

根据"目标达成"，适时评判学生的学习状态及水平层级，以调整教与学的节奏，实现教、学、评的一致性，体现"有效性"。比如在教学《西门豹治邺》一课中，要求学生创造性复述，设置了"劝告逃亡的人家回来"这个极具挑战性的任务，对课文中西门豹惩治官神巫婆、破除迷信的事件，既要"简述"，还要"转述"。在教学中，针对学生说不全、说不顺、说不到要点的问题，我们给学生提供了一个点评"支架"："要注意，用上西门豹的三个'借口'，让那些逃走的百姓相信这里的变化。"三个"借口"便是完成"劝说"任务"最关键的"，如果点不到这一关键处，那么就会陷入"重复啰唆"的泥潭。果然，学生一用就灵，而且说得妙趣横生。教学贵在"点评与引导"，"点"到"关键处"，学生便能"开窍"，便能"贯通"，自然就能达到目标。

（二）基本方法

组块教学运用联结性学习方式，形成了便教利学的六种组块方法。

1. 字根识字

根据汉字的构造规律，选择最具构造功能的 300 个基本字，依据字源字典编成汉字图谱，让儿童在饶有情趣的活动中牢固识记，进而凭借"字根"自主识字，实现"掌握 300 个学会 3000 个"的教学目标。

2. 词串识记

围绕某个"线索"将散落在文本中的词语进行归类，形成词串加以整体识记。组合的线索有"描述的对象、语境的功能、词语的结构、表达的语义"等。这些词串需要以文本语境为背景，在朗读、复述、写话等语文实践运用中，转化为儿童自身的语言材料。

3. 句式集群

遵循同义选择的原则，将文本中最富表现力的句式汇集起来，与儿童常用的句式进行比较，在诵读中发现表达奥秘，促进儿童在语境中选择最佳句式，提高表达能力。

4. 语段联比

根据"并列式、因果式、总分式、承接式"四种段落结构，引导儿童在比较学习中掌握结构特点，进行段意概括、仿写迁移，夯实读写能力。

5. 类篇教学

根据文体分类，对选文按照文类进行单元重组，同一单元的若干篇选文，分为教读、练读、自读等不同课型，通过教"这一篇"让儿童学会"这一类"，举一反三，熟能生巧。

6. 整书导读

针对整本书的结构和主题，选择儿童感兴趣的"话题"，组织学生围绕"话题"进行主题式研读，传授阅读策略，分享阅读经验，放大整本书的共读效应。

（三）基本课型

组块教学从教学内容的角度进行教学解读，重新审视教材选文的教学价值和教学功能，对选文进行课程化设计，在文本中呈现确定的教学内容，将"选文"变成"课文"，就可以实现"教语文"就是"教课文"的理想境界。我们根据文本潜在的教学功能，设置了三种课型。

1. 教读课，指向"定篇"

教材中规定的经典语篇，教师要一步一步教学生读，让学生"细嚼慢咽"，从名家名作中学习读与写的方法、策略，并将经典的语言文字连同丰富的思想情感通过诵读、品味积淀下来，打下语文学习的"底子"。这样的经典文本不在多，而在于学得"透"。比如《火烧云》这篇课文可以从多个角度去学习，如词汇积累、语句品析、朗读复述以及写作构思等，一个角度打开文本的一个"缺口"，学生就能见识经典的一个"侧面"，多个"侧面"的叠加可以获得对经典完整而深入的领悟。定篇的功能在于提升阅读品质，需要"一文多次教"，讲究一个"慢"。

2. 导读课，指向"类篇"

定篇指向单篇内部的语文要素，而类篇指向同类文本共有的语文要素。比如统编教材第五册第七单元的"事物的方面"，编排了《我们的奇妙世界》《海底世界》《火烧云》3篇课文，每篇课文都是语文要素的一个例子，适宜深入的比较阅读。类篇可以在规定时间内教学多个文本，阅读的"量"大"时"短，可以锻炼学生的阅读速度，可以学到单篇学不到的阅读方法与策略。没有大量的类篇阅读，学生的语文能力难以充分地发展，类篇的功能在于熟练阅读技能，扩展阅读视野，需要"多文一次教"，讲究一个"熟"。

3. 自读课，指向用篇

用篇是指为完成任务而选择使用的语篇，或用其中的观点，或用其中的事实，或用其中的表达方式等。用篇不局限于连续性文本，还包括非连续性文本，甚至非文本的音像视频。用篇中的文本或非文本，都视作解决问题的语文课程资源，具有极大的开放性，每个学生都可以根据自己的需要，选择适合的文本资源。语文能力是在复杂的、不确定的问题情境中锻炼出来的，用篇的功能在于解决问题、生长智能，"无文而教"，讲究一个"用"。比如《海底世界》，可以设计一个"海底旅行"的导游任务，模拟旅行，练习导游，就能在实践运用中实现课文语文的内化。这样的任务性学习，是对教材文本的创造性运用。

教学实践证明：组块教学教得准、学得透、用得活，缩短了教材学时数，增加了课堂阅读量，提高了学生的读写水平，"识记力、概括力、解释力、推论力、建构力"五项能力有了显著提升，是一种便教利学、卓有成效的教学范式。

五、操作策略

（一）教材解读策略

诠释学告诉我们，一篇文章可以有三种不同的阅读取向：第一种取向是"传统"，读者都是基于自身的文化观念来阅读的。同一部作品就会读出不同的色调，比如《红楼梦》，鲁迅先生说："经学家看见《易》，道学家看见淫，才子看见缠绵，革命家看见排满，流言家看见宫闱秘事……"第二种取向是"个人"，读者都是基于自己的成长经验来阅读的。远离故土、旅居客乡的人，读到余光中的《乡愁》，就会感同身受、情意相通，而从未出过远门的人，则很难理解何谓"乡愁"，更难理解"乡愁"何以是"一枚邮票、一张船票、一方坟墓以及一湾浅浅的海峡"。第三种取向是"文本"，读者基于作品本身去阅读，摒弃传统意识和个人经验的影响，准确揣摩作者的心思和意图。三种取向可以让我们清醒地意识到，自己的阅读见解不是唯一的，要懂得自我批判和虚怀若谷。

图 2-9 给老师们解读语文教材

一篇文章选入教材后，就赋予了其特定的学科属性，其价值体现在文中的思想内容上。数学教材中的文本，要读的是所写的"数学知识"；科学教材中的文本，要读的是所写的"科学知识"；道德与法制教材中的文本，要读的是所写的"价值观念和行为准则"……这些学科文本所写的思想内容，就是学科的教学内容，用植物学家的科学态度来阅读，阅读文本就是获取学科知识、建构知识系统。唯独语文教材中的文本，要读的不仅仅是所写的思想内容，还有文本自身的语言形式，更重要的是在"内容与形式"之外的读写方法。因此，语文教材中的文本，需要三种不同视角的解读：第一种是科学性解读，指向"究竟是什么"，客观、准确地理解和把握文本的思想内容；第二种是文学性解读，指向"文本像什么"，用审美的态度赏析文本的语言艺术；第三种是教学性解读，指向"用来干什么"，用实用的态度把文本看成"例子"，从中挖掘隐藏着的教学内容。可见，语文教材中的文本，需要经历三重推敲。

1. 科学性解读：把握作品原意

一是分类解读。人们常说："一千个读者就有一千个哈姆雷特。"科学性解读，追寻的就是作者所说的那个"哈姆雷特"，不是每个人心中的"哈姆雷特"，要准确把握作品的原意。解读是从语言入手的，语言的类型不同，解读的方式也不同。我们在生活中常用的是"日常语言"，具有通俗易懂的特点，既可以直截了当地表达意思，体现出"直"的特点，又可以委婉曲折地表达情感，体现出"曲"的特点。如此，以"日常语言"为"母胎"，衍生出了"科学语言"与"文学语言"，演化出了以"科学文本"和"文学文本"为两极的丰富多样的文本世界。解读靠近"科学文本"一极的作品，当以理解为主，提取文本的"原意"。比如《埃及的金字塔》《滴水穿石的启示》等说明性文章，主要提取所写事物的特点或所写事理的要点；解读靠近"文学文本"一极的作品，当以领悟为主，追索文本的"原意"。比如马朝虎的小说《水》，写的是一个极度缺水地方的生活场景，有人理解为"要珍惜水资源、节约用水"，也有人理解为"人要有一种苦中作乐的乐观精神"，那是误读了作者的本意。小说是虚构的，作家实际要写的"原意"是"母爱让苦日子变甜了"，这是一个深刻而又历久弥新的文学命题。不分清文体及文体的特征，就混淆了实用性作品和文学性作品的界限，采用了不恰当的解读方法，引起误读。正因如此，我们提出文本分类阅读①，什么样的文体用什么样的读法，小说用小说的读法，诗歌用诗歌的读法，说明文用说明文的读法，议论文用议论文的读法……如此，拿到一个文本，先要判断是哪一种文体、哪一个类别，而后根据这种文体和类别的特点，采用适切的阅读方法，最终才能看到、看清、看准那一个作者藏在文中的"哈姆雷特"。

二是语境解读。文本分类解读，遵循的是阅读的"文体思维"，找到了解读的正确路径。难的是，诗歌、散文、小说、戏剧等文学性作品，作者往往把真实的意图掩藏起来，让人看不清真面目。比如唐代诗人朱庆馀写的这首《闺意献来水部》："洞房昨夜停红烛，待晓堂前拜舅姑。妆罢低声问夫婿，画眉深浅入时无。"诗中写的是一个新娘刚刚洞房花烛之后，第二天早上要去拜见公公婆婆。为了给公婆留下一个好印象，特地梳好妆、画好眉，精心打扮了一番，还是担心不符合公婆的审美

---

① 薛法根等：《文本分类教学》系列图书，福州，福建教育出版社，2016。

要求，只好羞涩地征求新郎的意见。解读至此，仅仅是诗句的字面意思，诗人实际的"意图"是什么呢？这就需要一种特殊的解读手段，叫"语境还原"，将诗人写这首诗的背景还原出来，你就能在那个特定的语境中，理解诗人隐藏的"心思"。经查证资料，这首诗写于朱庆馀进京参加科举考试之时，他担心自己的作品不合主考的要求，写这首诗送给时任水部员外郎的张籍，征求他的意见。诗中以新娘自比，以新郎比张籍，以公婆比主考。张籍看到后，立刻回了一首《酬朱庆馀》："越女新妆出镜心，自知明艳更沉吟。齐纨未足时人贵，一曲菱歌敌万金。"他将朱庆馀比作一位采菱姑娘，相貌既美，歌喉又好，因此，必然受到人们的赞赏，暗示他不必为这次考试担心。了解了诗的创作背景，知道了事情的前因后果，你才明白诗人是借"诗"问"事"：张大人，我的诗合不合主考大人的意啊？由此可见，所谓文学作品的阅读还原，就是追溯"文本"的"源头"与"出处"，揭示作者是在什么情况下写的，有什么样的写作动机和真实意图。

三是文化解读。事实上，语境的范围有大有小。小的是一个句子中词语的前后位置、一个作品中的上下文、一个语段中人物的对话场景等；大的是作品的写作年代、时代背景以及作家的个人身世、生活处境。将作品中的一个字、一个词、一个句子放在所处的语境中细读，定当做出准确的解读；将作品放在一个人所处的时代背景、现实处境以及系列作品中理解，定当会有更加深刻而独到的解读。这都需要我们围绕作品推进阅读的深度、拓展阅读的广度，浅尝辄止或孤陋寡闻，解读就很局限了。但是，科学性的解读是有边界的，那就是文本以及作者的"原意"，不能游离或者脱离"原意"，进行无边际的阐释。谭恒君、王洪在《"文化阅读"的解读方法：借助文化基因密匙》中举了《愚公移山》的例子：有人对这个神话故事做了颠覆性的解读，比如通过模拟智叟的反驳，批判愚公"子子孙孙无穷匮"的理论可能会遇到"断子绝孙"或后代改变移山的祖传思想而"去读书、当朝廷大臣"甚至"移民美国"等挑战；比如指责愚公最终并非成功，而是靠天帝这个"外援"；解决了愚公的出路，但却阻拦了别人的出路，最终还是没有解决问题；愚公和天帝早就达成了协议，内藏着一个阴谋；愚公很狡猾、毒辣，是阴谋家；愚公把个人意志强加给子孙，剥夺了子孙的自由等。这样的解读歪曲了神话的原意、消解了经典的意义。两位老师建议，这样的文本应该回到中国上古宗教的语境中去，从民族文化基因所蕴含的精神价值视角来做出"文化解读"。他们归纳了内隐的三种文化：其一，

"抗争文化"，中国神教史上"绝地通天"的改革，实现了人神分离和于德，凡是违背德行的，不管是人还是神，都要受到惩罚，比如《后羿射日》《精卫填海》等。《愚公移山》应该放在这样的文化语境中，才能体现"人"的大无畏的抗争精神，体现"人"的意志让世界退避的文化意义。其二，"感天文化"，神有超自然的力量，但在更高的"天"面前，人神平等，以"德"为唯一衡量标准，"人"与"神"因功德而相互转换，树立了中国思想界最朴素最伟大的精神坐标和朝圣丰碑。愚公执着的愿望和强健的行为自然可以感动"天"，让神来创造奇迹。其三，"意诚文化"，愚公表现出的移山诚意，以子子孙孙为行为支撑，一心一意，坚持不懈，体现了一种坚韧不拔的精神，是中国神话的文化源点。最后，他们深刻地指出："神话是一个民族特定的文化符号或思维密码，隐喻着一个民族集体的价值取向和思维意识。我们可以从神话文本中，读出属于各个民族的文化元素和信息状态，与现在的民族属性进行观照，帮助我们认识这个民族的集体性格与内在精神。"这是从"文化"的视角解读神话故事《愚公移山》的本质意义。

2. 文学性解读：发现审美意义

姚文放在《文学概论》中指出，文学是运用语言媒介加以表现的审美意识形态。作家以审美的眼光观察自然和社会，按照美的原则来创作作品。读者就可以通过阅读作品，把握所写的"人事景物"及蕴含其中的情意之美，以及作品语言所形成的言辞、结构、技艺等形式之美，从中获得审美愉悦感，提高审美能力。文学性阅读实质上是一种接受美学，是以读者为中心的审美发现与意义建构，每个人都可以读到属于自己的"哈姆雷特"。接受美学视域下的文学性解读，可以根据不同的文学体裁，选择适宜的解读方式。可以是欣赏性阅读，通过想象再现文本中的人事景物，通过移情体会喜怒哀乐，真正做到设身处地、身临其境，以求物我合一、人我合一，感受其"妙"；可以是鉴赏性阅读，在欣赏的基础上，思考、分析作者思想的"高处"、文本的"妙处"，领会其"为何妙"；可以是批判性阅读，不是鉴赏的"仰面认同"，而是理性地反观审视，把自己心中的与作者笔下的进行对比、质疑，形成自己的价值判断，审视其"是否真的妙"；还可以是研究性阅读，像专家做学问那样，就某个作品或作家，或某一类文学现象，进行长期而深入的研读，做出属于自己的见解，这样的阅读往往是创造性的，属于文学解读的高级阶段。

诗歌、小说、戏剧，对于读者来说，文体特征鲜明，可以依体而读。比如诗词的解读，从形象、意象到意境，从语言的陌生变异、音律节奏等，总有路可循；小说的解读，从人物、情节、环境到主题，从细节、冲突、线索到构思，也有法可依；至于戏剧，逃不出矛盾冲突、人物台词和舞台效果等要素的解读。难的是散文，"形散而神不散"，看似一读就懂，其实一知半解，甚至一无所知，非练就一双审美的眼睛不可。读懂散文有哪些秘诀呢？

一是读出"那个人"来。散文中所写的"人事景物"，并非客观世界中真实的"人事景物"，而是作者眼中独有的"人事景物"，烙上了作者情思、情感、情意、情怀、情调的印记。同样的桂林山水，人与我的眼中各不相同。作者笔下的桂林山水，是他的情感记忆中一种美丽的错位，是他略带想象性的真实再现。陈剑晖先生说："好的散文，应有作者生命的投入……以诗的审美性穿透日常生活的平庸，使散文呈现出超越时空的意义和价值。"① 阅读散文，就是阅读作者的生活世界，就是分享作者的人生经验；不但如此，还要透过那些"人事景物"，触摸到作者的"心跳"，读出那一个"人"来。比如季羡林的《夹竹桃》中，有一段写月光下的夹竹桃的影子："它把影子投到墙上，叶影参差，花影迷离，可以引起我许多幻想。我们想它是地图，它居然就是地图了。这一堆影子是亚洲，那一堆影子是非洲，中间空白的地方是大海。碰巧有几只小虫子爬过，这就是远渡重洋的海轮。我幻想它是水中的荇藻，我眼前就真地展现出一个小池塘。夜蛾飞过，映在墙上的影子就是游鱼。我幻想它是一幅墨竹，我就真看到一幅画。微风乍起，叶影吹动，这一幅画竟变成活画了。"一般人来想象这夹竹桃的影子，无非如"假山、怪石、乌云"等，远没有文本中的比喻妙趣横生。作者将夹竹桃的影子看作"地图、荇藻、墨竹"，那是一种雅趣；而将偶尔爬过的小虫、飞过的夜蛾看作"海轮、游鱼"，那就是一种童趣了。阅读这些文字，你分明感到了季羡林先生有渊博的学识，更有未泯的童心；读完，你眼前似乎就站着这样一位充满生活情趣的可爱的老人。可以说，阅读散文，认识"人"永远比认识"文"重要得多。阅读就是一种对话，散文阅读就是你从中发现了那个人，那个可以和你分享人生经验、可以与你进行心灵沟通、可以帮你打开视野的人。

二是读出"那个味"来。散文的语言之美，在于各有各的风格：余秋雨的文化

---

① 陈剑晖、李粤芳：《论散文的生命诗性》，载《长城》，2003 (5)。

散文华丽厚重；周作人的散文语言自然、朴素；林清玄的散文语言简朴、清新、智慧、幽远，能做到虚实生辉，空灵流动，具有诗性之美；史铁生的《我与地坛》等散文的语言，很纯净，就像在河水里洗过一样。散文阅读就要品味语言之美，读出那个特别的味道来。其一，散文宜朗读。汪曾祺说，写作最关键的是找到作品的"调子"，调子找到了，文章就写得顺手，就像说话一样。这种"调子"富有节奏感、韵律感，光靠眼睛看是难以体察的，非借助出声的朗读不可，有感情的朗读方得其中的滋味与情趣。其二，散文需比较。散文的语言精致优美，往往在细微之处寓深意、显功力，阅读就要善于发现那些细微处，通过多种比较，显露其语言独到的表现力和创造力。可以置换比较：将文本中某个词句，换一个相近的词句，比较两者的不同，凸显的是散文语言的精准与妥帖；可以增删比较：就文本中的某些词句，作增与删的比较，凸显的是散文语言的整散与意味；可以常异比较：将文本中感觉不寻常的语句，和我们日常的表达形式比较，凸显的是散文语言的个性与魅力。比如，《夹竹桃》中写了这么一段话："然而，在一墙之隔的大门内，夹竹桃却在那里悄悄地一声不响，一朵花败了，又开出一朵，一嘟噜花黄了，又长出一嘟噜。"这里的"悄悄地"与"一声不响"似乎重复了，删去其中一个可不可以？"一朵花败了，又开出一朵"与"一嘟噜花黄了，又长出一嘟噜"表达的是同一个意思，删去其中一个可不可以？这样一删一比，就将重复叠加的语言所折射出的喜爱之情、可爱之态以及俗中有趣的滋味，一层一层地品咂出来。散文大家常常在文中有一些看似啰唆、可有可无的语段、词句，其实是一种闲笔，增添了不少的情趣，这不"经济"的语言，一删就寡味了。

三是读出"那个我"来。有人戏说，活得惨的适宜写小说，因为有故事；活得好的适宜写散文，因为有情趣。好的散文，一定会在阅读中发现自己，读出那一个理想中的"我"来。我们都处在红尘俗世，但散文所营造的那个生活世界，可以让我们的心灵和精神找到安顿之所。散文阅读不能止于理解，更重要的是以作者的那一个"心眼"，发现自己的生活，改变自己的生活，表达自己的生活。这样的阅读，实在是一种"心解"。散文可以给人一种精神的慰藉和心灵的安顿，尤其是经典的散文，可以给人一种历久弥新的精神愉悦。朱自清的《背影》，有位同学读到父亲为"我"买橘子那一段："我看见他戴着黑布小帽，穿着黑布大马褂，深青布棉袍，蹒跚地走到铁道边，慢慢探身下去，尚不大难。可是他穿过铁道，要爬上那边月台，

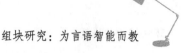

就不容易了。他用两手攀着上面，两脚再向上缩；他肥胖的身子向左微倾，显出努力的样子。这时我看见他的背影，我的泪很快地流下来了……"那种愧疚，那种自责，那种对逝去父亲的深深怀念，禁不住潸然泪下，不仅仅是被那个情境所感动，更重要的是这段文字触动了他的内心，照见了藏在深处的那个自我，或许正是在这个时候，才真正看见了自己的灵魂。

3. 教学性解读：开掘教学价值

科学性解读旨在追索文本的原意，文学性解读旨在发现文本的妙处，而教学性解读是站在教者的视角，用教学的专业眼光审视文本，旨在解决文本的教学问题：教什么？为何教（这个）？

（1）定"识"，指向"教什么"

文本是一个完美的整体，就像一个苹果，外表光滑无比，却让蚂蚁无从下口。如果你揭开苹果的一点皮，蚂蚁就能沿着这个缺口，尽情地吮吸甜美的果汁。著名哲学家、史学家杜国庠先生的这个比喻，告诉我们对文本的教学性解读，其实就是要找到这个"缺口"，确定具有教学价值的教学内容。单元所设定的语文要素，就是打开文本缺口的一根"针"，只要用力往里"钻"，就一定可以有所发现。以统编小学语文教材三年级下册第七单元为例，聚焦"写清事物的方面"这个关键点，如何"钻"进去呢？

一是还原事物的"本来状态"。我们从课文中读到的事物，是经过作者用语言"艺术加工"过的事物，与真实世界中的事物存在"差异"甚至"矛盾"。教学性解读就是要凭借自己的生活经验，将事物的"本来状态"还原出来，把那些未经作者情感同化、未经假定的原生形态想象出来，与文本中的"艺术状态"进行比较，看到"差异"或者"矛盾"，就能发现"语言表达"所制造的"艺术效果"，就能触摸到运用语言的方法和技巧。比如《我们奇妙的世界》中是这样写一滴水的："等到积雪融化时，从房檐上落下来的每一滴水，都像一个透明的玩具气球。"不能大而化之地说"这个比喻十分巧妙"，而应该分析其中的矛盾。水滴小，气球大；水滴重，气球轻；水滴往下落，气球往上升……水滴怎么会像气球呢？但比作足球肯定成为笑话。这么想，"矛盾"就出来了。再往下想，就会发现：作者是在房檐下，仰着头贴近看这一滴水，显得大；这一滴水就那么挂在冰尖上，随风晃荡，很轻盈；恰好阳光照射下来，透过这滴水看世界，好玩；看着看着就出神了，这滴水就随着轻盈的心境，飞起来了。这是看得出神的一个错觉，有了这个美丽的错觉，才能从一滴水中看见"奇妙"。未曾体验过"走神"的人，很难读懂这种特别的心境和表达。

二是回到学生的"水平起点"。教材中的课文都是文质兼美的范文，和学生已有的语文水平之间存在一定的"落差"，教学性解读就是要把这个"落差"拉开、放大、呈现，从而创造学生语文能力发展的"空间"。对文本中写得精彩的语段，就要停下来设想一下：如果学生来写，可能会写成什么样的？哪些词句学生会遗漏？哪些写法学生想不到？这样的设想，就是对学生原有水平状态的一种"复盘"，再与文本做一个比较，就不难找到那些教学的"关键点"了。比如《火烧云》中写"霞光"的一段文字，将霞光的美与文字的美融为一体，但是美在哪里？往往是"只可意会不可言传"。不妨设想学生来写"霞光"，绝大多数就是用"五光十色、美丽极了"这样抽象的语言来空洞地赞美一下，而很少像作者那样借助被霞光照射的事物来写霞光的色彩神奇，更少像作者那样，既用"××变成××"的句式来一个一个叙述变化，又用"对话"的方式来制造情境和意外惊喜：老头儿居然不知道自己的白胡子已经变成了金胡子。教学就是在这些"关键点"上，让学生看得见，摸得着，学得会，用得熟。

三是聚焦文本的"作者故意"。文本中有些表述显得很特别，比如多次重复一个语句，该写的地方却略写甚至省略不写了，大量使用工整的短语等。这些特别之处其实就是作者"故意"制造的，隐藏着作者的独特用意，揣摩出这种"匠心"与"用意"，就能揭开"故意"背后的写作秘诀，让人有一种豁然开朗之感。比如《海底世界》中写海里动物的活动方式，课文先写海参的爬行之"慢"，再写梭子鱼的游动之"快"，一"慢"一"快"，很显然，"故意"这么安排就是突出一个"趣"字。再往下，写乌贼和章鱼的"退"，与前面所写的"进"对比；写贝类的"靠别人动"，与前面所写的"靠自己动"又形成了有趣的对比。四层连环对比，妙趣横生。这样的"构思"，不但"写清楚"了，而且"写生动"了，值得借鉴模仿。

四是对比他人的"别样表达"。同一个事物，看的人不同、角度不同、心情不同或者知识背景不同，看到的样态也是不同的，写下来的文字自然千差万别。课文中所呈现的，仅仅是其中的一种表达。如果我们将他人的文字拿来做一个比较，就可以对比出课文所写的"特别之处"。一方面是同一事物不同文体的表达差异。比如写火烧云，《汉语大词典》中是这么表述的："日出或日落时出现在天空中的红霞。"这是一种说明性的表述，客观、准确而理性；而《火烧云》中是这么描述的："天上的云从西边一直烧到东边，红彤彤的，好像是天空着了火。"这是一段描写性的表述，主观、形象而感性，带着一种欣喜和赞叹，一下子就激活读者的画面感，吸引读者的眼球。另一方面是同一事物不同作者的表达差异。同样是描写，不同的作者写法不同。比如写火烧云的颜色，《北大荒的秋天》中是这么描写的："这些流云在落日的映照下，转眼间变成一道银灰、一道橘黄、一道血红、一道绛紫，就像是美丽的仙女抖动着五彩斑斓的锦缎。"很显然，《火烧云》中所写的色彩更丰富、更有变化、更富有视觉冲击力。可见，没有对比就没有发现。

（2）定"理"，指向"为何教"

打开文本的缺口，深入到文本内部，就能发现有价值的教学内容。然而，这些教学内容还需要进行学理的考证，并结合学情分析，定位每个文本在单元教学中的教学功能，在此基础上确定每个文本的教学目标。仍以统编教材三年级下册第七单元为例，如何进行深度的解读呢？

学理考证与学情分析。"了解课文是从哪几个方面把事物写清楚的"这个教学内容包含两层含义：其一，了解课文从哪几个方面写这个事物的，目的是通过阅读，从部分到整体，获得对一个事物的完整认识，提高认识能力；其二，了解课文是怎么把事物的几个方面写清楚的，目的是通过阅读，从内容到形式，获取把事物特点写清楚的表达方法，提高表达能力。

在阅读中，学生了解了一个事物多方面的特点，就获得了关于"事物构成"的知识。教学的意义在于引导学生，将这些累积的碎片知识结构化，以形成对"事物构成"的认知结构。结构化的教学，可以凭借两种方法：一种是建立概念，关于事物的大概念，是建立认知大厦的柱子，也是学生认识能力的生长点。比如认识我们的世界，首先要建立"天空、大地"两个大概念，其次要建立"早晨、白天、傍晚、黑夜"以及"春、夏、秋、冬"等时间节点的概念，不然就无法建立对事物的整体认知。教学中要抓住关键的概念性词语，与学生的生活经验建立关联，形成清晰的认识。另一种是思维导图，将事物与构成方面的关系，梳理成一张结构图，形成对事物部分与整体的完整认知，避免"盲人摸象"。比如认识我们的世界，在"天、地"一级目录下，建立"一日四时""一年四季"二级目录，而后将"太阳、云彩、雨滴、水洼、星星"等各种具体事物作为三级目录，织成一张脉络清晰、层次分明的结构图。这样的阅读过程，就是一个思维导图的建构过程，锻炼的是思维品质，形成的是认识能力。当然，作为教师还需要思考：作者为何选择这几个方面来写？

揣摩作者的特别用意，领会文本的主旨要义。

在阅读中，学生还要了解写清楚事物某个方面的表达方法，获得描写事物的写作知识。这需要将阅读的视角从认识事物转向为表达方法，即从思想内容转向为语言形式，指向语言表达。作为写作方法本身，没有对与错，只有用得恰当不恰当。作者用这种写法而不用那种写法，最终是由表达效果决定的。能起到最佳表达效果的写法，就是最好的。这样的写法可以让陌生的事物变得熟悉起来，或者让不可爱的事物变得有趣起来，让读者对这个事物产生浓厚的兴趣，想进一步去了解它。比如写夜空的美，只用"群星闪烁"就很抽象，而用"就像千千万万支极小的蜡烛在发光"这个比喻，就变得具体可感、生动有趣了；再如写火烧云的美，看起来真的很美，写起来真的很难。作者的高明之处，就在于将一个"混沌"的整体，分成霞光、颜色和形态三个方面，写霞光用了"间接写"的方法；写颜色用了"分类写"的方法，单色的、双色的、比喻色的，一层一层写，颜色变化之多、之快，让人神往；而写形态则用了"连续写"的方法，一匹马、一只狗、一头狮子，连续写了三种形态变化，更妙的是每一种形态用"分步写"的方法，展现了"出现、样子、变化、消失"的变化过程，成了一幅活的画，怎么不让人惊叹呢？当然，作为教师还需要进一步思考：作者对事物特点的把握为何如此精准？可以发现，作者除了日常的生活观察，还有借助技术的科学观察，比如《海底世界》；而更重要的充满文学想象的观察，比如《火烧云》，剔除了想象，就失去了一半的美。

（3）定"向"，指向"如何教"

其一，定位文本的教学功能。文本有记载事件、认知事物、交流信息、表达思想、涵养性情、与人交际以及传承文化等多重功能，而文本一旦选入语文教材，就成为语文课程内容的载体，具有教学功能。根据文本潜在的教学功能，可以分为三类：一是定篇。定篇是指教材中规定的经典语篇。二是类篇。类篇是指按照文本类型重组的单元语篇。三是用篇。用篇是指为完成任务而选择使用的语篇，或用其中的观点，或用其中的事实，或用其中的表达方式等。

其二，定位文本的教学路径。"教学思有路，遵路识斯真"。定位了文本的教学功能，还需要寻找一条可靠的教学路径，明确路径上必须跨越的关键台阶，这样的教学解读才能对教学的活动设计提供明确的导向。比如统编教材第十一册习作三《让生活更美好》是半命题作文，完成这次习作要过"三关"：一是选择关。什么让生活更美好？需要选择一个具体的"事物"，可以是一种个人的爱好、特长，可以是一个社会的美德、风尚，也可以是一种喜闻乐见的活动、运动，还可以是一个改变生活的发明、创造……既要打开记忆的阀门，又要克服"选择困难症"，确定一个记忆犹新的"事物"。二是认识关。生活原来是什么样的？这个"事物"对生活产生了哪些改变、哪些影响？这些变化美好在哪儿？是让生活更加便捷，还是让人们更加快乐，或者让精神更加健康……三个问题，层层深入。认识提高了，看法也就形成了。三是表达关。如何表达自己的看法？即将"美好"的含义写清楚。可以借鉴名家的写作方法进行迁移练习，在模仿中揣摩其中的运用技巧。老舍的《养花》，既有直接写养花的好处，又有间接写养花的乐趣，还有反向写养花的苦味，堪称学习写法的"模本"。习作指导重在三个关键节点的点拨，难点是对"美好"含义的认识，重点是对"看法"的妥帖表达；作后交流重在分享写作心得，尤其是修改中领悟的习作经验。

（二）教学设计策略

如果说文本解读是"找米下锅"，实现教材内容的教学化，那么活动设计就是"生米煮成熟饭"，实现教学内容的活动化。生活中的"煮饭"不是一件难事，而教学中的"活动设计"看似容易却不简单，设计出来的"教案"往往中看不中用，缺少专业的含金量。

一是只有知识而无情境。有位教师教学《滴水穿石的启示》，设计了这样一个"说理"的活动：①你从滴水穿石中得到了什么启示？②为什么目标专一而不三心二意，持之以恒而不半途而废，就一定能够实现我们美好的理想？从滴水穿石的现象中明白"道理"并不难，难的是要阐释这个"道理"是一个"真理"。对于小学生来说，没有情境，没有事例，就有点强人所难，无法完成抽象的逻辑论证。知识只有在情境运用中才能实现真正的内化，剥离情境的知识是很难迁移、很难"生根"的。

二是只有流程而无过程。有位教师教学《剪枝的学问》，设计了这样一个"练习有感情朗读"的活动：①自由练习朗读课文；②指名分角色朗读，要求读出人物的感情；③教师示范朗读；④有感情地齐读。"自由读、角色读、示范读、齐声读"，设计了四个朗读活动，乍一看形式很丰富，细一想活动很空洞：文中的叙述语言和对话语言，在朗读时的语气、语调有什么不同？文中"我"（孩子的角色）和"王大伯"（老人的角色）在说话时的语音（粗细）有什么不同？文中人物的心理活动有哪些变化？文中"着急、充满信心、将信将疑"等心情变化，在朗读时的语气、语调、语速有什么不同？……这些需要指导的关键点，一无情境创设，二无具体步骤，三无要点提示，典型的"三无"产品，写和不写没太大区别。

三是只有问题而无思路。有位教师教学《鞋匠的儿子》，设计了这样一个"体会人物思想感情"的活动，要求学生朗读课文后，回答下列问题："林肯演讲前参议员们对林肯的态度怎样？演讲时参议员的态度怎样？演讲结束后参议员对林肯的态度有什么变化？为什么会有这种变化？林肯是如何对待别人的攻击的？文中哪些地方特别令你感动？你愿意给大家读出来吗？（回答不好就反复读）如果你有机会和林肯先生或参议员们讲一句话，请问你会分别对他们讲什么？"一连设计了8个问题，有些问题属于"浅问"，没有思维含量，而有些问题却值得"深思"。比如"参议员为什么由嘲笑变成了赞叹？"这需要"归因思维"，需要给学生指明一条思考的路径：从林肯的三段话中"提取"足以改变参议员态度的"要素"。没有这样的路径设计，学生就会陷入茫然，"思考"就异化成了"猜测"，失去了锻炼理性思维的绝好时机。

设计有效的教学活动需要遵循三个原则：一是一致性原则，即以教学目标为主线，将"教、学、评"三者统整起来，进行系统思考和整体设计。活动的设计思路，将传统的"目标-活动-评价"三段式结构变革为"目标-评价-活动"，先设定教学目标，再根据目标设置评价任务，清晰界定学习的结果表现，最后围绕评价任务设计对应的学习活动。二是交互性原则，即教与学实现多层面、多层次的交流互动。改变传统教学的"单向传递"，将教与学的互动过程逐层展开，教中有学、学中有评、评中有改，师生之间、生生之间呈现"多向传递"，思想的碰撞、情感的交融与能力的迭代，实现教学活动的"立体效能"：情感体验有深度、有效思维有长度、实践能力有高度。三是层递性原则，即一个教学活动与一个教学活动之间呈现"台阶式"结构。设计的教学活动具有一定的挑战性，让学生体验拾阶而上的"爬坡感"，改变传统教学的"同一水平重复"。如此才能呈现学生的学习变化过程，从不懂到懂、从不会到会、从不能到能，让学习看得见，让进步看得见。

1. 由"直"而"曲"：充分经历过程

苏州园林的艺术之美在于"曲径通幽"，读懂了"曲线设计"的奥秘，就找到了教学活动设计的诀窍，那就是"直与曲的转换"。所谓"直"，就是"直截了当"的

图 2-10　和老师们一起设计教学活动

告诉，就是"直奔主题"的提问，就是"直道而行"的训练，比如教学小说《半截蜡烛》，可以设计三个"直问"：①小说写了一件什么事？②作家写的是什么样的人？③为什么要以"半截蜡烛"为题？这样的三问就能让学生从情节到人物再到主题，在小说里面走一个"来回"。所谓"曲"，就是"明知故问"，就是"旁敲侧击"，就是"设置障碍"，让学生凭借自己的努力去寻找方法、发现真理及获得能力的生长。同样教《半截蜡烛》，可以设计这样三个"曲问"：①阅读这篇小说时，哪些地方让你的心提起来？哪些地方让你的心放下去？小说结尾，你的心是提起来的，还是放下去的？②假如要颁发一枚勋章，你认为最应该奖给谁？③读这篇小说就是一场"惊叫之旅"，这种"紧张感"小说家是怎么制造出来的？你能借鉴小说家的方法，制造一个令人紧张的环境吗？一"直"一"曲"，不一样的设计，有不一样的精彩。"直"，目标明确，思路清晰，教与学可以"单刀直入"，过程必然简短；"曲"，寓教于境，任务导向，教与学需要"迂回曲折"，经历必然延长。有的老师性格直爽，不喜欢"兜圈"，用"直"的设计更顺手；有的老师性格细腻，不喜欢"直白"，用"曲"的设计更合适。

　　教学活动要设计成"直"的或者"曲"的，应该根据教学内容的类型来选择，"直"与"曲"是可以相互转换的。众所周知，人学习知识需要经历三个阶段：一是知识的发现与形成阶段；二是知识的迁移与运用阶段；三是知识的整理与结构化阶段。第一个阶段属于"发现性学习"，从生活现象和问题解决中发现规律、凝练知识，需要经历复杂而艰辛的知识探索过程，而不是简单灌输、直接告诉，宜"慢"不宜"快"，宜"曲"不宜"直"；第二个阶段属于"运用性学习"，将所学的知识在变化而复杂的条件下加以创造性的实践运用，在运用中化知为能、转识成智，获得知识的智能意义。这个过程重在对知识的实践体认和转化，宜由"慢"而"快"、由"直"而"曲"；第三个阶段属于"建构性学习"，是在实践经验的基础上，经过梳理、整合以及网格化，将知识纳入原有的结构系统，形成新的知识结构，进而形成新的认知结构。这个过程重在知识的抽象与逻辑化，宜"直"不宜"曲"。

2. 化"平"为"奇"：创意挑战任务

俗话说："熟悉的地方没有风景。"好课最忌讳的是"套路"，一遇到这样的内容，就不假思索地搬出熟悉的那一套教法。读课文的题目，总会问"读了这个题目，你想知道些什么？"然后还是从识字学词开始教起，提问只是一种摆设，一个过场，甚至是一个烟幕弹。如此简单重复，教学就变得索然寡味。要保持教学的"新鲜感"，活动设计就要根据教学内容和学生需要进行"私人订制"，化"平"为"奇"。这里的"奇"是指活动设计"有新意""有变化""情理之中而又意料之外"，既不落俗套，又不刻意追求奇思怪招。

一是创意情境。知识往往是"冷"的，但情境可以让它变"暖"；学习常常是"苦"的，但情境可以让它变"乐"。在一个具体的学习情境中，学生有特定的"角色担当"，有特定的"目标任务"，有特定的"组织形式"和"活动内容"，可以激发学生的主动性、积极性与创造性。教学《西门豹治邺》，我们紧扣西门豹烧的"三把火"，设计了三个情境复述任务：一是读了"调查民情"，让学生扮演西门豹，拟一道给魏王的奏折，将事实真相用50个字写清楚；二是读了"破除迷信"，让学生扮演老大爷，劝告逃到外地的百姓回乡来，把西门豹将计就计惩治官绅和巫婆的经过说生动；三是读了"兴修水利"，让学生扮演西门豹，激励那些有怨言的民众，将开凿水渠的意义讲深刻。三次创造性复述，即使是"仿真"的情境，学生也能"身临其境"，全身心地投入到学习活动中。有情境的活动，就具有"唯一性"，就有真切的"体验"，就能获得"经验"，就能在"经验"的基础上建构起与生命自然融合的"个体知识"。

二是挑战智慧。很多教学活动之所以显得"平淡"，一个原因是活动缺乏"思维含量"，没有经历长时间的"艰苦思索"，就没有解开难题后的"学习快感"。在教学活动设计中，我们不妨故意设置一些"难题"，考验一下学生的学习智慧。要知道，学生天生有一种"不服输"的心理，有一个天然的"好胜心"。教学活动"坎坷"一些，反而能让学生产生一种"新奇感"，获得一种"成功感"。教学《火烧云》，一般都要设计仿写活动，让学生想象火烧云的变化，将变化的过程"分步写具体"。这样的仿写是"近迁移"，不具有挑战性。我们设计了一个仿写活动：运用"间接写"，将"烈日炎炎"这个成语写成一段话，要求只能借用"霞光"一段中写到的事物和人物。学生居然被"逼"出了精彩：大白狗躺在树荫下，伸出长舌头呼哧呼哧地喘着粗气；红公鸡不安地在林子里转来转去，红红的鸡冠也耷拉了下来，一副无精打采的样子；最可笑的是那只黑母鸡，走着走着下了一个蛋，转身一看，蛋居然熟了……

三是多元组合。学习活动可以千变万化，但不变的是一个"动"字。具身学习理论告诉我们，身体的活动与大脑的思维是息息相关的。只有让学生身体的感官都"动起来"了，课堂才能"活起来"。听说读写，画一画演一演……多元的活动组合，才能激活学生的思维与情感，语文学习才能变得"立体"起来，课堂才能呈现生动活泼的局面。教学李清照的《如梦令》，我们设计了三个教学活动：一是"读"，根据字的平仄读出"节奏"，学生一边做手势一边诵读，双手直竖为"短"，双手平伸为"长"，节奏感就找到了；二是"讲"，按照时间、地点、人物、起因、经过、结果，先把一首词讲成一个故事，再把"争渡"这个细节讲成一段对话，后用上三个"没想到"，把故事讲得一波三折；三是"听"，播放蔡琴和尤静波演唱的《如梦令》，一个舒缓深沉，一个轻快甜美，让学生辩一辩：哪一个演唱更合李清照作词时的心境？"读、讲、听"的组合式学习，调动了学生整个身体和心灵来阅读、来体验、来思考，从课内读到了课外，从"读词"学到了"读人"。

3. 从"线"到"块"：用时间换空间

设计教学活动需要把握两个维度：一个是时间维度，呈现出线性的时间流；另一个是空间维度，呈现为物理空间和心理空间，物理空间是有限的，心理空间是无限的。教学设计一般都按照时间维度来设置教与学的活动，活动内容往往被分割成一个个"点"，教学将这些"点"串联起来成为"链"，看起来"点点相连、环环相扣"。然而,这样的线性设计,每一分钟都被"塞满"了,学生亦步亦趋地跟着教师"赶路",每一个环节都匆匆而过,留不下足够的时间来充分思考与练习。如果将线性的活动,整合成块状的活动,一节课设置3～5个教学活动板块,每个板块聚焦一个学习目标,留有10分钟左右的时间来展开教学过程,学生就有足够的时间来"折腾",也有足够的空间来"升腾"。这样的板块设计以"学"为主,关注的是经历过程,而不是教学流程,看起来有点"糙",学起来却很"嗨"。教师需要设计的不是承前启后的导语,而是针对学习现状的及时点拨,呈现出教学的多重交互,有点"乱",但是"乱"中迸出"真知灼见","乱"中练出"真才实学"。当然,一节课中的几个板块活动,是有内在关联的,呈现一种阶梯式的结构。

一是化零为整。将线性设计中零散的活动碎片,围绕核心目标整合为若干个综合性、立体式、多维度的活动板块。一个活动板块突出一个目标任务,设置多层面、多形式的实践活动,充分展现学习过程。朱自清的散文《匆匆》,教学点无处不在,叠词、排比句式、比喻手法、连串追问、情感变化……如果顺着课文"教",那么看似教得多,实则学得碎。与其蜻蜓点水,不如取其一瓢饮,聚焦在时间的多个"意象"上:一是将八千多个日子比作"一滴水",二是将每一个日子写作"一个人",三是将八千多个日子比作"轻烟、薄雾"。借助这些"形象"的语言,在朗读、比较、仿写中,体会作者那种焦虑、自责、无奈与不甘的复杂情感,领会"匆匆"背后的人生思索与诗意表达。这样的"焦点"教学,有整体感,更有纵深感。

二是拾阶而上。登山就是"拾阶而上",一步一步往上走,看得到进步,看得到变化。这样的教学设计,体现的是板块之间的"递进性",而非"重复性";"递进"在于"升级","重复"在于"熟练"。寓言《狐狸和葡萄》,教学无非就是讲讲故事、说说道理,但是从故事到道理之间,如果没有设计"过程",就会造成思维的"脱轨",体会不到"理解力"是如何生长起来的。我们设计了三个问题台阶:一问"狐狸到底想不想吃葡萄?"嘴上说不想吃,可"边走边回头",身体却很诚实,骗的是自己;二问"这里的'酸'到底指什么?"表面指葡萄酸,实际指心理酸,这就是"酸葡萄"心理;三问"'酸葡萄'心理到底好不好?"乍一看不好,细一想,"放弃"是一种自我疗伤、自我安慰,也是一种人生智慧。这样的整体设计,体现了思维的进阶。

三是乱中取胜。所谓的"乱",不是杂乱无章,而是一种无序中的有序。在一个板块活动中，每个学生都紧紧围绕目标任务，用自己的方式来思考、实践，七嘴八舌、议论纷纷，有个体的独立思考，也有小组的合作实践……这样的活动设计，不是线性的程序设定，而是板块的定向开放。这样的板块活动往往设定一个主问题，或者设置一个任务群，教师需要把握活动要点，预测各种可能出现的问题，准备多种具有针对性的指导思路和点拨对策。教学《灰雀》一课，我们就设计了一个开放性的活动板块。朗读对话，先想一想：列宁和小男孩在对话时，心里各自在想什么？将列宁和小男孩心里想的话填在表格内；再议一议：为什么他们不把心里想的直接说出来呢？最后写一写：你认为什么是诚实？这三个学习任务都是开放的，没有统一的答案，每个学生都可以从文本中读出自己的见解。但无论是什么样的见解，都要以文本的语境为依据，是有理有据的思考。这样的板块活动在有限的教学时段内，给学生打开了思维和想象的空间，提供了无限的可能性。如果一句一句地读，一句一句地揣摩人物的心里话，然后出示一个标准答案，给"诚实"下一个抽象的定义，就逼仄了教学的创造空间，看不到课堂教学中师生生命的活力。板块式的活动设计本质上是以时间换空间，给予学生足够的时间，换来学生成长的空间。

（三）活动转化策略

统编教材采用人文主题与语文要素"双线并进"的编排思路，凸显"语文要素"，试图通过单元课文的次第教学，将"语文要素"转化成学生的"语文能力"；低年级教材在原有拼音、识字、课文以及语文园地的基础上，增设了口语交际、和大人一起读、快乐读书吧等栏目，从起步阶段就凸显"读书"要旨。就一篇具体的课文而言，既要聚焦本单元的语文要素，也要巩固前单元的语文要素，根据课文潜在的教学资源，围绕语文要素选择适宜的教学内容，并统整为板块式的言语活动，在活动中逐步实现语文要素的实践转化。以统编教材二年级《风娃娃》一课为例，我们以语文要素为内核，设置了三个言语实践板块，以寻找"转化"的设计路径。

1. 设计"小先生"认读活动板块

识字是阅读的基础。教材中每篇课文都承担着识字的任务，有的课文中含有10多个生字，不乏易读错、难书写的汉字。这些生字一般都注有拼音，因而在学生熟练掌握汉语拼音之后，应当要求学生借助拼音自主识字，逐渐形成学生独立识字的能力和习惯。识字教学把握三个要义：一是要体现"由个到类"。根据汉字的构造规

图 2-11　课堂上和学生对话

律，引导学生善于凭借熟字认读生字，并进行归类，形成字串或者词串，便于学生识记与运用，切勿识一个扔一个。二是要体现"从扶到放"。重心从"教"逐步转移到"查"，检查学生对生字词的预习状况、自学程度，重点指导难读难写的字，切勿不分难易地逐个"撸"一遍。三是要体现"个别指导"。对学习困难的学生，教师要舍得在课堂上花时间，及时矫正读音、现场传授方法，提高学生的识字能力，切勿忽视学生之间的差异，遮蔽了学困生的识字障碍，使他们输在阅读的起点上。

《风娃娃》是第三册的最后一个单元，不再全文注音，只有在附录的识字表、写字表中，才标注生字的拼音。因此，要提示学生在预习生字时，要勤于查阅课后的识字表或写字表，对难读难记的生字，可以多读几遍，也可以在课文中加注拼音，以免遗忘和错读。在此基础上，我设计了下列两个认读活动。

一是"跟我读"。学生已有了预习的基础，教学就应在这个基础上展开，而不是从零开始。我逐一出示生字，让学生轮流做"小先生"：读一读生字，组一组词语。比如"助"，可以这么教：助，帮助的"助"，助人为乐的"助"。其他学生认真倾听，然后跟着读；如果"小先生"读错了音或者用错了字，其他同学可以当"小先生"，及时进行矫正、补充。学习金字塔原理告诉我们，最有效的学习应当是"教给别人"以及"实践运用"。试想，一个学生能读正确、能用字组词，还能"教"别人读生字、组词语，不正是识字能力的体现吗？相对于"跟我（老师）读"，"跟

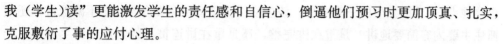

我（学生）读"更能激发学生的责任感和自信心，倒逼他们预习时更加顶真、扎实，克服敷衍了事的应付心理。

二是"读得像"。《风娃娃》一文中出现了两个生字组成的象声词"哗啦哗啦、嗨哟嗨哟"，我采用"小先生"赛一赛的办法，挑动学生"斗"学生：象声词，象声词，看谁读得像（这个声音）？

第一步：想一想，这是什么声？模仿这个声音读。比如"哗啦哗啦"，有的说，这是下大雨的声音，"哗啦——哗啦——"，"啦"字要延长声音，才能读出气势；有的说，这是流水的声音，"哗啦哗啦"，前后要紧凑，才能读出水流得快、流得急的样子；有的说，这是划船的声音，"哗啦，哗啦"，中间要有停顿，才能读出划桨的节奏。同样一个象声词，可以有多种读法，模拟不同事物发出的声响。这样想一想、读一读，就把象声词读"形象"了。而"嗨哟嗨哟"，很多学生比较陌生，我让学生现场模拟喊号子的声音："加油干啊！嗨哟！往上抬啊！嗨哟！加把劲啊！嗨哟！"学生发现，要使劲，重音就要落在"嗨"上，"哟"就要短促，不然就使不上劲。不现场演一演，是很难有这样真切的体会的。

第二步：把句子读得有声有色。出示课文中含有象声词的两个句子，比一比：谁能读得有声有色？第一句："抽上来的水奔跑着，哗啦哗啦地向田里流去。"我让学生想一想：水流得怎么样？有的说，流得快；有的说，流得急；有的说，流得很欢乐。这一想，就想象出了流出的形象，朗读时"哗啦哗啦"的声音就有了相应的变化：语速要略快、声音要略高、语气要上扬。这样的变化一个一个叠加之后，学生的朗读就一次比一次进步。教学就是要看得到学生的变化，而学生的变化来自"新方法"的介入。感情朗读，仅仅依靠模仿是不够的，还应该让学生通过自己的努力，领悟到"有声有色"背后的依据和方法。知其然，更要知其所以然。当学生明了为何这么读的时候，朗读能力才能真正生长起来。第二句："他们（船工们）弯着腰，流着汗，'嗨哟，嗨哟'喊着号子，可是船却走得很慢很慢。"有了第一句的朗读经验，学生就可以体会到船工们的形象：用力拉、拉得累、拉得慢。"嗨哟，嗨哟"的号子，就更有节奏感和形象感，有声有色就有了着落。

2. 设置"台阶式"复述活动板块

根据提示讲故事，是《风娃娃》这一课设定的"语文要素"。课后习题中呈现的"提示"有三句话：风娃娃来到田野；来到河边；来到广场。提示的是故事发生的三个"地点",后面发生的三个故事,该怎么讲?是按照课文内容一字不漏地讲,还是抓住主要内容简要地讲?是重在讲完整,还是重在讲连贯,或者重在讲生动?这个目标定位需要我们根据年级目标以及学生需要而定。在上一个单元的语文园地中,设计了一个写话活动:看看下面这幅图,小老鼠在干什么?电脑屏幕上突然出现了谁?接下来会怎么样?据此判断,学生已经初步了解了叙事的基本方法,运用"接下来……接下来……"的策略,一步一步地叙述故事。二年级学生在叙述故事中会出现"跳跃",前后之间的衔接不紧密、不连贯,因此教学的落点就在"故事前后的衔接"。比如第二自然段讲了风娃娃帮助大风车的故事,讲述前先罗列出主要的人物:风娃娃、大风车、秧苗;再梳理出故事的结构:风娃娃来到(哪里),看见大风车(在干什么)。他(怎么帮忙),风车(怎么样),抽上来的水(怎么样)。秧苗(怎么样)。其中大风车在干什么,需要抓住两个关键词:慢慢转动,断断续续地抽水(水断断续续地流着);三个怎么样,是风娃娃帮忙后的结果,需要把握三者的因果关联。罗列出主要人物,有利于把握故事主要内容讲完整;梳理出故事结构,有利于有条理地讲连贯。有了这样的学情分析,就可以设置系列活动,引导学生一个台阶一个台阶地往上攀登。

台阶一:读得熟。在读得有声有色的基础上,要求学生读熟练、读流利,且有一定的速度。我设计了一个限时快读的活动:在 3 分钟内连续快读第二自然段,比一比谁读得又对又快。教学证明,一般学生都能在 3 分钟内连续快读 5 遍以上。用手指读、拖着调子读等朗读习惯,都能在快速朗读中逐渐消除。快速地熟读课文活动,是形成默读能力的一个"前哨战"。

台阶二:记得住。读得熟并不一定记得住,记不住也就讲不出。记住故事的主要内容,需要学生提取故事中的关键词句,并能形成彼此的联结,成为一个故事地图。我逐步出示提示性语句:风娃娃来到_____,看见大风车_____。他_____,风车_____,抽上来的水_____。秧苗_____。这样的填空式练习,只需要让学生想一想,画一画(重要的词句),记一记,便可以有效地形成学生边读边记的能力。需要注意的是,填空题涉及的范围不宜过大,否则学生很难一下子把握几个关键词语。

台阶三:讲得顺。讲故事不是背课文,背诵的心理基础是记忆,而讲述的心理基础是思维,即根据语义要点(人物及关系),扩展成连贯的语段(语句及关系)。

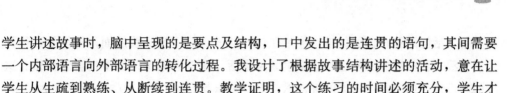

学生讲述故事时，脑中呈现的是要点及结构，口中发出的是连贯的语句，其间需要一个内部语言向外部语言的转化过程。我设计了根据故事结构讲述的活动，意在让学生从生疏到熟练、从断续到连贯。教学证明，这个练习的时间必须充分，学生才能讲得顺畅，讲得有自信。

台阶四：练得透。在学生顺畅地讲述第二自然段的故事之后，我设计了四次讲故事练习：帮助船工拉船、吹跑孩子们的风筝、吹跑人们晾晒的衣服、折断路边新栽的小树。学生熟读课文之后，依照出示的故事结构，练习讲述故事。其中"吹跑人们晾晒的衣服、折断路边新栽的小树"两个故事，课文略写了过程，只出现两个词语。我要求学生根据两个词语，扩展成两个完整的故事，学生便即时想象补充，讲得有声有色。请听：风娃娃来到居民小区，看见人们都在晾晒衣服。他赶紧跑过去，使劲吹了一口气。谁知，那些晾晒的衣服一下子被刮到了树枝上，有的还被吹到了屋顶上。人们纷纷责怪风娃娃："哪里刮来的风？真可恶！"学生在这样的反复练习中，故事结构用得日渐纯熟、自如。语言的学习，贵在熟能生巧；讲得不多，练得不透，再美的语言、再巧的结构，也难以转化为学生自身的言语能力。

台阶五：用得活。课文中的故事讲完了，我就设计了四张图，让学生根据图画创编风娃娃的故事：农夫锄地、蒲公英旅行、风力发电车、城市大雾。不用教，学生自然根据故事结构图，将图画中的内容"移植"到了故事里。请看学生创编的故事：风娃娃来到农田里，看见农民伯伯们正在弯着腰、锄着草，热得满头大汗。他赶紧跑过去，轻轻地吹了几口气。顿时，农民伯伯们感觉一阵凉风吹来，爽快极了。他们连连说："舒服，真舒服！"事实证明，经过了课文五次讲述练习，学生便能无师自通地讲述同样的故事，且越来越富有创造性，语言也越来越生动。这时候的讲述，已经成为学生的一种创作，已经转化为学生的一种言语创造力。这，才是语文教学的目的所在。

3. 设想"劝慰型"体验活动板块

《风娃娃》这篇课文的人文主题是"学会相处"，风娃娃很想帮助别人，但有时却帮了别人的倒忙，受到别人的责怪之后，他再也不敢去帮忙了。尽管课文结尾，借用风妈妈的话，告诉学生一个如何做事的道理："做事情光有美好的愿望还不行，还要看是不是对别人有用。"但是学生依然对如何与人相处模棱两可，甚至不知所措。关键在于，课文告诉的道理，没有和学生的生活经验发生关联，没有触及学生真实的生活问题和相似的处境，停留在认知层面，而不是实践层面；即使要迁移到生活实践，我们惯性的做法是让学生联系生活，谈谈遇到这样的事情会怎么做。这样的假设还是停留在单向度的理性思考上，未能考验学生真实的与人交往能力。

我们曾先后设计过三个活动：第一个是组织学生讨论：风娃娃做同样的事情，为什么有的人会感谢他、有的人会责怪他？意图是理解"要做对别人有帮助的事"。第二个是组织学生辩论：风娃娃究竟是好孩子还是坏孩子？意图是让学生有理有据地发表观点，并懂得如何做人、如何做事，似乎比第一个活动要更开放、内涵更丰富。第三个是组织学生讨论：你喜欢跟风娃娃做朋友吗？意图是让学生如何看待别人的缺点、如何与人相处，似乎比第二个活动更聚焦、更贴近这个单元的"相处"主题。但是细细想来，这三个活动都是教师设计的提问，是一种"纸上谈兵"，尚未实现"真实的学习"。真实的学习，需要设计仿真或者真实的问题情境，让学生不由自主地卷入其中，在角色扮演中真实地表达内心的想法和做法，从中体验做人做事的道理，实现人生经验和语文经验的双重积淀。

基于上述思考，我们设计了第四个教学活动：作为风娃娃的朋友，你看到他在天上徘徊，再也不敢去帮助别人，该怎么安慰他、开导他、劝告他？小组同学讨论，然后班级交流。这个活动，设置了一个仿真的语境，布置了一个真实的任务：劝慰朋友。这与生活中学生面临的真实问题是一致的，比如自己的好朋友做错了事，被老师批评，非常伤心。这时，该怎样去劝慰他呢？这就将课文的人文主题创设成了一个口语交际活动，学生在已有生活经验的基础上，总结提炼出劝慰的三个"法宝"：表扬（肯定愿望及做的好事）；批评（指出错误及帮的倒忙）；建议（提出意见及我的态度）。如果可能的话，还可以设置情境表演：教师可以扮演"风娃娃"，学生可以扮演"朋友"，现场演一演，比一比哪一个朋友最能打动风娃娃？这样的课堂才富有理智的挑战，催生学生的言语智慧，锻炼学生的言语品格。

从语文要素到语文能力的转化，设计的活动路径和样态有无限的可能。万变不离其宗的是，所有的活动都要遵循语文能力在言语实践中生成与发展的基本规律，在语境创设、任务选择、台阶铺设、过程展开、节奏调控等方面，反复推敲，琢磨细节，才能真正实现语文要素的转化和语文能力的内化。要谨记的一点是，语文教学的活动宜简不宜繁，深刻理解了"舍与得"的辩证关系，才能删繁就简。

（四）情境应对策略

有人说，鞋子合不合脚，穿在脚上走一走才知道。再好的教学设计，也不能在课堂教学中按部就班、一成不变。教学不是表演"舞台剧"；即使是根据"脚本"表演"舞台剧"，教师的"台词"也要随时切换甚至即兴创作。世界上没有两片相同的树叶，学生的知识基础、能力经验、思维方式以及生活背景等千差万别，对同一句"台词"做出的"反应"各不相同，表现出来的问题也绝少雷同。同样的计算错误，不同的学生错的原因也不一样，有的是粗心出错，有的是理解错误；理解错误的，有的这样推导，有的那样演算，各有各的"歪理"。于是，教师的"教"必须因人而异、因材施教，用不同的办法应对不同的问题，解开每个学生心中的那个"结"。这样的应对能力和点拨艺术，非一日之功，需要长期的修炼。一是坚持读书学习，不断丰厚自己的知识积淀和文化修养，广博的知识储备和深刻的远见卓识，才能对所教的知识内容知其然，更能知其所以然，教学时便能信手拈来、旁征博引，而不是捉襟见肘、漏洞百出；二是坚持性情修炼，不断提升自己的思想境界和信念情怀，始终以一颗仁爱之心面对每个学生，磨去急躁，磨去戾气，磨出一种心平气和与闲庭信步；三是坚持专业磨炼，在课堂上练就"看家本领"，要有"拿手绝活"。已故语文教育专家陈钟樑先生概括出 16 个字：眼睛要"毒"，目光要准，心地要善，嘴巴要"甜"。眼睛要"毒"，指的是敏锐、深刻和独到，能一眼就看穿问题的实质，能一下子把握教材的本质；目光要准，指的是迅速、精准和有效，能把准每个学生的"学习脉搏"，"对症下药"，"药到病除"；心地要善，指的是善良、仁爱和温暖，给学生一种安全感和尊严感；嘴巴要"甜"，多鼓励，多肯定，多启发，营造积极、向上、热烈的学习氛围。16 个字的背后，就是一种课堂应对的专业磨炼。

1. 读"心"：做最懂学生的人

俗话说："知人知面不知心。"知心，是最难的一件事。但是，教师如果不能成为学生的知心人，就很难教好书、育好人了。其实，知心，是从知人、知面开始的。我们都读过《狐狸和葡萄》的故事，狐狸吃不到葡萄，就说葡萄是酸的。究竟说的是真话还是假话呢？狐狸一个不自觉的身体动作出卖了它真实的内心。你看，狐狸"边走边回过头来说"，既然葡萄是酸的，何必还要回头张望呢？语言是虚假的，身体却是诚实的。你读到了这一点，才读懂了狐狸的"酸葡萄心理"。可见，一个人说

图 2-12　在听老师上语文课

出来的话有可能并非心里想的话，你要真正读懂一个人的内心，就一定要善于察言观色，读懂这个人的肢体语言。

我们除了读儿童心理学、学习心理学、教育心理学，还要读一点行为心理学。从人的行为表现中，读懂人的内心，所谓"读心术"，听着不太雅，真的很有用。周广宇的《心理学与读心术》，第一章中的内容就有"瞬间识破人心"，引用了著名心理学家弗洛伊德曾说过的一个故事："有位病人在绘声绘色地讲述她的婚姻是如何如何幸福时，却下意识地将她手指上的订婚戒指从手指上滑来滑去，医生根据她的体语展开耐心询问，病人很快就讲出了自己生活中的抑郁和种种的不如意。显然，正是这个病人的身体语言透露了她与自己所描述的故事之间的矛盾。"心理学家普遍认为，身体语言大都发自内心深处，极难压抑和掩盖。比如，撒谎的时候，总是吞吞吐吐、心神不宁，最怕你看他的眼睛；听不懂的时候，总是一脸迷茫、焦躁不安或者低头回避；想发言时，总是把手举得高高，甚至发出"嗯嗯"的招呼声……因此，如果想读懂一个人真实的心思，就要用心观察他的肢体动作发出的信号，从中解读出他的内心需要和真实思想。这项"读心术"对一个教师来说，是必备的教学技能，是课堂积极应对的前提。

一是从动作读到内心。课堂上，你发现学生眼睛时不时地看着窗外，或者用手撑着下巴，或者整个身子趴在桌面上，或者摆弄自己的小文具等，你就要判断出这个学生对所教的内容是否感兴趣；不感兴趣的原因，是听不懂，还是已懂了，或者觉得不新鲜，需要作进一步的判断。只有从动作中精准地判断出他真实的心理，才能采取有针对性的应对措施。

二是从表情读到内心。课堂上，学生的表情千变万化，据此可以判断学生的精神状态、个性以及理解的程度。事实上，学生的喜怒哀乐都写在脸上，从表情变化中可以读出来，只要我们细心一点，就不难摸透学生的情绪情感，进而判断引起情绪变化的源头、起因。比如，你提问的时候，可以先扫视一下全班，那些脸上洋溢着微笑的、充满自信的学生，心中已经有了答案；那些神情紧张、面露难色的学生，内心肯定毫无头绪；而那些连头都不敢抬的，内心没有一点安全感，甚至有点恐惧。把握了这样的内心状态，才能采取针对性的措施，打开学生的思维闸门。

三是从眼神读到内心。眼睛是心灵的窗户，此话不假。美国心理学家爱德华·海兹通过实验证明，在大多数的情况下，如果一个人在策划或者编造一件事的时候，他的眼球就会向右侧移动；如果一个人在回忆某件事情的时候，他的眼球则会向左侧移动。这种眼球运动被称作"典型的眼球运动"，90%的人都符合这个规律，还有10%的人则刚好相反。[①] 由此可见，眼球的转动能让你大致了解他是什么类型的人：内心缺乏安全感的人，眼睛常常是左右转动的；心胸坦荡的人一般在与人谈话时，眼睛通常是自然转动的；不怀好意的人，眼睛常常是不规则地乱转的；敷衍塞责的人，眼睛往往把视线投向上方或其他事物上；怀疑或者轻视别人的人，眼睛会突然向上翻弄眼珠或者用锐利的目光直盯着你看。在课堂上，教师的目光要和学生的目光交汇，你就能从中读出他们内心的真实声音。

当然，读懂学生的内心，还可以通过手势的变化、脚跟的移动等细微处来分析、判断。最重要的是，我们要将心比心，设身处地地从学生的角度去体察，就能获得一种同理心，就能比较准确地把握学生的心思。

2. 对"策"：做最有办法的人

"教"与"学"是在交互中同构共生的，所谓"教学相长"，意味着"教"促进

---

① 参见周广宇：《心理学与读心术》，北京，外文出版社，2010。

"学","学"也推动"教"。理想的"教"与"学"应该是"水涨船高",而不是"水落石出"。"教"的办法永远要多于"学"的问题,教师应该成为最有办法的人。教学中总会遇到难教的学生,总会面对突发的事件,教师既要读懂对方的"心",也要应对当下的"事",还要改变面对的"人","人"的成长是教育的最终目的。要改变别人,首先要改变自己,改变自己应对事件的思维模式。我们不妨看看运动员面对"意外"的反应:篮球运动员姚明在 2018 年的亚运会上,韩国篮协主席方烈在离场时居然说:"你们运气真好!"这句话不太友好,没有认可中国队的实力。姚明礼貌地伸出手,说:"谢谢方教授,运气一般留给做好准备的人!"姚明的思维模式是在行动上证明自己,同时在语言上充分给对方台阶下,最后把对手变成朋友;姚明的思维模式,是用自己的冷静把对方的"火"扑灭。可见,姚明的"发散性"思维模式,避过"敌意",另辟蹊径,实现共赢。不同的思维模式往往与一个人的德行修养与胸襟气度有关,境界越高远回应越智慧,常常让人口服心服,如饮甘怡。"孩子是在不断犯错中成长的""犯错误是孩子的权利"……如果一个教师有这样的认知与襟怀,就会对屡屡犯错的孩子"情有独钟",就会想尽办法去帮助他、改变他,而不会当成累赘、看作麻烦、变成敌人。

一是方法要多。魏书生先生曾说,烧开一壶水的方法绝不只有一个。可以用柴烧,可以用煤气烧,可以用电热壶烧,可以用太阳能烧……当课堂教学中遇到一个"意外"时,你一定要记住这一句话:办法总比困难多。或许你一时想不到解决的方法,但相信一定有一个方法可以解决问题。有了这样的教育信念,你才会穷尽一切办法,最终找到那个解决问题的方法。有一次,我在杭州执教朱自清的《匆匆》,请一个学生朗读课文。他站起来,才读一句,就露馅了,三字一顿的"读书腔"特别刺耳。这是齐读却没有严格训练造成的,需要及时矫正。应对"读书腔",必须有实招:第一招,示范读,让他听到正确的朗读声;第二招,模仿"读书腔",让他听到不自然的节奏,找到问题所在;第三招,熟读词组,形成正确的语义停顿;第四招,标出停连、轻重、高低等语音符号,朗读就有了起伏节奏;如果这些都不管用,还有第五招,跟着教师或者录音反复读,简单的"跟我读",有时是最有效的。

二是用法要准。一把钥匙开一把锁,不匹配的钥匙再多也没什么用,课堂教学中应对的方法也是如此,应该因人而异。再好的方法用错了对象,就会变成"悲剧"。一位教师模仿于永正老师"10 遍不行还有 11 遍"的朗读法,请一个学生将一段话连续读了五六遍。结果，这个学生越读声音越轻，越读越没有信心，最后居然号啕大哭起来。细细分析，理念、方法没有错，错的是这样的学生要用更加具有激励性的方法，可以用比赛读，可以用分角色读，可以用引读，可以用配音读等方法，变换朗读形式，激发朗读兴趣，让学生获得一种进步感。这就要把准学生的学习心理和性格特点，选择适合的那一种方法。

三是道法要自然。《道德经》里有一句话："人法地，地法天，天法道，道法自然。"做事要遵循自然规律，教学要遵循教学规律，应对要遵循交际规律。教学中的应对，说到底是一种人际交往，因而要遵循交际的一般原则：礼貌原则，要把学生看作平等而独立的人，给予充分的尊重和礼貌，你可以不同意他的观点，但一定要维护他发表观点的权利；合作原则，要把学生看成课堂生活的合伙人，没有学生的积极合作，教学是无法完成的。因此，教师要关切学生的心理需求，要体谅学生的难处苦楚，要提供必要的支持与呵护；改变原则，交际的目的就是为了影响对方，促使对方改变态度、观点或者行为。积极有效的课堂应对策略，其效果一定会从学习表现上体现出来。当然，任何交际行为，特别是教师的课堂应对，应该是有目的而不露痕迹的，让学生感觉不到"教"与"训"，才是最好的课。

3. 隐"身"：做最会放手的人

如果从教师在课堂上的"应对"这个角度看一堂好课，应该是这样的：上着上着，教师不见了。意味着教师在教学中逐渐退居幕后，把课堂真正还给了学生。好课看到的应该是学生的精彩，而不是教师滔滔不绝的讲解或者妙语连珠的点评。好课重要的是"学得好"，而不仅仅是"教得好"。反之，差课应该是这样的：上着上着，学生不见了。课堂上听到的几乎是老师的声音，看到的是老师的精彩，唯独看不到学生的表现。因此，教师要学会隐身，放手让学生去实践、去探索、去争辩……教师的课堂应对，不妨主动"示弱"。

一是把"皮球"踢回去。学生提出来的问题，并非一定要教师来解答，不妨还给学生，让他们去思考。执教《鹬蚌相争》一课时，一个学生还是提出了这个绕不开的问题："鹬的嘴被蚌夹住了，怎么还能开口？蚌正夹着鹬的嘴，怎么还能说话？"智慧的教师表现出很惊喜的样子："对啊，对啊！它们怎么能开口说话呢？哪个小朋友能解开这道难题呢？"留点时间给学生酝酿，留点机会让学生猜想，最终在七嘴八舌的争论中，得出一个结论：这是一个童话故事，不要说动物能讲话，就连没有生命的物体也能讲话。答案就那么简单，重要的是把"皮球"踢回去。一旦你接盘，往往会陷入困境。

二是给个台阶"下坡"。学生在课堂上常常会答错，或者会卡壳，这时往往需要教师的帮助和支持。教师切莫急于做出评价，也切莫急于搬出答案，不妨顺着学生的"错误"，给他找个"台阶"，打个"圆场"，给条"思路"，学生的精彩往往在这样的时刻迸发出来。我们在学生答错的时候，随口就说："不对，坐下！"或者"错了，谁来？"有个学生用"姆"组词时说："'养母'的'姆'"。学生一片哗然。贾志敏老师微笑着示意学生坐下来，说："你们别急，他没说错，只是没说完！"接着转向那个学生，"你说得对，是'养母'的'母'……"学生心领神会："是'养母'的'母'加上一个'女'字旁，就是'保姆'的'姆'。"教学要让学生变得聪慧起来，就是需要教师给的"台阶"，搭的"梯子"。当学生沿着"台阶"、顺着"梯子"往上走的时候，教师可以"退场"了。

三是让学生"斗"学生。"好胜心"是儿童的一大天性，那种不服输、敢比拼、初生牛犊不怕虎的勇气，是学生成长的不竭动力。好课总是设置学生"斗"学生的情境，让学生在比拼中、在辩论中，获得真知灼见。贾志敏老师在课堂上常常这样激将："看来，没有谁可以比得过你了！""你读得这么好，要超过你几乎是不可能的！"蒋晶军老师让学生读自己的作文："你觉得不如别人写得好，就坐下！看谁可以站到最后！"这些课堂应对方法挑起了学生的好胜心，激起了学生比一比、赛一赛的欲望。每逢这样的时刻，学生总是争先恐后、精彩纷呈，而教师则悄悄地退在了幕后。

（五）阅读教学策略

作为教学第一线的语文教师，我们必须准确把握语文核心素养的深刻内涵与目标指向，充分发挥教材的教学价值与育人功能，让学生充分经历真实的语文学习过程，实现从"教语文"到"用语文教儿童"的实践转型，避免"穿新鞋走老路"。

1. 聚焦语文核心素养

语文教材是语文核心素养落地生根的实践载体，用好教材的关键在于从核心素养出发，准确定位语文教学目标，提领而顿才能百毛皆顺。以语文基础知识与基本技能为核心的"双基目标"，突出了学科本位，却未体现全面育人；以"知识与能

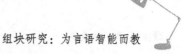

力、过程与方法、情感态度价值观"为核心的"三维目标"，着眼人的全面发展，在教学实践中极易割裂成并列的三类目标或三项目标，不自觉地偏向"情感态度价值观"；以"语言建构与运用、思维发展与提升、审美鉴赏与创造、文化传承与理解"为核心的"语文素养"，并非四个要素的简单相加，而是以"语言与言语"为内核的整体结构，是对"三维目标"的提炼与升华，体现了学科的育人价值与语文的多重功能。

图 2-13　阅读教学公开课上

语文核心素养是语文课程本质属性的实践结晶，聚焦于"语言建构与运用"，旨在通过丰富的言语实践，实现"语言与思维、审美与文化"的同构共生，体现了语文课程鲜明的"言语性"，超越了"工具性与人文性"的二元思维，指向语文课程的价值目标，即培养"运用语与创造语言"的现代公民，而非"谈论与分析语言"的语言学家。王宁教授在《语文核心素养与语文课程的特质》中指出："语文课程是一门按照汉字和汉语的特点，通过学生在真实的母语运用情境中自主的语言实践活动，培养他们内在的言语经验和言语品质；同时，使他们得到思维方法和培养思维品质，养成基于正确价值观的审美情趣和文化感受能力的综合性、实践性课程。"

语文核心素养在言语实践中可以表征为语文能力和语文品格。小学阶段，语文的关键能力应该定位于"正确运用"，是指在听说读写的言语实践中，自觉遵循语言的运用规律，正确地认读、理解以及使用语言表情达意，即使是个性化的表达，可"随心所欲"但"不逾矩"；语文品格的底色应该是"负责任"，对人负责、对己负责的人，才会正确地说话，说正确的话，语出真心，言而有信，学语文实际上就是学做人。整体地看，语文能力和语文品格，折射出的是一个人在言语实践中的品质，可以称为"言语品质"。在语言文字上的讲究和修饰，实质上是思想感情上的推敲和内省。言语品质常常表现为遣词造句的正误与雅俗，谋篇布局的巧拙与优劣。就小学语文教学而言，可以设定为三个层次的言语目标：一是清通，语句规范、通顺、连贯，可以清晰无误地表达意思，避免误读与误解，实现顺畅地交流。叶圣陶先生说，最简单的办法就是写完后"多读几遍"，耳顺则文通。二是得体，根据不同的场合、对象以及目的，选择最富表现力的表达方式和话语体式，实现最佳交际效果。这是在语境中面对复杂问题的语言锤炼，需要下咬文嚼字的功夫。三是新颖，突破语言规范，在特定语境中创造出个性化的话语。这就需要我们呵护儿童的想象力，珍视儿童的言语独特性，鼓励他们说自己的话，拒绝鹦鹉学舌，为儿童创造自由的言语时空。

2. 把握双线并进思路

文选型语文教材不可回避的一个问题是：如何呈现确定的教学内容？统编教材将选文按单元编排，采用人文主题和语文要素双线并进的结构思路。人文主题体现语文教材全面育人的价值取向，语文要素指向语文能力的整体发展，包括基本的语文知识、必需的读写技能、适当的学习策略和良好的学习习惯等，这是语文课程的本体性教学内容，实现了课程内容的教材化。每个单元围绕一个语文要素，并通过单元的导语、文中的泡泡、课后的练习以及语文园地中的项目等多种方式呈现，让教师可以把握，让学生可以学习，是语文教材编写的技术进步。以第三册为例，七个单元的人文主题分别为：春天、关爱、童心、办法、自然、改变和世界之初；七个单元相应的语文要素分别为：①朗读课文，注意语气和重音；②读句子，想象画面；③运用词语把想象的内容写下来；④能根据课文内容说简单的看法；⑤提取主要信息，了解课文内容；⑥借助提示讲故事；⑦能根据课文内容展开想象。

教材中的语文要素，呈散点分布，教学中要善于前后勾连、连点成线，梳理出不同要素的教学链，以便由浅入深、由易及难地分步推进。以第三册第七单元为例，语文要素是"借助提示讲故事"，四篇课文提供了四种讲故事的方法：《大象的耳朵》

中的"抓住关键句子"；《蜘蛛开店》中的"抓住多个关键词及结构图"；《青蛙卖泥塘》中的"抓住人物转换提示图"；《小毛虫》中的"利用词句结合关联图"。教师不仅要把握单元内多篇课文之间横向的要素关联，而且要发现单元之间、年级之间纵向的要素关联，梳理出语文要素的整体序列。就第三册的"借助提示讲故事"而言，在后续单元的《后羿射日》中，又呈现了"利用表格列出事情的起因、经过、结果，按照事情发展顺序讲故事"的新方法，为中年级简要地复述故事、变换要素创造性复述等打下了扎实的基础。由此可见，围绕语文要素就可以准确地把握每篇课文的教学内容及教学目标，教得准、学得透、用得活，一课一得，得得相连，逐渐形成语文关键能力。

双线并进的单元结构，呈现了确定的语文课程内容，走出了"跟着课文的思想内容跑"的误区，实现了从"教课文"到"教语文"的转身。需要警惕的是，以语文要素为主线的教学，极易滑入"教知识"的陷阱。教材中第一篇出现的课文是《秋天》，一位教师将"一"的变调规律一股脑儿地搬进了课堂，一年级的学生听得一头雾水，分不清什么情况下念阴平，什么情况下念阳平，什么情况下又念去声。语文要素是对语文学习规律的揭示和归纳，要以在学生已有的语文经验作为教学的前提条件，脱离学生的生活经验和语文经验，语文要素难以落地生根。要知道，语文能力不是靠教知识得来的，而是在丰富的语文实践活动中逐渐形成的。读了无数个带"一"的词语或短句，积累了丰富的感性经验，再来归纳"一"的变调规律，就水到渠成了。语文要素教学往往先"举三反一"，而后才能"举一反三"。

3. 实践"三位一体"教学

以往的语文教材，将选文分成精读和略读两种类型。精读课文花时较多，教得较细；略读课文侧重某个重点，其余略过不教。课外阅读的书目，往往以某篇课文作"引子"，在文尾以"阅读卡片"或"推荐阅读"等形式呈现。统编教材将精读课与略读课改为教读课和自读课，并增加了课外阅读指导课，构成了"三位一体"的教学结构。

教读课重在"教"，凭借文质兼美的经典作品，教学生读写的方法与策略，如朗读、默读、浏览、跳读、猜读、比较阅读等，以期让学生形成读写能力、养成读写习惯。小学教材中，在课文后面编印了生字表、田字格，设置了朗读、复述、背诵以及字词句的理解与迁移活动，在语文园地中设计了趣味识字、字词句运用、展示台、日积月累以及书写提示等栏目，旨在将"教"聚焦在"识字与写字、认读与积累、正确理解与运用词句"，凸显小学语文的教学重心。对于教读的经典作品，可以从多个角度切入，每次"教"侧重一个角度，以便教得透彻一些、学得充分一些，实现"一文多次教"。比如冯骥才的散文《珍珠鸟》，可以选取三个角度来"教"：一是概括雏儿所干的"事"，找到串起这些"事"的那根"线"，有序复述；二是揣摩雏儿干的哪件"事"最像"小家伙"，选择最像的一件"事"熟读成诵，体会作者藏在"事"中的"情"；三是领会作者的写作用意——说"理"，讨论：假如你是笼中的大鸟，看到小鸟睡在人的肩上，最想说一句什么话？假如作者打开笼子，大鸟会生活得更美好吗？在讨论的基础上，写一段阅读感言。"事、线、情、理"，犹如掀开了苹果的皮，从不同的角度打开了文本，让学生吮吸到了"甜美的果汁"。

自读课重在"读"，放手让学生运用所学的方法与技能，熟练读写能力、加快读写速度，最终形成独立阅读的能力与习惯。自读课要体现"学为主体"，教师要善于"隐退"，让学生自由地阅读批注、质疑问难、交流分享。即使要讲，也只要点到为止，把学习的时间和空间还给学生，让他们主动地学、自觉地学。

统编教材设置了"和大人一起读、我爱阅读、快乐读书吧"等栏目，倡导多读书、读好书。从单篇、群文到整本书，不仅仅是阅读容量的扩大，还关乎阅读思维模式的建构和成熟，以及阅读品质的提升。就整本书的导读而言，教师必须深入阅读原著，把握作品的精髓与阅读路径，通过设计有梯度的阅读活动，将阅读变成一场深刻的精神之旅。郭初阳老师的《动物庄园》整本书导读课（3），设计了八个阶梯活动：①猜测作者，教会学生关注作品的时代背景；②看图辨认角色；③回顾角色命运；④梳理小说的时间结构，整体把握小说的故事脉络；⑤漫谈：说说让你吃惊的地方，深化学生的阅读体验；⑥深入分析"七戒"，帮助学生把握动物农场里的阶级关系和背后的原因；⑦拓展：观看电影《动物庄园》片段，用一个词语来评价"拿破仑"；⑧写作训练：如果你生活在动物农场，你将有怎样的行动方案？这样的导读课，破除了课时的局限，锤炼了学生对整本书阅读的模式建构和批判思维，从小说的人物与情节走向主题与结构，将学生带入自读所无法企及的阅读审美境界。前提是，教师先要成为一个优秀的读者。

4. 运用深度学习策略

温儒敏教授曾说过，统编语文教材要专治"烦琐病、空泛活动、满堂灌、多媒

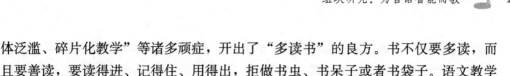

体泛滥、碎片化教学"等诸多顽症，开出了"多读书"的良方。书不仅要多读，而且要善读，要读得进、记得住、用得出，拒做书虫、书呆子或者书袋子。语文教学要引导学生运用深度学习的策略，改变惰性学习。

一是结构化。语文学科尚未建立"语文学"，所教的知识来自语言学、修辞学、文章学、写作学以及语用学等多个学科，处于无序状态；这些零散的知识，又隐藏在选文中，随文而教，东一榔头西一棒子，必然造成语文知识的碎片化。事实证明，碎片化的知识难以解决复杂的问题，反而会成为记忆的负担。语文教学要转变学习方式，让学生凭借已有的语文经验，从文本的语言现象中，发现那些新鲜的语言形式，通过类化学习，提炼出内在的语言运用规律，形成结构化的言语知识，自主建构起自己的言语认知结构。比如"分角色朗读"，可以通过多篇范文的角色朗读练习，逐渐累积为结构化的策略性知识系统：理清角色关系、辨识环境场合、把握情感基调、凭借话语信息（提示语、语气词、标点符号、句式类型）、模拟人物特征。可以说，结构化的知识是从学生的语文经验中生长出来的，不是听来的或者看来的。

二是迁移。语文教学高耗低效的症结之一，就在于听说读写之间、语文与其他学科以及鲜活的生活之间的相互割裂。教学的意义在于促进语文知识技能的顺畅迁移，在真实的生活情境中、在复杂的问题解决过程中实现知识的能力转化。学生运用语文化解矛盾，将生活变得更加美好的时候，才会领略语文的魅力，爱上语文。

三是洞察。面对自圆其说的各种言论，要有一个独立思考的头脑，敢于质疑、勇于批判，从而抵达文本的思想深处；面对纷繁复杂的语言现象，要有一双透视的眼睛，可以看到语言形式背后的智能意义，从而准确地把握语言的运用规律与艺术。这种深刻的洞察力和言语的敏感力，是语文深度学习的水平标志。即使是《狼和小羊》这样简单的故事，善于学习的人也从不止步于"警惕狼一样凶恶的坏人"，而能发现"辩解"的方法：欲辩解，先有礼；先否定，后说理。如果思考更进一步，还能发现：面对"羊"才能据理辩解，面对"狼"则无须口舌，快走为上。这是一种穿透故事之后获得的言语智慧，语文教学要让学生越学越聪慧。

四是移情。语文教材的育人价值，是通过选文将爱国主义思想、社会主义核心价值观等潜移默化地融入学生的内心世界，促进精神发育。这种情感、态度以及价值观的教育，不能停留在认知层面，更不能用贴标签的方式，赤裸裸地进行训示。学科育人当如春风化雨，润物无声，最好的办法就是"移情"，将课文中作者的思想情感、态度观念，通过语文实践活动，悄悄地、不着痕迹地移植到学生的生活世界里，让学生感同身受，实现情感的共鸣和深度的认同，化为学生日常生活中的自觉意识和自觉行为。读完《第一次抱母亲》，让学生以"第一次"为题，写一写母亲给你最温暖的"第一次"。在深情的回忆与动情的书写中，学生对母爱的体验流淌在笔尖，对母亲的情感也随之浓烈。大爱无声，教育无痕。语文，要从教学走向教育，才能真正立德树人。

这或许才是语文教材所要实现的理想境界。尊重教材，理解教材，创造性地使用教材教学生学好语文，是语文教师不可推卸的职责。

（六）写作教学策略

语文是母语教育，既可以在生活中习得，又需要在教学中学得。每个人都能开口说话，但并非每个人都会说话；每个人都能提笔写字，但并非每个人都会写作。教人学会说话、学会写作，既是表达能力的培养，又是完整人格的培育，学作文就是学做人。统编小学语文教材中的写作教学，将"立德树人"的根本任务一以贯之，着力于"文"的写作，着眼于"人"的发展。

1. 写作本质的重新审视

写作是一种社会现象，视角不同，对写作本质的认识也就不同。从"作品"的视角看，写作就是一个遣词造句、构段成篇的过程；从"心理"的视角看，写作是一个内部语言到外部语言的编码过程；从"语用"的视角看，写作是一个作者与潜在读者的交际过程；从"教学"的视角看，写作是一个学习表情达意的实践过程。如果回到"人"这个基点重新审视，写作就是一种"人"运用语言建构意义的实践活动。一个人有话可说，就是把"内心的声音"通过语音传达出来，便是"口头之作"；把说出来的话转化成文字，或者把"内心的声音"直接通过文字书写下来，便是"书面之作"。有"内心的声音"，无论是"口头之作"还是"书面之作"，都是一种意义的实践建构。没话可说、可写的时候，就找不到写作的意义感，写作就变成了一种纯粹的技能劳作，就成了一件"苦差事"。

人只要活着，就要和周遭的世界发生各种各样的关系，就会产生"内心的声音"，就有借助语言文字把"内心的声音"表达出来的需要，写作就是人用语言表达对世界的认识，就是用语言建构与世界之间的联系。波普尔在《客观知识》中，提出了"三个世界"的论说：物理或物质的世界、意识或精神的世界以及思想或观念的世界。[①] 写作的本质就是以语言为媒介，建构起"人"与"三个世界"的四类关系：第一类是处理人与事物之间的关系，即"我要说关于事物的信息"。比如描述一个文具盒，就是认识文具盒的样子、结构以及功能等，以便更好地使用事物。第二类是处理人与人之间的关系，即"我有话要对你（他）说"。比如写一个会议通知，就是告知别人参加会议的时间、地点和特定对象等事项，实现人与人之间的理解与沟通，以便更好地共同生活。第三类是处理人与自我的关系，即"我有话要对自己说"。比如写一份学期总结，就是对一学期的学习和生活，对得与失进行梳理和反思，便于今后改进不足，获得更好地成长。第四类是处理人与虚拟世界的关系，即"我要在想象的世界里说"。比如选择一个神话或童话故事中的人物，想象和他过一天，会去哪里？会做些什么？会发生什么故事？这是一种心灵的放飞和思想的解放。

由此可见，从"人"出发来审视，写作的意义在于既要"应付生活"，又要"应对内心"。"应付生活"就是要用写作处理各种生活关系，这是写作的实用价值，需要具备"表达思想内容的能力"；而"应对内心"就是要用写作安置自己内心，这是写作的无用之用，饱满自己的精神世界，丰富自己的思想情感，需要具备"产生思想内容的能力"。写作，不仅指向语言能力的发展，而且指向人的完整发展。

2. 写作课程的教材设计

写作是一种"意义的实践"，写作教学就要解决"为何写、写什么、如何写"这三个关键问题。检讨中小学的写作教学，众多语文专家认为"几乎没有写作教学"，有的只有习以为常的套路：要么给个题目，再给篇范文，让学生照着写；要么搞个活动，再列个框架，让学生自由发挥；要么专门讲技法，让学生一题一题地练。至于学生在写作过程中"不想写、没话写、不会写"等实际问题和困难，缺乏对症下药的方法点拨和策略指导，学生基本上是摸着石头过河。统编小学语文教材借鉴历次语文课程改革的经验，从写作的"内驱力、思想力以及表达力"三个维度，整体建构写作课程内容，设计了三条可以把握的"教学线"。

一是模仿运用线。写作从模仿起步，这是一条基本经验。朱熹曾说："古人作文

---

① ［英］卡尔·波普尔：《客观知识》，上海，上海译文出版社，2005。

图 2-14　在给学生上语文课

写诗，多是模仿前人而作之，盖学之既久，自然纯熟。"母语学习，最简单有效的办法是"跟我学"，在模仿中习得言语能力、积累言语经验，达到熟能生巧的境界。生活中自然状态下的模仿是随意的，而教材中设计的模仿是"故意"的，带有明确的学习目的，隐藏着确定的言语知识，设计了科学的"规定动作"，避免了盲目和无效。从遣词造句到连句成段，从单项练习到综合运用，体现了循序渐进的教学规律，既让学生累积了表情达意的基本技能，又让学生知晓了语言运用的基本规则。知其然，知其所以然，才能促使学生"举三反一"，也能促使学生"举一反三"，奠定独立写作的坚实基础。统编教材独具匠心，设计了两个模仿运用序列，一个是语文园地中的"词句段运用"序列，一个是课后习题中的"小练笔"序列。

"词句段运用"序列，旨在通过词句段的范例，让学生认识词句段的基本形式和使用方法，在练习中逐步熟练运用技能，致力于语言的"表达力"。这个序列包括词语及其使用规则、句式及其语境效果、语段及其结构功能，以及记叙、说明、描写、议论和抒情等表达形式的运用与转换等。比如第七册第六单元的"词句段运用"中设计了这样一道题：选一个词，仿照例子用动作描写来表现它。举了一个例子，写"害怕"——①我们马上都不说话了，贴着墙壁，悄悄地走过去。我的心里很害怕，怕它们看见了会追过来。②妈妈一走，我把屋里所有的灯都打开，然后钻进被窝，

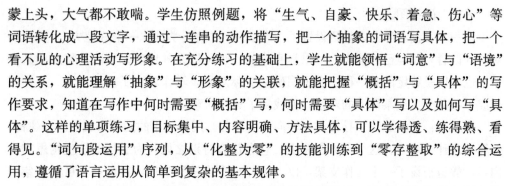

蒙上头，大气都不敢喘。学生仿照例题，将"生气、自豪、快乐、着急、伤心"等词语转化成一段文字，通过一连串的动作描写，把一个抽象的词语写具体，把一个看不见的心理活动写形象。在充分练习的基础上，学生就能领悟"词意"与"语境"的关系，就能理解"抽象"与"形象"的关联，就能把握"概括"与"具体"的写作要求，知道在写作中何时需要"概括"写，何时需要"具体"写以及如何写"具体"。这样的单项练习，目标集中、内容明确、方法具体，可以学得透、练得熟、看得见。"词句段运用"序列，从"化整为零"的技能训练到"零存整取"的综合运用，遵循了语言运用从简单到复杂的基本规律。

"小练笔"序列，是在阅读中随文学习写作的课程设计，旨在让学生借鉴课文的表达方法锻炼"表达力"，或者让学生借鉴作者的思想方法磨炼"思想力"。"小练笔"突出了"小"，是即时的片段写作，每次聚焦一个读写的迁移"点"，练深写透，一写一得，得得相连。第七册中设计了 3 次小练笔：一是仿照《走月亮》第 6 自然段，写一个月下的情景。仿的是"联想力"，从"村道"到"果园"到"稻田"，不同的场景中联想到了不同的事物、景物、人物以及特别美好的经历，把握了这个关键点，小练笔才有新的生长点；二是仿照《爬山虎的脚》，写一种植物的变化。仿的是"观察力"，运用"图文结合"与"做表格"两种观察方法记录植物的变化；三是仿照《为中华之崛起而读书》，写一写自己"为什么而读书"。仿的是"思想力"，锻炼学生从自己的生活出发思考为什么要上学读书，从身处的时代出发思考为什么要矢志求学，从未来的世界出发思考为什么要终身学习……如此一层一层地展开思考，才能最终提升思想境界，练的不是"笔"，而是"人"。

二是语境交际线。以往教材中的命题作文，常常缺了一个贴近学生生活需要的任务情境，难以激发学生的写作动力，也难以激活学生的生活经验。统编教材从三年级起，每个单元的"习作"设计都精心设计了一个交际语境，让学生"身临其境"，体验一个完整的写作历程。如果说"词句段运用"重的是"表达"，那么"单元习作"重的是"交际"，即创设一个特定的交际语境，明确提出写作的交际目的、交际对象（读者），并在写作之后进行"实战型"的现场交际，以检验写作的效能，获得真实的交流经验，走出虚假语言训练的误区。统编教材每个单元的"习作"语境具体明确，既激发写作"内驱力"，又培养"思想力"与"表达力"，是一种主题统整下的综合性写作实践。以第七册第一单元为例，教材设计了一张指向语境交际的"习作"路线图。

第一步：读者导向。导语设置了一个话题，"给同学推荐一个好地方"。交际的对象（读者）是自己的同学，可以是身边的，也可以是外地的；可以是特定的某一个，也可以是特定的某一群。有了明确的交际对象，写作就有了读者意识，写作就变成了与某个人或某群人的对话，就找到了写作的意义感。

第二步：交流驱动。导语进而转向交流过程，用一连串的问题来驱动内容建构：打算推荐什么地方？这个地方在哪里？它有什么特别之处？为了帮助学生构思交流内容，教材搭设了一个写作支架，以"推荐一个古镇"为例，提供一个可以借鉴的内容框架：古镇的美景、古镇的历史以及古镇的美食。如此，学生就有话可说，解决了写什么的难题。

第三步：语境生成。导语提出了一个写作要求，即"介绍清楚""理由充分"。至于怎么写清楚、怎么写充分，没有举例说明。其实，写作最忌的是千篇一律，写有方法而无定法，不同的语境、不同的读者、不同的任务，写作的内容、体裁、结构、语言等自然也不相同，需要学生进行比较选择，以及在写完之后进行修改润色。

基于语境交际的单元"习作"，以情境任务激发写作"动力"，以铺设支架提供写作"助力"，以语境生成磨炼写作"能力"，以现场体验增强交际"活力"，操作性强，便教利学。重要的是，每次"习作"都强调将"作文"运用于生活交际或人际交流，从中增强写作的责任感和自觉性，逐步将写作从"目的性写作"转化为"功能性写作"，即将写作当成是一种学习、生活、工作的不可或缺的方式和手段。

三是能力进阶线。决定写作能力的关键要素是什么？这些要素如何形成写作的关键能力？统编教材设置了8个"习作单元"，试图解决这两个原理性的问题，让写作教学从模糊一片变得清晰可见。这8个习作主题单元是："观察"主题，"想象"主题，"记事"主题，"游记"主题，"说明文"主题，"写出人物的特点"主题，"围绕中心意思写"主题及"让真情自然流露"主题。"观察"与"想象"是写作的心理学基础；"围绕中心意思写"与"让真情自然流露"是写作的语用学基础；"记事、游记、说明文、写人"4个主题是写作的基本题材与基本体裁。8个主题单元可以看作写作能力进阶的8个关键要素，呈现了写作能力发展的8个台阶，构成了小学写作教学的课程骨架，是学生可以摸着过河的"大石头"。

与阅读单元"双线并行"的编排策略不同，习作单元以写作核心知识为主线，

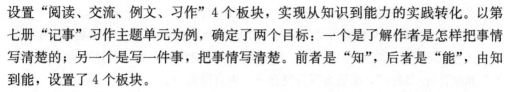

设置"阅读、交流、例文、习作"4个板块，实现从知识到能力的实践转化。以第七册"记事"习作主题单元为例，确定了两个目标：一个是了解作者是怎样把事情写清楚的；另一个是写一件事，把事情写清楚。前者是"知"，后者是"能"，由知到能，设置了4个板块。

板块一：指向写作的阅读。《风筝》和《麻雀》的阅读教学指向写作，重在"怎么写"。《风筝》一文聚焦在运用"前后有序的动词串"来写清楚"放风筝"的过程；《麻雀》一文聚焦怎么把小麻雀的"无助"、老麻雀的"无畏"和猎狗的"攻击与退缩"等表现写清楚，总结出"看到的、听到的、想到的"等多种感官交互写的方法。这样的专业阅读，才能让学生拥有一双"懂写"的慧眼。

板块二：聚焦知识的转化。两篇课文之后设置了一个"交流平台"，将阅读中获取的写作经验凝练成精准的写作知识：记一件事的"六个要素"以及"按照顺序写、多种感官写"两种记事写法。而后的"初试身手"，看图说话和写做家务的过程，旨在尝试运用"按顺序写、多感官写与动词串连写"三种写事方法，形成初步的记事能力。

板块三：印证文理的例文。《小木船》《爬天都峰》两篇习作例文，例的不是记事作文的"模板"，而是如何记事、如何将事情写清楚的"文理"与"事理"。例文用批注的方式，点明了记事的要素与要领，便于学生理解和运用。

板块四：提供支架的习作。以《生活万花筒》为题，要求学生选择一件印象深的事，按一定的顺序把事情的经过写清楚。教材提供了一个"写事"的结构支架，帮助学生梳理事件的起因、经过和结果。针对学生个体的写作，还可以提供将事情的结果写清楚的多个支架，如顺序支架、描写支架以及连续动词支架等。支架的设置，将记事的写作知识操作化了，实现了由知而能的顺畅转化。

3. 写作教学的实践创造

教材设计的三条写作教学线，是"规定动作"，而写作教学更需要创造性的"自选动作"。从学生的实际出发，积极探索适合学生的写作教学方法与路径，以此丰富与改造教材的写作课程设计，让写作教学充满生命的创造活力。

一是任务群改造。我们习惯于一次一作，点燃的写作热情断断续续；我们不妨将一个"短程写作"改造成一个"长程写作"的"任务群"，创设连续性的任务情境，组织多形式的写作活动，进行多体裁的写作实践，获得多方面的能力生长。比如，将"推荐一个好地方"这个单元习作，改造成这样一个"任务群"。

任务一：班级组织春游活动，请每个小组向全班同学推荐一个春游的好地方。这个任务语境更具真实性与挑战性，更能激发学生的参与热情，对这个地方的"好处"和推荐的"理由"，必然会写得更充分、更有说服力。

任务二：确定春游地点后，请每个小组拟定一份每个人都要遵守的"春游公约"，确保春游安全顺利。这个语境任务是实用文写作，每一条规定都要字斟句酌，考验学生的自我管理能力和准确表达能力。

任务三：春游美照展，请每个同学选一张最有意思的照片，并加注一段文字说明。这个语境任务锻炼了学生的观察能力和审美能力。有的学生选取的不是美景，而是同学之间温暖的一瞬间，这样的发现具有生命的成长意义。

任务四：给校长的秋游建议，全班同学总结春游的得失，向校长写一份秋游建议。如何让校长接受班级的建议？这个建议是否能如愿以偿？真实的写作才能激发学生的写作积极性和创造性。

二是学科类写作。我们常常将写作局限在语文学科，殊不知每个学科都需要通过写作来学习。在其他学科中，写作是一种学习的手段。比如，数学课上学了圆面积的计算公式，很多同学尚未理解公式的意义，只能靠死记硬背。倘若让学生将圆面积计算公式的推导过程写下来，就是一篇数学小论文。学生需要借助图画并配以文字，才能写明白这个复杂的推导过程；需要借助准确的动词，才能写清楚从长方形到圆的切割和拼凑过程；需要借助专业的术语，才能准确地表达数学的概念。这样的写作，是一种用笔来思考、用文字来建构的深度学习。阅读与写作，应该成为贯通学科界限的纽带，而写作无疑是其中最具表现力的一条纽带，可以实现跨学科的统整学习。

三是后作文时代。我们的写作教学，总是先指导后写作，可否先写作后指导？先让学生各凭所能，放开胆子写。这是学生已有写作水平的自然呈现，而后的指导才是给学生注入新的写作要素，促使他们获得新的生长。这样先写后改的写作教学，与先学后教的教学理念相一致，被称为"后作文"。写作后的指导，不仅仅是修改润色词句，更重要的是提升思想与构思的能力，对篇章进行主题的凝练和结构的重构。从这个角度来说，"后作文"更具指导的针对性和有效性，尤其是面对不同的学生，可以一对一的悉心指导，可以真正发现学生个体遇到的写作问题和困惑，以弥补班级集体授课的不足。当然，如果让学生将写成的作文发表出来，接受更多人的阅读指正，让读者来"倒逼"作者提升水平，不失为网络时代的一种有效策略。事实上，在自媒体时代，这样的"写作教学"已经成为一种时尚。写作教学唯有与时俱进，才能真正有所变革。

（七）整本书教学策略[①]

从识字到阅读，从阅读短文到阅读长文，进而阅读整本书，是学生必须跨越的三个阅读台阶。从单篇到整本书的阅读，既是阅读能力的迁移与延展，又是阅读视域的延伸与扩展，还是阅读习惯的形成与发展，面临多方面的挑战。整本书导读的意义，就是引领学生在整本书阅读中学会阅读整本书，成为终身的阅读者。

1. 整本书导读的核心目标

整本书的阅读指导，常常陷入三个泥潭：一是要求过高，用教师的阅读理解来作为对学生的阅读要求，让学生心生畏惧；二是指导过多，将一本书切分成多个导读点，干扰过多，让学生无所适从；三是过程过急，总希望导读能立竿见影，让学生疲于奔命。至于将整本书压缩成一堆知识题目，那是对整本书阅读的一种异化，是一件让人反胃的事情。正因如此，整本书导读的核心目标，应该是回归整本书阅读的原初价值，让学生成为优秀的小读者，让阅读成为一件美好的事情。

一是导读应给予学生积极的阅读体验，为学生提供持续的阅读动力。心理学研究证明，体验与经历是形成习惯重要的心理基础。对整本书阅读习惯的培养来说，这份重要的心理基础就是学生对阅读时自由自在心境的充分体验。这份美好的体验，会时时唤起并吸引学生一次次拿起书，投身于整本书的阅读之中来，正所谓"知之者不如好之者，好之者不如乐之者"。

二是导读应给予学生有效的阅读策略，让学生读到自己读不到的东西。学生习惯的单篇阅读方法，并非都适用于整本书的阅读，难以通过简单迁移解决整本书阅读中的障碍，比如人物众多、情节复杂、线索交错等问题，都需要采用新的阅读方法与策略。导读就是要"导"在学生的困顿处，根据整本书的四个阅读层次"基础

---

① 本小节为作者与梁昌辉老师合著，原发表于《语文建设》，2020（6）。

阅读、检视阅读、分析阅读、主题阅读"，提供相应的阅读方法与策略，增进学生的阅读理解力，真正读懂整本书。

三是导读应给予学生及时的阅读反馈。反馈是对学生整本书阅读的评价与再指导，促进学生阅读习惯的养成与阅读热情的持续。反馈形式不拘一格，可以是口头的，也可以是书面的；可以是个体的读书报告，也可以是小组的读书分享，还可以是班级的主题读书会。导读更多的是要聚焦一个"点"，给予学生深刻的剖析，促使学生深度的反思，比如对曹文轩《草房子》中的"成长"主题，点评学生的阅读理解之后，启发学生做进一步的阅读思考。

图 2-15   在课堂上和学生交流

2. 整本书导读的设计要义

学生阅读整本书，常常面临三道难题：一是考验耐性，整本书（除绘本外）需要长时间的持续阅读，没有耐性就会半途而废；二是考验记性，整本书往往人物众多或者头绪繁杂，读了后面忘了前面，就会张冠李戴；三是考验悟性，常态的整本书阅读是"私事"，要靠个人的理解感悟能力，只图好看的阅读，往往囫囵吞枣，所得很有限。据于此，整本书导读就是要积极介入学生的"私人阅读"，通过针对性的指导，让学生克服整本书的阅读迷障，体验阅读的美好经历，并成为优秀的小读者。

一是依据学生"年龄"，不同年龄不同指导。从身体、认知、言语、情绪与社会情感等几方面的发展水平看，阅读也是有"年龄"的，我们称为"阅读年龄"。小学

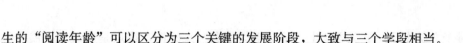
生的"阅读年龄"可以区分为三个关键的发展阶段，大致与三个学段相当。

低年段的学生处于整本书阅读的起步阶段，由于受到识字量的限制、言语解码能力的局限以及有意注意的时长较短等因素的影响，常常出现阅读的流畅度较差、阅读兴趣不稳定、难以坚持等问题。导读的重点要放在对阅读兴趣的培养上，要把整本书带到学生的世界中，要把学生带进整本书的世界中来。可以通过读给学生听、猜读、读读画画、图文结合等更具情趣的活动；不仅在教室里读，而且可以带领学生走出教室到户外读，到图书馆读，体验更为宽松的阅读情境，从而在读中"玩"，在"玩"中读，引导学生感受整本书阅读的趣味。

中年段的学生已经具备了整本书阅读所要求的基础能力，读物也从绘本、桥梁书逐步转向纯文字的书，即真正意义上的整本书阅读上来。由于阅读时长的增加，认知的信息负荷成倍增长，学生往往会遇到对整本书的内容把握不完整、对人物的认识片面以及阅读意志力不足等问题。导读的重点是帮助学生掌握架构整本书内容理解的策略，培养阅读的意志力。简单的阅读记录卡、达标卡，互动性更强的故事分享以及读、汇、演等综合性读书活动，都能很好地激励学生坚定阅读的意志。在对整本书的理解上，可以教给学生画思维导图、做人物卡片等策略，以可视化的方式进行阅读思维的外显，方便交流、点拨、修正，进而提升阅读能力。

进入高年段，学生的阅读倾向、需求出现了比较明显的分化，开始形成自己的看法并用这些看法来看待书中的内容、主题和人物。同时，由于阅读量的增加和读物复杂度的提升，对阅读方法的需求感也更加凸显。导读既要重视对常用阅读方法的运用，比如默读一般读物每分钟不少于300字，学习用浏览的方式阅读，能根据需要收集信息等；又要重视对学生思维与价值观的引导，以读后感、话题探讨、比较阅读、群书阅读乃至小专题研究等形式，组织学生进行阅读感受的交流，在多元观点的相互碰撞中，培养初步的审辩式思维的意识与能力，建立正确的价值取向。

二是依据作品"文体"，不同类型不同策略。阅读是一种文体思维，不同文体文类应该运用不同的阅读方法。不能用读产品说明书的方法去读小说：前者是实用文体，宜作理解性阅读，主要运用逻辑思维；后者是文学作品，宜用感受性阅读，主要运用形象思维。也不能用读小说的方法去读诗歌或者散文：前者是虚构的，误以为真人真事就难免陷入困境；后者是写实的，须用自己的人生经验去比照和体会。阅读方法没有好坏，对应了文体就能读得更有滋味。

　　对于文学作品，要引导学生"用文学的姿态"来阅读，重点是通过文字展开想象，在头脑中重构文本所描述的世界的图像，在具象化的感知中，获得共情体验，揣摩人物形象，在与自己经验世界的关联中实现心灵的浸润与意义的感悟。阿德丽安·吉尔提出了5种文学阅读策略：联结、提问、图像化、推测和转化，据此可以指导学生运用这些策略阅读《夏洛的网》：①画小猪威尔伯生活的时间轴，标注主要事件，以图像化策略再现威尔伯生活变化的轨迹，整体把握小说的情节发展脉络；②建立夏洛的人物档案，通过梳理和揣摩夏洛的行动，借助联结与推论，来读懂小说中的人物形象；③话题探讨：可以去掉老鼠坦普尔顿这个人物吗？通过分析和推论，领悟小说写作的手法，认识到一个有点复杂且并不正面的人物角色的重要性，推动着学生对人物角色认识的转化；④观看电影《夏洛的网》，小组合作，制作电影海报。这是对图像化、转化、联结、确认关键信息、元认知等多种策略的综合运用。

　　对于实用作品的阅读，可以指导学生采用这些策略进行阅读：①检视性阅读，采用目录或章节定向、关键句段定位的办法，快速从整本书中获取所需要的信息；②理解性阅读，理解书中表述的观点或说明的事物特点，并能用自己的话进行转述、解释等；③操作性阅读，把握文本解释、说明的操作要领，能够进行实际操作；④批判性阅读，先对书中表达的观点、见解进行领会，再联系生活经验与阅读经验进行比较、辨析，提出自己的理解与认识；⑤研究性阅读，运用书中信息，来探索和解决读者"自己的问题"。

　　三是依据阅读"目的"，不同目的有不同读法。阅读的目的大致可分为三类：为乐趣而阅读、为信息而阅读、为学习而阅读。不同的阅读目的，采用的阅读方法自然就有差别。我们习惯了"细嚼慢咽"的精读，忽视了在生活常态阅读中的跳读、浏览等阅读方法。

　　为乐趣而阅读，这是将阅读作为愉悦身心的一种生活方式。比如很多人都热衷于武侠小说、科幻小说的阅读，不管书有多厚，都会读得津津有味、乐此不疲，吸引他们的是小说扣人心弦的情节和令人心动的人物。导读的落点应该聚焦在"人物"或"事件"的评价上，在故事的讲述与评议中，探讨隐藏其中的价值观念和是非选择，让学生获得更有进步意义的精神愉悦，不再满足于感官的阅读快感。

　　为信息而阅读，这是将阅读作为解决问题的一种学习方式。比如读了李白的《静夜思》，要了解李白在何时何地又为何写了这样一首诗，这首诗原来是怎样的，

后来又有哪些改变，历代文人是如何评价这首诗的，老百姓为何口耳相传了千百年……于是，就会去阅读关于李白的书籍，从中收集、整理相关的资料。导读的重点在于信息的提取、筛选、甄别与整理，一般会采用浏览、跳读、摘读等阅读方法。

为学习而阅读，这是将"阅读"本身作为目的的阅读，即"学习阅读"为阅读的目的。小学教材中选用了很多经典作品的片段，作为引子来指导学生学习相应的阅读方法。比如萧红的《呼兰河传》、冯骥才的《俗世奇人》，导读的要点是借"片段"窥"全书"，从"片段"的阅读中学习具体的读法，而后运用于"全书"的自读中。《俗世奇人》是短篇小说集，可以用"类比法"来阅读；《呼兰河传》是散文体长篇小说，宜用"沉浸式"阅读，串起一个个故事，勾勒出童年的生活风景画。

3. 整本书导读的教学策略

整本书阅读指导的关键点在于取得整本书阅读与学生的认知、兴趣等要素的相协调，既要贴着学情来指导，也要注意适合整本书的特点，在阅读中发掘出它的兴味来，让学生能读、会读、乐读，以有效的策略引导学生感受和体验整本书阅读的美好境界。

一是批注式。批注是整本书阅读常用的策略，具体方法有提出问题、抒发阅读感受、点评写法、做阅读卡片等。在具体实践时，我们可以从教材出发进行读法迁移，引导学生边读边批注。比如阅读《水浒传》，在阅读中让学生写批注、交流批注，相互启发。还可以出示名家的批注，进行比较、借鉴。在武松打虎一节，对武松的哨棒的描写有 18 处之多，金圣叹一次次详加批注，揭示了哨棒描写的艺术作用，可以择选一两处展示给学生，如"夹批：哨棒十六。半日勤写哨棒，只道仗他打虎，到此忽然开除，令人瞠目嚇口，不复敢读下去。哨棒折了，方显出徒手打虎异样神威来，只是读者心胆堕矣。"引导学生领悟写批注要前后联系，细心体会，才能有所发现，有自己的真实感受，从而进行参考、运用。

二是分享式。组织阅读分享会，围绕一个主题，交流各自心得。分享式阅读互动性强，有很高的参与性，关键是分享主题的确定，既要体现整本书的重要价值，又能吸引学生深入文本阅读、思考。比如阅读《青铜葵花》，以"苦难中的情谊"为主题进行交流分享；阅读《汤姆·索亚历险记》，可以围绕"历险"进行主题交流分享，能够很好地切近文本，贴近学生。主题的确定既可以来自教师的预设，也可以从学生的初读感受、疑惑中进行提炼，高年级则可以采用有奖征集的方式来确定，会更有意思。

三是探究式。组织专题研讨课，选择一个话题，在重读中思考、探索有价值的问题。运用探究式阅读策略的目的是聚焦问题进行思考交流，在碰撞交流中培育审辩式思维，让学生从"让我信"走向"引我思"，进而在整本书阅读中学会独立思考，形成自己的判断，而不是简单的对别人阅读结论的接受。比如，阅读中外神话，可以探讨：什么样的人物才可以称得上"英雄"？引导学生重读神话，梳理、比较、推论，在研讨中建立对神话中"英雄"的认识，即成为"英雄"的根本不在于是否拥有神力和神力的大小，而在于有没有一颗为民众造福的心，有没有承担责任的勇气，愿不愿意做出牺牲，从而澄清和加深了学生对"英雄"的认知。

四是推介式。推介是具有鲜明交际功能的整本书阅读策略。在好书推荐会上，学生把自己的阅读体会，通过推介的方式传递出来。我们可以设计交际情境，如让六年级学生给没有读过《鲁滨孙漂流记》的五年级学生进行推荐，明确交际对象和意图后，安排学生阅读整本书，撰写推介文稿，再到五年级班级进行实际推荐，体验真实情境下的实践活动。还可以利用现代信息技术创造体验性更强的推介形式，比如分别建立针对《尼尔斯骑鹅旅行记》《青铜葵花》等书的推介专区，以一种集约化的形式展现本班的与其他班级的、名家的与学生的读书体会，让学生在更大的视域交汇中扩展认识、深化理解。

五是演绎式。小学阶段阅读的整本书以故事类题材居多，可以组织讲述表演课，就书中的部分章节或人物，开展讲故事、课本剧表演等活动。事实上，讲故事是既经济又便利的阅读指导策略，读读，听听，猜猜，讲讲，体验的是一种纯粹的阅读之乐。可以教师讲，也可以是学生讲，可以讲给本班同学听，也可以到其他年级、到社区去讲，构建更为广泛的阅读"社区"。针对小学生学习具身性强的特点，我们可以进行课本剧的表演。《小红帽》《三只小猪》等经典童话更是课本剧表演的首选，正是表演这一实践任务驱动着学生更为主动地进行文本的细读、情节的把握、人物形象的揣摩，成为一种更具体验性与吸引力的导读策略。

六是映照式。即参照比较读，可以参考名家的阅读评论，或者与作家面对面交流，或者与改编的电影电视剧进行对照，获得对整本书多方面的理解。统编教材五年级下册要求学生阅读中国古典文学四大名著，这方面名家的阐释、解读的材料非常多，如作家毕飞宇的《小说课》、孙绍振的《名作细读》中都有相关的解读文章，

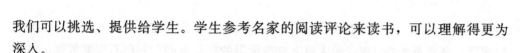

我们可以挑选、提供给学生。学生参考名家的阅读评论来读书，可以理解得更为深入。

我们还可以充分利用"作家进校园"的活动契机，组织学生与作家交流。笔者所在的学校曾经邀请曹文轩来校开展"作家进校园"活动，我们事先安排学生阅读《草房子》《青铜葵花》等作品，写下自己的感受与疑问；在曹文轩来校时，展示学生的读后感等阅读所得，在见面会上听曹文轩介绍怎么"折腾"出《草房子》等一本本书来的，再面对面提出自己的问题，倾听曹文轩的当面解答……通过这样的活动，学生对曹文轩的几部小说读得就更到位了。

很多整本书被拍成了电影，改编成了电视剧，我们可以把这些资源整合到整本书阅读中来。比如，把《鲁滨孙漂流记》的整本书与电影进行比较，发现电影是镜头的艺术，更多地表现人物的行动，小说是文字的艺术，既可以写外部的言行，又可以描写心理活动，两者各有擅长之处。甚至还可以去发现原作与影视剧改编在视角与主题等方面的差异，进行整本书的审辩式阅读。

六、清简风格

"清简"一词，在《汉典》中初见于《后汉书·赵咨传》："咨在官清简，计日受奉，豪党畏其俭节。"意为为官"清廉俭约"。在以后的诗文中，则常常含有"简约""清新简练"等意味，如宋代沈括《梦溪笔谈·人事一》："气韵闲旷，言词清简。"明代袁宏道《哭刘尚书晋川》诗："百八串珠不离手，言谈清简风飕飕。"而在现代文本中，"清简"一词却似乎不常见到，倘若要用形象的方式诠释"清简"的内涵，不妨用三个隐喻。

一是浅近中的深刻，如禅。佛家善用浅近而优美的故事传递深刻的人生哲理，显得空灵、智慧。夏丏尊先生曾与弘一大师同住白马湖畔，见他只吃一道咸菜，便问"难道你不觉得咸菜太咸了？"答曰："咸有咸的味道。"后见他只喝白开水，又问"难道你没茶叶？不觉得太淡了吗？"答曰："淡有淡的味道。"明白如开水的清简之语，透露出安贫乐道的人生境界。

二是简约中的丰富，如画。中国水墨画素来崇尚简约之美，《寒江独钓图》中一叶扁舟漂浮水面，一个渔翁独自垂钓，几笔微波外皆为空白，有力地衬托出江面空旷寥廓、寒意萧条的气氛，给人留下意蕴无限的想象空间。齐白石寥寥数笔，就把生灵活现又意趣盎然的虾呈现在人们的面前。简单的线条与墨色，却蕴含了无比丰厚的韵味，正如郑板桥诗云："四十年来画竹枝，日间挥写夜间思。冗繁削尽留清瘦，画到生时是熟时。"清简其实就是一种生活的姿态，由简入繁易，由繁入简难。

三是清淡中的诗意，如茶。茶生于天地之间，本性清淡幽雅，一杯在手，清新淡雅，平淡的日子便弥漫着闲适与诗意。常言道"心素如简，人淡如菊"，心灵犹如竹简一般，平和淳朴；处世如同菊花似的，淡泊名利。这便是中国的"茶道"，也是中国人清简生活的诗意写照。

清简本源于生活，而与语文又有着天然的联系。杜牧《阿房宫赋》开篇气势磅礴："六王毕，四海一，蜀山兀，阿房出。"将六国败亡，秦皇一统，残民自逞，骄奢淫逸，以寥寥十二字概括，表现出令人惊叹的史诗式简约美。"古文以最简单的文法表达极丰富之内涵，犹如围棋以最简单的规则包含千变万化之策略。以少胜多，以简驭繁，此乃根植于东方哲理之美学精义。"可见，清简是一种大美，是拂去繁华与浮躁之后的纯净与雅致。学会了简化文字、简化生活，就自然懂得舍与得之间的平衡，就在不自觉中掌握了一种大智慧，就得到了美的另一种平易近人的姿态。

图 2-16　在课堂上给学生讲解

（一）"清简"是教育的一种境界

"清简"的核心理念建立在对教育、对学生、对语文的认识上。事实上，教育也是一种生活。因此，一个人崇尚什么样的生活，就会秉承什么样的教育思想与教学主张。对我来说，清简的生活，清简的语文教育，着实是一种向往的自由境界。周国平先生说："在五光十色的现代世界中，让我们记住一个古老的真理：活得简单才能活得自由。"同样，在"乱花渐欲迷人眼"的语文教育世界中，"清简"犹如出污泥而不染的青荷，散发着自然清新的芳香，引领着教育回归属于自己的家园。

教育回归"清简"。"大道至简"，很多情况下，越简单就越接近事物的本质。构成生命的细胞是简单的，构成物质的核子是简单的，就连最成功的描述自然规律的理论也简单至极，爱因斯坦的质量能量公式 $e=mc^2$ 就是一个例子。任何问题的复杂化都是因为没有抓住深刻的本质，没有揭示基本规律与问题之间最短的联系。停留在表层的"复杂"上，必然会离问题的解决越来越远。教育，理当"清简"，用最通俗易懂的话语，揭示教育的本质规律。

当下，各种教育思潮和教育思想空前繁荣，只看一家之言，我们是清醒的，但看了多家言论之后，我们往往会无所适从，变得糊涂起来。根源在于我们对教育缺少最为本质的认识，辨不清各种理论之间的差异。无论是建构主义还是解构主义，无论是人本思想还是科学思想，都从某个视角揭示了教育的内在规律，而教育的核心是"人"。摩罗语："在这个世界上，一个人所能拥有的最高权力就是给自己的生命赋予意义的权利。帮助每一个人最切实最完整地实现这样的权利，才是教育的根本目的。"人的生命意义在于其个性潜能的充分而自由的生长，失去了这一核心价值，教育也就失去了存在的理由。正本清源，从"人"的发展出发来看各种教育思想与主张，才能保持一份清醒，敢于怀疑各家的言论，从而找到自己教育的"主心骨"，心中自然敞亮，面对各种各样的教育乱象能从容淡定，做出合乎教育规律的清晰评判，不再人云亦云。

教育回归"清简"，需要从哲学层面对教育做出透彻的解读。我们的教育中哲学课长期缺位，一直用"马列"这一具体的学派代替哲学，致使我们对世界、对教育，乃至对人类文化缺乏完整而深刻的认识与理解，"一旦政治及其相关的意识形态出现某种松动，就会失去信念，感到动摇和空虚。"重建教育与哲学的联系，才能让对各种教育思潮和思想进行系统的梳理和解蔽，从而让教育获得真正的解放，回归"清简"的本真状态。

儿童回归"清简"。陶行知曾说："儿童社会要充满简单之美。"小时候，我们常常迷恋《西游记》这一类神话故事，然而成人后再也没有兴致去看这样的小说和电视剧了。在成人的眼里，雷同的故事，简单的情节，一成不变的结局，看了开头就知道结果，这样的故事简单得可笑，然而却让儿童欲罢不能。吸引儿童的往往是成人看不见或者不感兴趣的东西。同样的事物，在儿童的世界里就有了一种别样的趣味。人们在还是孩童时存在着一种天然的简单，可在成长的过程中，由于吸收了过多的知识，反而丢失了这种淳朴的天性。我们长大以后，不能忘记的是自己曾经也是一个孩子。如果不幸遗忘了，那么就只能从儿童文学作品中寻觅。

然而在学校里，我们给予孩子的是那些自以为"有意义"的东西。那个经常被人称道的"孔融让梨"的故事，无数次地被用来教育孩子要谦让、要有礼貌。然而一个四岁的孩子，伸手去抓那个最大的梨子似乎是一种本能，才像是一个孩子的所为。而"哥哥大，吃大的；我小，吃小的"这样的话语似乎很难让人相信出自天真烂漫的孩子之口，即使相信也很难成行。这样的道德说教，把成人的好恶赤裸裸地塞在了儿童的世界里。这样的作品不能叫儿童文学，而应该叫作"教育儿童的文学"。这样的"教训式"作品，使儿童时时感到羞耻，内心不再纯净和快乐，《小猫钓鱼》让孩子不再玩耍，《猴子捞月》让孩子不再好奇，《骄傲的公鸡》让孩子不再言美……如此功利的教育，如此复杂的语文，怎么不让孩子感到恐惧和自卑？他们内在的智慧潜能又怎能自然地生长？回归清简，就是要还孩子一个简单、美好而善良的世界。用儿童的方式对待儿童，把孩子当作孩子，鼓励他们游戏，允许他们犯错，耐心地等待他们悄悄长大；用发展的眼光看待孩子，不把孩子当孩子，要看到儿童是活生生的生命个体，尽管是孩子，却也有他们自己的思想。我们不能用成人的思想替代孩子的思考，把本来丰富多彩的世界压缩成单调乏味的书山题海。给予孩子简单而自由的生活，让他们想说就说，想做就做，把快乐的童年留给每一个孩子。有这样一首网络小诗，或许能让我们分享儿童世界的简单之美：

喜欢就在一起玩，不喜欢的就不想在一起玩。
喜欢也不一定要在一起。

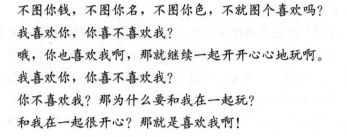

不图你钱，不图你名，不图你色，不就图个喜欢吗？

我喜欢你，你喜不喜欢我？

哦，你也喜欢我啊，那就继续一起开开心心地玩啊。

我喜欢你，你喜不喜欢我？

你不喜欢我？那为什么要和我在一起玩？

和我在一起很开心？那就是喜欢我啊！

（二）语文教学要回归"清简"

语文是什么？语言文字，语言文章，语言文学，语言文化……众说纷纭，莫衷一是。在不同的历史阶段，常常提出不同的口号："不要把语文课上成政治课"，"不要把语文课上成文学课"。20 世纪 60 年代针对这两种倾向，又提出了"语文课是一门工具课"，强调要抓"双基"训练，结果语法、修辞等知识充斥语文课堂，语文课沦为单调、机械的技术训练课。于是，又提出"语文教学要实现工具性与人文性的统一"，似乎这样就可以避免走入极端。然而细细推敲，"工具性"与"思想性"相对立而统一，"人文性"与"科学性"相对立而统一。"工具性"与"人文性"是两条铁轨上跑的火车，没有矛盾对立，又何来统一可言？语文似乎陷入了"逻辑迷魂阵"，让人摸不着方向。于是，小学语文新课程标准的 10 条总目标中，诸如"培养爱国情感，形成人生观、价值观，提升文化品位，传承民族文化，发展思维能力，养成科学态度……"这些核心词汇让语文背负了"不能承受之重"，"加法思维"致使语文教学成了一个框，什么都可以往里装。如此之重的任务又转嫁到了学生身上，于是，"减负"成了一句时髦的口号，干打雷不下雨，负担不见轻，反而愈演愈烈。学生几乎没有了休闲的时间与空间。在希腊人眼里，学习就是享受一种闲适，学生有充裕的时间体验和沉思，才能自由而充分地获得心智能力的发展。只有劳作和忙碌，而没有休憩和闲适，小孩子会丧失灵性，成年人会磨灭悟性。而一个人小时候没有灵性，长大了又没了悟性，那他还有什么希望？爱因斯坦说："负担过重必然导致肤浅。"学习的闲适，使学生有足够的时间"消化"知识，有足够的时间静思默想，有足够的时间潜心体验，也就有对世界深刻、独到的感悟、体会、理解与把握。不然，学生就像被风干了的狗尾巴草，失去了生命的活力与朝气，有知识而无智慧，有学问而无情趣。语文需要"清简"，"清简"了的语文，就有了一种学习的闲适，就能让学生获得一种心灵的自由与思想的放飞。

那么，语文教学的"清简"之路在哪里呢？北京师范大学童庆炳教授说："必须从'人的建设'的高度定位语文教学，要通过语文教学挖掘学生的潜能，培养学生的感知力、情感力、想象力、理解力，因为这些是一切创新精神的基础。"① 浙江师范大学王尚文先生认为，语言不仅仅是人际交往的工具，而且是人的生命中最美丽的花朵，培养一个人的语言能力就是培养人本身。② 当我们将目光聚焦到"人的发展"上时，就会看到每个学生都是可爱的，具有无限的可能性。语文教育，乃至一切教育，都要努力帮助学生将这种可能性变成现实性。

多元智能理论发现人类有 8 种智能：言语智能、逻辑数学智能、空间智能、身体运动智能、音乐智能、人际关系智能、自我认识智能和自然观察智能。每个人都具有某方面的智能优势，显示出独特的认知特征。适切的教育可以充分地发掘每一个人的潜在智能，促使他们在各自的智能优势领域获得最大限度的发展。从这个角度讲，语文教学应该创设适合学生言语学习的"聪明环境"，在积极健康、富有"营养"、充满情趣和交互作用的环境里，促进学生言语智慧潜能的持续发展。言语是人的一种行为活动，言语智能是人在这种活动中表现出来的表达机智、表现艺术以及丰厚的人文素养、人文底蕴。语文课堂教学中，学生通过阅读课文，在获得课文所传播的信息的同时，获得"如何传播信息"的"言语智能"才是"更为本质的行为"。

因此，发展学生的智慧潜能是教育的价值追求，发展学生的言语智能是语文学科的独当之任。语文课堂教学应该将培育学生的言语智能作为一种自觉的追求。语文教学应该重视"双基"，但知识不等于智慧，技能也不等于智慧。语文教学必须超越知识和技能，走向智慧，建立在三根支柱上："鲜明的思想""活生生的语言""儿童的创造精神"。语文教学要紧紧围绕"发展学生的言语智能"这个核心任务，让语文课堂教学清晰起来。把教学重心从课文的思想内容转移到语文能力的发展上，通过课文内容学习其中的语文知识，进而通过相应的语文实践，形成并发展学生的语文能力；把目光聚焦在语言文字上，走"带着学生学语文（学知识长能力）"的路子，真正摆脱"跟着课文内容跑"的怪圈。这样的智慧教学，就具有语文的专业特

①　童庆炳：《语文教学与人的建设》，载《课程·教材·教法》，1999（5）。

②　王尚文：《语文教育学导论》，武汉，湖北教育出版社，1994。

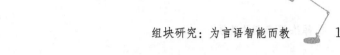

点，学生就能学到生活中学不到的东西，体现语文课堂教学鲜明的成长性。

　　"清简"的语文教学需要实现两个转变：一是从"讲课文"到"教语文"：语文教学的华丽转身。长期以来，我们总以为"教语文"就是"讲课文"，课文写了什么，我们就教什么。于是，课文是《新型玻璃》，我们便让学生研究新型玻璃的种类和功能，上成了科学课；课文是《谈礼貌》，我们便让学生讨论谈礼貌的重要性，上成了思品课；课文是《去年的树》，我们便让学生议论从树木到火柴的演变，上成了环保课……这样的语文课"种了别人的田，荒了自家的地"，语文教学内容囿于课文的思想内容，而未能从课文中发现具有核心教学价值的语文内容，着眼于语言的表达形式，着力于学生的语文能力。因此，语文教学必须走出跟着课文"讲课文"的怪圈，真正把教学的重心转移到了语言文字的学习上来，培养的是学生听说读写的语文能力，实现了语文教学的华丽转身。二是从"教语文"到"育智能"：语文教学的本真回归。从文本中发现语言的表达形式，引导学生通过学习、运用，进而发展语文能力，"化知为能"，着实提高了语文教学的效率，上成了语文课。然而，语文教学紧紧停留在语文能力上是远远不够的，因为具备同样的语文能力，并非就能在生活中"化能为智"，获得言语智慧，从而更好地生活。可以说，每篇课文都隐藏着作者的言语意图，这种言语意图是借助特定的语言表达方式与语言结构表达出来的。每一种特定语言表达方式或语言结构，都具有独特的语言交际功能。《狼和小羊》中的"争辩"，就是一种语言的交际方式，所以要有特定的"欲辩解，先有礼；先否定，后说理"这样的表达方式和结构。语文教师唯有在深入研读教材的过程中，敏锐而准确地把握这样的方式与结构，看到内容背后的结构，才能研制出具有语文学科特征的教学内容，才能真正体现语文学科的"独当之任"，即"为发展学生的语言智能而教"。从"讲课文"到"学语文"，是语文教学的华丽转身；而从"教语文"到"育智能"，则是语文教学的本真回归。

（三）组块教学的"清简之美"

　　在多年的组块教学实践中，在一轮又一轮的磨课中，我逐渐丰厚了自己的学识，凝聚了自己的教学主张，坚定了自己的教学信念，也最终形成了自己的教学风格。风格是外显的教学行为艺术，比如楷书"四大家"，各有各的风格：颜真卿的端庄厚重，柳公权的骨力瘦劲，欧阳询的险绝遒劲，赵孟頫的圆润秀逸。但是，风格骨子里的是一个人的教学理解和审美旨趣，是一个人的品性和格局。庄杏珍老师常说："人有人品，课有课品。"教学风格是有"品"的，这种"品质"、这种"品格"、这种"品位"，不是一蹴而就的，必须经历岁月的打磨，从肤浅到深刻，从粗糙到精致，从模糊到鲜明，渐渐积淀、完美起来的。

1993 年，我在泰兴执教作文课《奇妙的魔术》，精彩的课堂赢得阵阵掌声。不料听课的斯霞老师悄悄地对我说："上得很好！要记住一点：油滑可不是幽默哦！"一语惊醒"梦中人"，我把这节课从头到尾审视了一遍，惊讶地发现"玩笑开过了头"，是"庸俗和油气"博得了廉价的笑声，这样的课没有"品"。于是，我一句一句地反省，琢磨在那样的情境下，该如何回应，这样说和那样说有什么不同；同事帮我找来贾志敏、于永正等名师的教学实录，查阅他们的课堂用语，摘录那些恰到好处、幽默得体的课堂"金句"。比如"这个问题有点难，答不上来是正常的，答得上来是超常的！""老师都被你读得感动了！""现在没人追你，干吗要读得这么快呀？"后来，我上课前，总会反复斟酌教学中可能会遇到的对应情境，预备了好多个回应的语句。就这样，慢慢地将课堂用语洗干净了。其实，课堂语言要"洗"，教学内容也要"洗"，教学活动更要"洗"……去伪存真、删繁就简，"吹尽黄沙始到金"，才能真正看到教学的品格和风格。

磨了 30 多年的课，我初步形成了"清简"的教学风格，经历了三个阶段：第一个阶段，行云流水，滴水不漏。沿着课文的文脉，以教为主线，条分缕析，一环扣一环，环环相扣，呈现了精致、流畅的教学特点，代表作是《可爱的草塘》。然而，线性的教学设计，一遇到"突发事件"，便会"乱了阵脚"，常常"顺"不下去了。第二个阶段，板块结构，步步为营。摆脱线性的教学思路，聚焦若干重点语段，采用板块式结构，一个板块一个板块地教，呈现了大气、实在的教学特点，代表作是《螳螂捕蝉》。然而，板块与板块之间缺少内在的联系，学习思路往往会被打断，或者需要"急转弯"，没有"顺"着学路往前走。第三个阶段，因学而教，语境生成。顺应学生的学习心理，创设任务情境，在多向交互中激发学习潜能，让成长看得见，呈现了清简、睿智的教学特点，代表作是《剪枝的学问》，体现了一种"清简之美"，简约而不简单，凝练为三个关键词：清简、厚实、睿智。

一是清简。清简是一种洗净铅华后的简约，清是质，简是形。组块教学从文本的教学核心价值出发，发掘并选取适合学生学习的教学内容；根据内容之间的内在

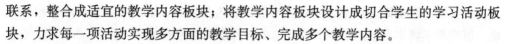

联系，整合成适宜的教学内容板块；将教学内容板块设计成切合学生的学习活动板块，力求每一项活动实现多方面的教学目标、完成多个教学内容。

教学目标简明：科学、适切、可测。"伤其十指，不如断其一指。"一堂课彻底解决一两个学生切实需要解决的问题，真正给学生留下点东西，比浮光掠影、蜻蜓点水、隔靴搔痒的教学要有效得多。

教学内容简约。课堂教学的时间是个常数，是有限的，学生的学习精力也是有限的。因此，选择学习的内容，特别是关乎学生终身受用的"核心知识"，就显得尤为重要。这就需要教师对教材、对教学内容进行深入的研读，发现那些为学生真正所需要的、终身有用的"核心知识"，以充分发挥教材的语文教学价值，这是语文教师义不容辞的职责！课堂，也不需要把什么都讲透了，留下点悬念和空间，就是给学生自由和发展。

教学环节简化。语文学习本身是一件简单的快活的事情，学习的过程应该是科学的，是顺畅的，是符合学生的学习需要和学习规律的。我们没有必要设计那么多的学习环节，没有必要设置那么多的障碍（问题）和陷阱让学生去钻，没有必要搞得这么复杂、这么深奥。比如，你是怎么体会到的？殊不知体会的过程本身是"只可意会不可言传"的。学生却因这种追根究底而感到恐惧，渐渐丧失了自己本应具有的探究精神。"勤老师培养了懒学生"，这样的现象值得我们重视和深思。

教学方法简便。简单意味着可以学习，是学生经过努力可以达到的。简便的方法、简捷的思路是为学生所喜欢，所乐意接受的。好方法是真正能为人所用的有效的方法。

教学媒介简单。语文教学可以省略不必要的教学手段和教学技术，克服"浪费与作秀"。现代教学技术（多媒体技术）使用过度，也会扼杀学生语文学习过程中独特的体验和丰富的想象力。

教学用语简要。课堂中除却了一切不必要的繁文缛节，省去了不必要的言说，就如同秋天的天空一样明净，让人有一种心旷神怡的感觉。简单的课堂，其独特之处就在于此。

其实，简约是一种教学中的大气度、大智慧！它来源于对学生真切的、真诚的、真实的爱；来源于教师丰厚的修养和教学的艺术；来源于对教学生活的发现和深刻的认识。

二是厚实。语文组块教学给学生留下形象、留下情感、留下语言。形象是理解运用语言的心理基础，情感是理解运用语言的内在动力，语言是语文教学的根本目的。组块教学将丰富的语言与鲜明的形象、真挚的情感锻造成"合金"，在学生心中积淀下来。这种"语言合金"具有很强的活性和聚合功能，犹如一个语言磁场，能摄取新的语言信息，融合新的语言材料，改造学生自身的语言，久而久之，便会融化到学生的生活中去、情感中去，成为语文能力的基础，成为文化底蕴的养料，成为人格形成的萌芽。其次，在板块化的语文学习活动中，学生有了足够的时间和空间，学得更充分、更自主，实现了"一课一得""得得相连"，言语智慧得以充分发展。组块教学还致力于学生对学习内容的自主选择与自主建构，培植起学生的独立性和学习力，获得终身有益的语文学习智慧。

三是睿智。语文教学最终留给学生的将是言语智能，即在生活现场中表现出的言语应对能力和机智。组块教学创设的师生之间、生本之间的多重对话，锤炼的正是这种言语智能，教学的本质意义在于让学生学会思考，而不是学会相信。言语能力和言语智慧是在言语现场中生长出来的，而教师的教学语言，则须是学生学习、模仿的范式，规范而不失灵动，洗练而不缺幽默，平实而不少睿智。既能让学生得到恰到好处的点拨、评价，又能让学生获得如沐春风般的愉悦、激励，使语文教学平添了无限的乐趣，变得轻松、愉快。幽默、睿智的教学需要教师丰厚的学养和敏锐的洞察力，更需要教师对学生深厚的情感。

从精致到大气，进而到清简，是一个人教学风格的爬坡和迭代。"清简"是一种教学中的大气度、大智慧，它来源于对学生真切的、真诚的、真实的爱；来源于教师丰厚的修养和教学的艺术；来源于对教学生活的发现和深刻的认识。其实，风格是瓜熟蒂落的结果，刻意只能半生不熟。善于发掘自己教学中的优势领域，在实践中扬长补短，慢慢浸润，悄悄涵养，才能最终形成独具个性风采的教学风格。其实，风格即人格，人格高雅则风格自然雅致。

课堂实践：好课是磨出来的

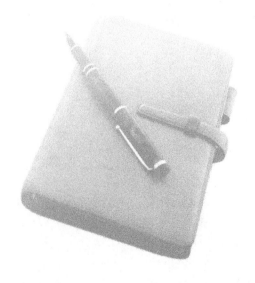

一、一课三磨

组块教学促进了学习方式的改变，也促进了教学研究方式的改变，推出了"一课三磨"的校本教研方式。所谓"一课三磨"，是指一个学科教学团队围绕一个教学课题（课文或问题），经过多次集体研讨与实践研磨，获得课题实施（问题解决）的最佳方案，实现课堂的有效教学与教师的专业成长。

图 3-1   与老师们一起磨课

（一）一磨：教材解读，实现教材资源到教学内容的转化

文选型的语文教材，教学内容隐藏于中，需要通过专业的解读才能发现与确定。一磨的着力点在于确定三个点：一是"起点"，即学生阅读这个文本已有的生活经验和语文经验。准确地研判学生阅读文本的经验起点，尤其是语文经验的起点界定，才能实现"教在起点上"。二是"终点"，即学生阅读这个文本后，其生活经验和语文经验可能达到的新高度，需用准确的语言加以描述。三是"关键点"，即学生阅读这个文本可能遇到的障碍，比如读不懂的地方、体会不了的地方、感受不到的地方等。这些需要教师"教"学生"学"的关键之处，教师须想明白的是，学生应该从

中读到些什么？可以用哪些方法去读？更须想透彻的是，这些关键点（语言现象）背后隐藏着哪些语文知识？这些关键点之间具有什么样的逻辑关系？透彻把握语文知识及其相互间的逻辑关系，便发现了语文知识的智能意义，便把握了教学的内容和教学应该遵循的基本法则。起点、关键点、终点，形成了教学目标与教学内容框架，这是一磨的成果呈现。

（二）二磨：活动设计，实现教学内容到教学活动的转化

将教学内容转换为便教利学的教学活动，要实现三个转向：一是由"从教"转向"从学"。"教得完整不如学得充分"，基于"学的活动"设计课堂教学，注重"学的活动"的丰富性与完整性。二是由"线性"转向"块状"。知识学习可以从多个维度、多个侧面切入，且可以反复多次切入同一知识的学习，以获得更为丰富而深刻的体验。可以将零散的学习活动围绕核心知识或核心能力加以整合，统整为结构化的块状活动，实现一项活动达成多方面教学目标的功效。三是由"平移"转向"阶梯"。块与块之间的活动避免同一水平的简单重复，而应呈现阶梯式的台阶。一个板块活动推进另一个板块活动向更高的目标迈进，让学生获得一种"登山"的感觉。一节课可以安排两到三个阶梯式的板块活动，铺设学习台阶，而每一个台阶都确定若干个学习的落点，即文本关键点的教与学。

一个卓有成效的语文板块活动，须有三个评判标准：一是语文知识的介入程度。没有适切的语文知识内容，就变成了泛语文或非语文。二是学生个体的参与程度。只有群体的同步活动而无个体的独立学习，就会造成教学活动的"空心化"，掩盖了教学的真实状态。三是语文经验的改变程度。语文活动指向学生语文经验的丰富与提升，否则便是低水平的简单重复，学与不学一个样。检测改变程度的最好活动是基于问题解决的实践运用。

（三）三磨：课堂实践，实现教学活动到语文能力的转化

一是课堂观察。借助录播系统，组织磨课团队进行课堂观察，介入专家适时提示观察要点并现场点评教学行为。课堂观察对各板块活动进行定性定量分析研究，关注三个"度"的变化：第一，情感体验的深度。观察学生在该板块教学活动中的情绪变化，从学生表情、举手频率、朗读感情等，判断其学习情感的积极程度与对

文本情感的体会深度。第二，有效思维的长度。对教师提问的问题进行归类统计，分析问题的有效度；对学生回答每个问题的答案进行分级判别，并作有效度的统计分析；对学生独立思考、小组讨论、个体练习等活动时间的统计分析，判断学生有效思维的时间长度；对学生的作业效果进行分级评判，统计分析有效学习的情况。第三，能力提升的幅度。观察学生的语文活动方式与时间，统计分析学生语文实践的作业水平，并通过问卷谈话或问题解决，推断学生在语文能力上的改变程度，特别是语文经验的提升幅度。

二是深度会谈。由主讲人提出课堂教学中遇到的问题，磨课团队结合课堂观察统计分析，进行深度会谈，寻找问题原因及改进对策。第一，扫描"盲区"。就主讲教师忽略的教学现象或教学问题，借助录像或观察者的实时记录，揭示教学关注的"盲区"，并深入剖析根源，形成共识。第二，透视"细节"。就主讲教师的行为细节进行深层剖析，并采取"思维风暴"方式，设想行为改进的多种可能性，丰富预案。第三，发现"优势"。就主讲教师的教学长处进行归纳提炼，寻找适合其自身的教学方式，提振主讲教师的教学自信，并逐渐形成教学特点或教学风格。

三是现场重构。每个主讲者基于自身的课堂教学实践经验，重新评估教学活动设计的操作性及实效性，并重新审视文本解读的节点定位及适切性，重新调整教学活动与教学手段，现场重构具有自身特点的教学活动设计。通过比照前后多份教学设计，教师可以获得专业发展的进步感，增强教学研究的主动性与自觉性，让"一课三磨"成为一种专业发展的自觉行为。

（四）三个介入

为提高一课三磨的专业性，需要实现"三个介入"。

一是专业阅读的介入。只有团队研讨，而无个体持续的专业阅读，磨课难免会停留在经验层面，问题依然成为问题。唯有教师在磨课中根据需要进行必要的专业阅读，才能从阅读中获取真知灼见，才能真正有所改变。

二是专家指导的介入。名特教师具有丰富的教学经验和精湛的教学艺术，对教学的实际问题具有过人的洞察力，并有解决问题的应变策略和技巧。有了专家的及时介入，我们教师等于戴了一副特殊的"眼镜"，可以"看到"平时自己看不到的东西。更为重要的是，教师在这样的熏陶下，就会逐渐具备像专家一样的问题思考方式。

三是专业技术的介入。一课三磨借助录播系统和课堂观察技术，改进了观课议课，让课堂可以再现、定点，甚至可以分门别类地统计分析。在统计分析与重构设计等方面，我们还借助思维导图、支架设计等技术，让教师拥有磨课的多种技术。

（五）三类课例

在"一课三磨"的常态化教学研究活动中，我们研磨出了一个个组块教学范例。王荣生教授提出了从教学内容角度观课评教的五种样式，建议我们结合语文教师的日常教学需要，将教学范例进行分类研究，整理了三类经典课例。

一是"板块式"的教学设计范例。"一课三磨"的目标指向设计出一份便教利学的语文教学活动设计，以板块活动的方式呈现，而非线性的教案。这样的板块式活动设计，为教师提供了具体可行的课堂教学活动，有教学目标，有活动主题，有每个板块活动的具体步骤，以及每个步骤中教师需要提示学生的活动要求、方法与策略，还有需要学生掌握的知识要点与关键技能。所有的板块活动都充分体现学生在不同任务情境中的活动，操作性强，活动效果明显，具有普适性。

以《航天飞机》为例，全文教学紧紧围绕"有序复述"这个核心的能力目标，设计为三个板块活动：认读词串，初识特征；概括特点，有序复述；变换人称，自我介绍。每个板块活动设置为若干个活动步骤，比如"变换人称，自我介绍"这个活动板块，可以设置三个活动步骤：第一步，扮演一下航天飞机，准备一个自我介绍。提示学生：整理介绍内容，外形特点，飞行姿态，特别本领；改用"第一人称"；自我介绍要实事求是，更要谦虚得体。第二步，列出普通飞机值得骄傲的地方，有条理地做一个自我介绍。活动要点：归纳普通飞机的特点，比如有客机、战斗机、直升机、水上飞机等各种类型，是一个大家族；飞行速度与陆地上的汽车、火车比都要快；可以运送货物、载客旅行、进行搜救、开展侦查等。第三步，仿照航天飞机的自我介绍，向全班同学做一个自我介绍。提示学生：先归纳介绍的方面，如长相特点、兴趣爱好、特长优点；再选择一个方面作具体介绍，可以运用比较的方法，也可以运用一个一个分别介绍的方法；介绍时要面向全体同学，声音响亮、大方得体。

二是"反思性"的教学实录评析。组块教学借助"五机位"录播系统，对课堂教学实况进行分角度录制：一号机位专门拍摄教师的教学行为，记录教学的全过程；二号机位摄录全班学生的集体学习活动，记录学生自主学习的活动次数、主题、时间及状态；三、四号机位定点摄录个别学生的学习状况，记录某个学生在课堂中的学习状态和学习质量；五号机位跟踪拍摄教师和学生的交互活动，记录"问答"过程，详细分析教学的推进过程及原因。我们根据摄录的课堂视频，整理成教学实录，用基于"五机位"录播系统的课堂观察表进行教学反思，定点定位，通过定量与定性分析，对教学的每个板块活动及教学步骤的效能做出比较合理的判断与归因分析，从而找到改进的策略与方法，为重构提供了重要的依据。这样的反思性教学实录评析，有别于空泛的观课议课，具有实证研究的特点，为组块教学理论的建立提供了丰富的实践素材。范健建、沈霞等青年教师都借助这样的方式，研磨出了优秀的课例，先后在全国、省市的教学大赛中获得一、二等奖，所写的《赶海》《猜一猜》等教学实录分别发表在《小学语文教师》等杂志。

　　三是"综述型"的教学专题例谈。"综述型"教学例谈是对某一篇课文或某一课题（识字、写字、阅读、写作或口语交际等）的教学过程做全面的扫描，并加以专题评议。这一类教学案例紧紧围绕某一个专题，借用一个具体的课堂教学实例进行剖析研究，旨在解决这个专题面临的教学问题，为教师提供切实的理论指导和实践方法。以薛法根老师为核心的阅读教学团队，先后进行了古诗教学、散文教学、小说教学、议论文教学及说明文教学、识字教学等十多个项目的专题研究，推出了《夜雪》《爱如茉莉》《爱之链》《谈礼貌》《埃及的金字塔》等经典课例为主线的教学专题，为一线教师提供了切实可行的路径指引。

　　语文组块教学课题组先后编印了《板块式课程设计范例》《联结性学习设计范例》《经典课堂教学实录评析》《名师经典课堂赏析》《单元统整课程设计案例》等课例集，共收录了120个教学设计范例、48个经典课堂教学实录以及8个单元课程教学案例；组块教学江阴工作站20名学员还研制了文本分类教学的30多个经典课例，刊载在《文本分类教学》中。

二、十堂好课

（一）我的小说课

1.《少年闰土》教学实录

板块一：读对"错别字"

师：（出示鲁迅图片）他是谁？

生：（齐答）鲁迅。

师：鲁迅是谁？

生：（齐答）周树人。

师：鲁迅是他的——

生：（生接）笔名。

师：鲁迅先生用过140多个笔名，这是其中之一。有谁知道"鲁迅"这个笔名的来历吗？

生：（沉默）

图 3-2　执教《少年闰土》

师："鲁迅"这个笔名有这样两种解释：第一种，"鲁"，是他母亲的姓氏，他的母亲叫"鲁瑞"，是一位大家闺秀；"迅"，是他小时候的小名。你们有小名吗？

生：（齐答）有。

师：小时候人家都叫他什么呢？（板书：迅哥儿）

生：（齐读）迅哥儿。

师：连起来就叫"鲁迅"。还有另外一种解释：鲁迅的好朋友问他，你为什么用"鲁迅"这个笔名呢？他说："我这个人，比较愚鲁，不聪明，我很笨，但是我做事情比人家要勤快，愚鲁而迅行，就叫'鲁迅'，所谓'笨鸟先飞'的意思吧。"这是他自己的说法。

师：这是两种解释，可能还有第三种解释，请你课外自己去了解。1918年，鲁迅第一次用这个笔名写的白话小说叫《狂人日记》，之后他用"鲁迅"这个笔名写了一系列小说。1921年，他写了一篇小说《故乡》。我们今天学习的课文，就选自这篇小说中的一个片段，编者给它取了一个题目叫——

生：（齐读）少年闰土。

师：写的是鲁迅小时候和一位少年——闰土在一起生活的经历。因为这篇课文写的年代比较久远，1921年，鲁迅先生刚刚用白话文开始写作，文中很多字词与我们现在的用语习惯都不太一样，出现了很多"错别字"，一起读一读，辨一辨。（PPT出示"错别字"）

师：比如说"项带银圈"的"带"，应该是——（生接）"戴"；"检贝壳"的"检"，应该是——（生接）"捡"；"希奇的事"的"希"，应该是——（生接）"稀"；"阿"，应该是——（生接）"啊"；"尽力的刺去"的"的"，应该是——（生接）"地"；"月亮地下"的"地"，应该是——（生接）"底"……那时候，"的""得""地"不分，"他""她""它"也不分。（生笑）

师：文中除了这些"错别字"，还有一类字，叫——（PPT出示：方言字）

生：方言字。

师：因为鲁迅先生是哪个地方的人？

生：浙江绍兴。

师：他在文章中经常用方言字。例如"捏"，三根手指靠拢叫"捏"，这里应该是"握"，但在浙江绍兴的方言里，所有的"握"都叫——（生接）"捏"；"在小棒上缚"的"缚",应该写成——（生接）系;"日里",应该写成——（生接）白天;"便是",应该写成——（生接）即使是,就算是;"仿佛年纪"的"仿佛",应该写成——（生接）差不多。

师:这些字词在朗读的时候,只要大概知道意思,可以跳过去。

板块二:读出"关系图"

师:散文、诗歌一般用"嘴"朗读,小说一般用"眼"默读。现在请同学们默读课文,边读边思考:少年鲁迅遇到少年闰土,他们原来是什么关系?后来又是什么关系?在关键的地方做一点记号。

生:（默读课文）

师:谁来告诉我,闰土和鲁迅原来是什么关系?

生:他们原来是朋友关系。

师:你是从哪儿看出来的?要有依据。

生:（沉默）

师:读书一定要细致。请你看第二自然段,闰土是什么身份?鲁迅是什么身份?你来读一读这一段。

生:（朗读第二自然段）

师:你读到这里发现了什么?闰土的父亲是干什么的?他和鲁迅家是什么关系?

生:（仍然沉默,旁边同桌提醒:忙月）

师:你看,你的同桌都替你着急了。闰土的父亲是一个"忙月",就是给鲁迅家做短工的。鲁迅家是大户人家,很富裕,他的祖父在京城做大官,所以他们家有很多的——

生:（生接）佣人。

师:对了!他们家有很多的忙月,其中一个忙月的儿子叫——

生:（生接）闰土。

师:那闰土是谁?

生:（生接）忙月。（众笑）

师:忙月的——（生接）儿子。那鲁迅的身份是什么?

生:（生接）少爷。

师：什么是少爷？

生：（再次沉默）

师：你是少爷吗？

生：不是。

师：那什么样的人才是少爷？

生：一般就是大户人家里面主人的儿子。

师：少爷的爸爸怎么称呼？

生：老爷。

师：如果是个女的呢？

生：小姐。

师：好，现在清楚了吗？鲁迅是家里的——

生：少爷。

师：闰土是短工的——

生：儿子。

师：那两个人是什么关系？

生：他们原来是主仆关系。

师：封建社会有主仆关系，一个是主人，一个是仆人。（板书：主仆关系）很多电影电视剧里都有主仆。跟在主人后面的那些，叫仆人。课文的第二自然段就告诉我们，少年的鲁迅与少年闰土原来是主仆关系。

师：那么接下来是什么关系？两个人在一起时间长了以后是什么关系了？

生：朋友关系。

师：对，请你找到依据。

生：在第四自然段，"于是，不到半日，我们便熟识了"。

师：只要找到一个关键词——

生：熟识。

师：圈出来，熟识。你猜，一般人管"鲁迅"叫什么？

生：少爷。

师：但是闰土这时候管"鲁迅"叫什么？

生：朋友。

师：刚刚不是介绍过他的笔名？

生：（齐答）迅哥儿。

师：朋友关系，以兄弟相称。（板书：朋友关系）到最后，两个人又成了什么关系了？

生：到最后就成了形影不离的朋友。

师：分别的时候——

生：分别的时候我急得大哭，他也回到厨房里哭着不肯出门。

师：分别的时候"我"哭，"他"也哭，两个人都哭，什么关系？

生：我觉得可以用难舍难分这个词来形容。

师：是不是更恰当？难舍难分的朋友了。

生：我觉得他们能算是挚友了。

生：我觉得他们应该是手足情深的兄弟。

师：已经成兄弟了。

生：我觉得他们已经成知己了。

师：恩，就是你们女生讲的闺蜜，是不是？（众笑）

师：同学们，读小说要这样读，才有意思，知道吗？你们都看电影对不对，原来两个人是陌生人，后来两个人成为朋友，再后来成为恋人，最后成为夫妻。懂了没有？（众笑）

师：这叫故事啊！这叫小说啊！你们读小说一定要看到故事，知道了吗？

生：（齐答）知道了。

师：好了，少年闰土与少年鲁迅从主仆变成朋友，用了多少时间？

生：半日，"不到半日便熟识了"。

师：从朋友变成兄弟，用了多少时间？

生：一个正月。

师：新年的那一个月就叫——正月，一个月就成了难舍难分的兄弟。你和同桌相处多少时间了？

生：6年。

师：是不是成为难舍难分的兄弟啦？

生：（害羞，众笑）

　　师：所以，读小说一定要关注人物之间的关系变化，这才具有了读小说的眼光。

　　板块三：赏读"新鲜事"
　　师：两个人相处了一个月，他们说的话多不多？
　　生：（齐答）多。
　　师：谈的事多不多？
　　生：（齐答）多。
　　师：干的事儿多不多？
　　生：（齐答）多。
　　师：闰土干了什么事？
　　生：（沉默）
　　师：闰土是来干什么的？
　　生：做工的。
　　生：管祭器的。
　　师：看着这些灶台上的祭器，都是银的，很值钱，要防止它们被偷走。但是这些事情鲁迅先生有没有写？
　　生：没有。
　　师：那他只写了什么呢？
　　生：鲁迅只写了这段时间内和闰土聊的天，做的事。
　　师：做的什么事呢？
　　生：和他一起玩耍，一起捉鸟，一起聊天。
　　师：说准确，有一起去玩吗？
　　生：没有，就一起聊天。
　　师：对了，只写了闰土和作者讲的新鲜事儿。这篇小说很奇怪，一般写小说都要写两个人一起干的事儿，要么干好事儿，要么干坏事儿。但是这里作者一件事都不写，只写闰土给他讲——
　　生：（齐答）新鲜事！
　　师：讲了哪些新鲜事儿呢？（PPT出示语段）谁来读？
　　生：（朗读）这不能。须大雪下了才好。我们沙地上，下了雪，我扫出一块空地来，用短棒支起一个大竹匾，撒下秕谷，看鸟雀来吃时，我远远地将缚在棒上的绳子只一拉，那鸟雀就罩在竹匾下了。什么都有：稻鸡，角鸡，鹁鸪，蓝背……

师：请问，讲了一件什么新鲜事？概括一下。

生：捉鸟。

师：什么时候？

生：下雪的时候。

师：所以在"捉鸟"前面再加两个字——

生：雪地捉鸟。

师："捉"换一个字。

生：雪地捕鸟。

师：请你写在黑板上。大部分同学都没有干过这件事吧，这件事对你们来说新鲜吗？

生：新鲜。

师：哪儿新鲜？

生：在雪地里捕鸟，用竹匾来罩着。

师：捕鸟的方法新鲜，你读一读，怎么捕鸟的？

生：我扫出一块空地来——

师：先要扫出一块空地，把雪扫掉。

生：用短棒支起一个大竹匾——

师：要支起来。

生：撒下秕谷。

师：要撒什么？

生：秕谷。

师：秕谷是什么你知道吗？

生：应该是一种鸟儿吃的谷子。（众笑）

师：你肯定没有种过田。谷有两种：一种是饱满的，可以碾成米；还有一种是瘪的，不饱满的，就是秕谷。

生：看鸟雀来吃时，我远远地将缚在棒上的绳子只一拉——

师：要拉一下。

生：那鸟雀就罩在竹匾下了。

师：罩在了竹匾下，注意哦，要躲得远远的，让鸟看不见你。捕鸟的玩法，请你把这些动词都圈出来。玩法很新鲜，再看，还有什么新鲜的？

生：什么都有，稻鸡，角鸡，鹁鸪，蓝背……

师：麻雀太常见了，他捕到的鸟你们看到过吗？听说过吗？

生：（一起摇头说没有）

师：雪地捕鸟，捕鸟的方法很新鲜，捕到的鸟也很新鲜。我们再看第二件事。（PPT 出示语段）谁来读？

生：现在太冷，你夏天到我们这里来。我们日里到海边检（捡）贝壳去，红的绿的都有，鬼见怕也有，观音手也有。

师：讲了一件什么事？

生：海边捡贝壳。

师：跟刚才概括的一样，四个字？

生：海边拾贝。

师：你捡到过什么贝壳？

生：形状怪异的都捡到过。

师：你的生活经验还是很丰富的。奖励你，把这四个字写在黑板上。同学们注意哦，普通的贝壳闰土从来不说，他说的是什么？红的绿的都有。你们捡到过吗？

生：（齐答）没有。

师："鬼见怕"你们捡到过吗？"观音手"你们见过吗？

生：（齐答）没有。

师：这叫新鲜！接下来，他又说了一件什么事？（PPT 出示语段）谁来读？

生："……晚上我和爹管西瓜，你也去。""管贼么？""不是。走路的人口渴了摘一个瓜吃，我们这里是不算偷的。要管的是獾猪，刺猬，猹。月亮地下，你听，啦啦的响了，猹在咬瓜了。你便捏了胡叉，轻轻地走去……""他不咬人吗？""有胡叉呢。走到了，看见猹了，你便刺。这畜生很伶俐，反从胯下窜（蹿）了。他的皮毛是油一般的滑……"

师：读得很流利！有一个字请注意，"倒向你奔来"，这个"奔"念第四声，是有方向的跑。同学们，这个猹厉害吧，一般都是往边上逃窜，而它是怎么样——冲着你，你怕不怕？

生：怕。（众笑）

师：那这里究竟讲了件什么事呢？

生：讲的是闰土在管西瓜的时候刺猹。

师：四个字？

生：田里刺猹。

生：瓜地刺猹。

生：月下刺猹。

师：你很有诗意。

生：管瓜刺猹。

师："管"改成"看"字，看瓜刺猹。你们干过这件事吗？

生：没有。

师：你们敢干这件事吗？

生：不敢。（众笑）

师：新鲜！

师：还有什么事儿？（PPT 出示语段）谁来读？

生：我们沙地里，潮汛要来的时候，就有许多跳鱼儿只是跳，都有青蛙似的两个脚……

师：新鲜在哪儿？

生：哪儿都新鲜。（众大笑）

师：很好！哪儿都新鲜，是哪儿都新鲜。因为什么？潮水来的时候，鱼儿都在跳，你们看到过吗？

生：没有。

师：鱼还有两只脚在跳，哪儿都新鲜。写了一件什么事？

生：潮汛来的时候，就有许多跳鱼儿只是跳。

师：四个字？老师借你一个字，看。

生：看鱼儿跳。（众大笑）

师：也不错，把"跳"字放前面好吗？

生：看跳鱼儿。

师：对了，小朋友，你真新鲜，（众笑）把它写下来。

师：少年闰土给少年鲁迅讲了几件新鲜事儿？

生：（齐答）四件。

师：是不是只有这四件？

生：（齐答）不是。

师：你从哪儿看出来的？

生：第十七自然段，后面有一个省略号。

师：省略了什么呢？

生：表示闰土还和鲁迅讲了很多很多的事儿。

生：第十八自然段，"啊，闰土的心里有无穷无尽的稀奇的事儿"，从"无穷无尽"可以看出来，闰土还知道很多稀奇的事儿。

师：发现了没有？还得往下看，才能找到关键的词。四件事儿，一百多年前闰土干过，鲁迅是少爷，所以没干过。你们是少爷吗？

生：（齐答）不是。

师：那你们干过吗？

生：（齐答）没有。

师：你们是少年，也没有干过，说明闰土说的真的是新鲜事儿，是稀奇事儿。看课文的插图，是闰土在给鲁迅讲新鲜事儿，看鲁迅是怎么听的，请你也学一学他的动作。

生：（模仿托着腮听）

师：这个动作表示什么呢？

生：闰土讲得很有趣。

生：鲁迅听得很入迷。

师：再考考你，闰土讲到哪一件事的时候，鲁迅不再托着腮帮子，马上就跳起来了？

生：我觉得是看瓜刺猹。

师：讲到哪儿的时候，鲁迅就跳起来了？

生：我觉得是：你听，啦啦的响了，猹在咬瓜了。鲁迅很想知道接下来闰土是如何刺猹的。

师：你发现没有，其他三件事的时候，鲁迅有没有插嘴？

生：没有。

师：看瓜刺猹的时候插了几次嘴？"管贼么?"一开始请他去看瓜，一般人都以为是管贼，结果发现是管猹。接着问，"他不咬人吗?"这个猹咬不咬人？

生：(意见不一)咬，不咬。

师：咬！咬人！很凶猛！比狗凶得多。"他不咬人吗?"鲁迅吓坏了。好，所以我们知道，哪件事鲁迅听着听着就跳起来了？

生：(齐答)看瓜刺猹。

师：现在我们来好好地读一读这一件事。请你们自己练习读，要读到听的人跳起来！

生：(自由练习朗读)

师：好，现在请同学来读。你要读得让所有的人感觉新鲜，刺激。

生：(投入地朗读)

师：(插话)"管贼吗?"你是"管贼吗"，要换一个语调，再来。(再插话)"他的皮毛是——油一般的滑。"他捉到过猹吗？

生：捉到过。

师：只有捉到过，才会摸到，对吗？比刚才有进步，老师要奖励你，要吗？

生：要。

师：推荐一个同学，让他(她)读得让人感觉特别新鲜！

生：(读得有声有色)

师：听到没有？这位同学读书就像在跟你讲故事一样，刚刚这位同学就像在念书。朗读要有情境感，我们再来听一遍。

生：(读完，众鼓掌)

师：真好，小说经典的片段要演绎，懂吗？要奖励吗？

生：要。

师：推荐一个男同学。

生：(指后面一位男生)

师：不要辜负女同学的希望。(众笑)

生：(读完，众生自觉鼓掌)

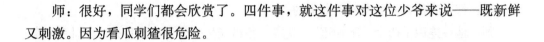

师：很好，同学们都会欣赏了。四件事，就这件事对这位少爷来说——既新鲜又刺激。因为看瓜刺猹很危险。

板块四：读懂"不知道"

师：少爷鲁迅听完这四件事后，他很感慨，在文章中插入了几段话。当他讲到猹的时候，他是这么写的——

生：（齐读）我那时并不知道这所谓猹的是怎么一件东西——便是现在也没有知道——只是无端地觉得状如小狗而很凶猛。

师：发现没有？小时候不知道猹是什么？现在知道吗？老了知道吗？

生：（齐答）不知道。

师：当他讲完这件事情后，他又插入了一段话——

生：（齐读）我素不知道天下有这许多新鲜事：海边有如许五色的贝壳；西瓜有这样危险的经历，我先前单知道它在水果店里出卖罢了。

师：这些插入的话就是鲁迅当时听完后的感慨，我们称为"议论"。我们再来看，还有一段"议论"——

生：（齐读）啊！闰土的心里有无穷无尽的希奇的事，都是我往常的朋友所不知道的。他不知道一些事，闰土在海边时，他们都和我一样只看见院子里高墙上的四角的天空。

师：闰土是海边的少年，是海边农村的孩子。而少爷鲁迅在哪里呢？

生：城里。

师：是在三味书屋里，跟着寿镜吾先生念私塾。你们去过绍兴吗？读鲁迅一定要去绍兴，去看看三味书屋，去看看鲁迅坐过的那张桌子，看看那个院子，看看那四角的天空。这篇小说的写法非常有特色，就是在叙事的时候，插入了几段自己的议论。请你们找一找，在这些议论中鲁迅用得最多的一个词是哪一个？

生：不知道。

师：这个词你知道吗？（问另一生）

生：不知道。（众笑）

师：你答对了！（众大笑）就是"不知道"。第一次是，"我那时并不知道"；第二次是，"便是现在也并没有知道"；第三次是，"我素不知道"；第四次是——

生：都是我往常的朋友所不知道的。

师：他一连用了四个"不知道"，其实，鲁迅先生想告诉我们什么？想让我们知道什么？

生：他想告诉我们少年闰土的故事很新鲜。

师：你们知道了吗？这一层意思，你读懂了。

生：我觉得是作为少爷的鲁迅，他觉得自己的经历非常少。

师：经历少，可怜了。你读懂了第二层意思。

生：我知道，鲁迅觉得闰土知道得特别多，表达了他对闰土的敬佩以及对乡村生活的向往。

师：敬佩、向往，你们都读到了吗？这就是鲁迅藏着没有表达的意思，你读懂了第三层意思，读得更深了。

生：第十八自然段"四角的天空"，我看出了鲁迅可能说自己就像井底之蛙一样，孤陋寡闻。

师：深刻！还有没有更深刻的认识了？

生：我认为鲁迅觉得有闰土这样的朋友感觉很好。

师：好？能不能更准确一点。

生：很棒。

师：你很接近了，但是能不能更加精准一些？

生：自豪。

师：幸运。人生幸运的是遇到了一个真正的海边少年，因为他常常和别的少爷、小姐在一起。人生真正的幸运在这里，有了一位与众不同的伙伴。

师：这篇小说运用了一种写法：在叙事当中用了议论，把作者想说的话直接写出来了，这叫——夹叙夹议。（板书：夹叙夹议）

师：你发现没有，四件事中，哪一件事他没有议论？

生：雪地捕鸟。

师：我们做一个小练习，如果鲁迅要对这件事发表一些议论，他会说些什么？一两句话，请你们来议论议论，用上一个"不知道"。

生：啊，这些我都不知道，你可真厉害，闰土。

师：这是你的感慨。

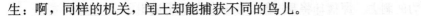

生：啊，同样的机关，闰土却能捕获不同的鸟儿。

生：我从前看过《百草园到三味书屋》，鲁迅只捕获过麻雀和一些急躁的鸟。

师：你还看过《百草园到三味书屋》是吗？很好。

生：啊，原来还有捕鸟这种活动啊！而且还是用这么神奇的方法，这么朴素的工具，就捕获了这么多稀奇的鸟类。

师：嗯，一听就知道是女孩子的感慨。

生：啊，世上竟然还有这样有趣的事，我真庆幸能交上闰土这个好朋友。

生：啊，我当时真的不知道，还有这样捕鸟的方法，也不知道居然能捕到这么多稀奇的鸟。

师：嗯，用上了两个"不知道"。不知道的有很多，但问题是，为什么在这个故事背后，鲁迅没有感慨？也可以感慨一下是不是：啊！闰土原来真的会这样捉小鸟雀哦；啊，闰土居然捉了这么多的小鸟雀啊，我以前只在书本上看过。为什么不这么感慨？

生：我觉得捕鸟要在雪地里，所以他要等到雪天行，所以他什么都不能做。

师：这个问题有点难，老师来告诉大家。因为在闰土没来之前，他就听说闰土会捉小鸟雀，他已经有了心理准备，知道他会捉。而下面的三件事，他连听都没有听说过。

生：（恍然大悟）

板块五：诵读"一幅画"

师：我们再来回顾一下四件事——

生：（齐读）雪地捕鸟、海边拾贝、看瓜刺猹、看跳鱼儿。

师：这四件事，哪一件留在了鲁迅的心里，随着岁月的流逝，慢慢地积淀，慢慢地发酵，就像米酿成了酒，变成了永恒的一幅画？

生：我觉得是看瓜刺猹。

师：因为一提到闰土，鲁迅的脑海里就出现了这样一幅画面——（PPT 出示语段）

生：（齐读）深蓝的天空中挂着一轮金黄的圆月，下面是海边的沙地，都种着一望无际的碧绿的西瓜，其间有一个十一二岁的少年，项带银圈，手捏一柄钢叉，向一匹猹尽力的刺去。那猹却将身一扭，反从他的胯下逃走了。

师：看插图，就是这段话描写的画面。在他的印象当中，这是一个怎样的少年？

生：机智勇敢。

生：我看到一个身手敏捷的少年。

生：聪明伶俐。

师：伶俐这个词好，猹是伶俐的，少年更是伶俐的。写下来。

生：我看到了一个勇武的少年。

生：我看到了一个活泼可爱的少年。

师：你们看"项带银圈，手捏一柄钢叉"，这个少年长得怎么样？

生：可爱。

师：明明很英俊嘛！你们都不好意思说。（众笑）

师：但是你们只看到了一层，还应该看到这个少年——见多识广。这幅画有一个背景——怎样的天空？怎样的圆月？怎样的西瓜？（PPT 出示语段）

生：（齐读）深蓝的天空中挂着一轮金黄的圆月，下面是海边的沙地，都种着一望无际的碧绿的西瓜。

师：如果这么写：天空中挂着一轮圆月，下面是海边的沙地，都种着一望无际的西瓜。有什么不同？

生：课文写的是一幅彩色画，色彩特别鲜艳；而老师一改，就成了一幅黑白画，灰色的了。

师：把三个描写颜色的词圈出来，小说中写的是彩色画。再看，如果把描写"猹"的反应删去，有什么不同？

生：如果不写猹的反应，就体现不出闰土的英勇。

师：少年闰土的英勇、机智、伶俐，是用猹反衬出来的。现在我们把这段话读一遍，留在自己的心里。

生：（齐读，背诵）

师：经过一个多月的相处，少年闰土和少爷鲁迅成了难舍难分的兄弟，这是我们今天学习的课文，题目叫——

生：少年闰土。

师：30 年后，少年闰土变成了中年闰土，少爷鲁迅变成了中年鲁迅。有一天，他们终于相会了，我这时很兴奋，但不知道怎么说才好，只是说——（PPT 出示）"阿！闰土哥，——你来了？……"

师：马上感觉到他们是什么关系？

生：兄弟。

师：我接着便有许多话，想要连珠一般涌出：角鸡，跳鱼儿，贝壳，猹，……好像回到了什么时候？

生：少年的时候。

师：但又总觉得被什么挡着似的，单在脑里面回旋，吐不出口外去。他站住了，脸上现出欢喜和凄凉的神情；动着嘴唇，却没有作声。他的态度终于恭敬起来了，分明的叫道：——猜

生：少爷。

生：迅哥儿。

师：（PPT 出示）念——

生：老爷。

师：突然发现，少年的时候是什么关系？

生：朋友关系，兄弟关系。

师：现在是什么关系？

生：主仆关系。

师：30 年后，怎么又一下子从朋友、兄弟变成了主仆？这就是《故乡》这篇小说要给我们思考的问题。课后请你们去读一读《故乡》这篇小说，相信你会有新的感慨。

2.《桥》教学实录

板块一：读好词句，带入小说语境。

师：《桥》，这是一篇小说，小说一般都是虚构的。这篇小说比较短，所以在"小说"前面又加了一个字"小"——（板书：小小说）

生：（齐读）小小说。

师：课文中的生字词都会读了吗？（PPT 出示词语）谁来读这两组词？

生：（众生跟读）搀扶，祭奠；咆哮，狞笑，蹿上来，势不可当。

师：（插话点拨）这里要注意两个字的读音，一个是"蹿"，念——（生读

图 3-3　执教小说《桥》

cuān）一个是"当"，念——（生读 dāng）

　　师：洪水"势不可当"怎么理解？

　　生：洪水的气势大得无法抵挡。

　　生：洪水大得挡也挡不住。

　　师：什么样的笑叫"狞笑"？

　　生：就是笑得让你感觉很可怕、很恐惧。

　　生：笑得让人毛骨悚然，一般用在坏人身上。

　　师："狞笑"是个贬义词。继续往下读第三组词——

　　生：（众生跟读）没腿深的水里，没人再喊，吞没。

　　师：没错，"没"是个多音字。再看第四组词——

　　生：（众生跟读）疯了似的折回来，似乎要喊什么。

　　师：不错，"似"也是个多音字，平、翘舌音要分清。什么叫折回来？

　　生：折返、往回跑。

　　师：看最后一组词——

　　生：（众生跟读）狂奔而来，奔上桥。

　　师："奔"是多音字，有方向地跑要念第四声。现在要跑向哪里？

　　生：桥上。

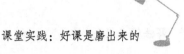

师：所以"奔上桥"的"奔"要念第四声。现在我们来读课文，一人读一节。

生：黎明的时候，雨突然大了。像泼。像倒。

师：你读得有点平，没有起伏。老师给三个字加了着重号，（PPT 显示：大、泼、倒）为什么要重读呢？因为要把其中的意思和情感表达出来。这些字就像锤子，要敲在鼓上，要敲在你的心坎上。

生：（再读）黎明的时候，雨突然大了。像泼。像倒。

师：你缺乏点激情。来，握紧拳头，读——

生：（第三次读，读出重音）

师：你注意了重音，但是句中用了"句号"，留有空白，说明这个地方要——

生：停顿。

师：再来读。

生：（第四次读，读出变化）

师：（高兴地）有进步！（竖大拇指）一起读。

生：（齐读）

师：下面，请同学们一个接一个往下读。其他同学认真听，哪些词语敲打在了你的心坎上？生：（挨个往下读）木桥前，没腿深的水里，站着他们的党支部书记，那个全村人都拥戴的老汉。

师：（打断）读小说，要读给别人听，语速不要太快。

生：（重读）

师：哪个词没有敲到你们的心坎上？

生：（齐答）拥戴！

师：你再来试试。

生：（再读）

师：很好！接着往下读。

生：（挨个往下读）桥窄！排成一队，不要挤！党员排在后边！

师：（打断）注意！这里是三个感叹号！要喊，要敲在心坎上！

生：（重读）桥窄！排成一队，不要挤！党员排在后边！

师：比刚才读得好，读第三遍。

生：（再读，感情饱满）

师：就要这样读！读出情境感，那种紧急，那种果断，那种威严……都要通过朗读表现出来，让人有身临其境之感。谁来把我们带进那个场景里去？

生：（感情朗读，绘声绘色）

师：读小说，就要这样把人带进小说里去。继续——

生：（继续挨个读）

师：小说读完了，重点的词语要像锤子一样敲在读者的心里，朗读一定要有情境感。

　　板块二：理清因果，把握小说情节。

师：这篇小小说的题目叫——

生：（齐读）桥。

师：一共多少个自然段？

生：27 个。

师：其实文章的字数并不多，为什么显得这么长呢？

生：因为它每一段几乎都是一个小短句。

师：最短的一句话几个字？

生：两个字。

师：文章用了很多的短语、短句，而且都单独写成一个一个自然段。作者为什么要这么写？

生：我觉得是因为洪水来的时候情况很紧急，然后它就没有很多长句子来描绘这个情景。

师：嗯，你们听到了哪个词？

生：（齐答）紧急。

师：人在紧急的情况下，说的是长句还是短句？

生：（齐答）短句。

师：小说写的就是紧急情况下发生的故事，所以要用短语、短句，每个自然段也很短。如果把 27 个自然段它分成两个部分，怎么分？

生：我觉得第一至六可以分在一起，写的是人都到木桥边；然后第七至二十七是写他们走木桥和洪水来了。

生：我觉得是第一至十四自然段，写的是洪水来了，老汉让群众排好队；第十五至二十七自然段合成一个部分，讲的是老汉和小伙子。

生：我觉得是第一至二十三自然段，写的是洪水来了；后面写的是洪水退了以后。

师：三种意见，你选择哪一种分法？

生：（犹豫不定）

师：小说是由一个一个的事件构成的，这篇小小说写了两个事件，请看两个"时间"——

生：（齐答）黎明时分，五天以后。

师：哪两个事件？

生：第一个事件，黎明时分，山洪暴发；第二个事件，五天以后，洪水退去。

师：洪水退去，继续说——

生：一个老太太来祭奠两个人，她的丈夫和儿子。

师：概括一下，四个字。

生：祭奠亲人。

师：抓住时间划分事件，这样清楚了吗？

生：（齐答）清楚了。

师：再看第一件事，如果再分为三个部分，怎么分？

生：我按照起因、经过、结果分，一至四是突遇山洪，五至十三是老书记疏导撤离，十四至二十三是写桥塌了。

师：他说了三个关键词，第一个是——（生答：突遇山洪）第二个是——（生答：疏导撤离）也可以说是指挥撤离。第三个是——（生答：桥塌了）改成四个字——（生答：桥塌遇难）师：这篇课文的题目是——

生：桥。

师：如果以"桥"为线索，可以怎么概括三个部分内容？

生：拥向木桥，指挥过桥，桥塌遇难。

师：指挥过桥这个部分中，出了一个意外事件？

生：老汉从人群中揪出一个小伙子。

师：如果没有这个意外事件，大家都过了桥，最后老汉遇难了，这个故事感人吗？

　　生：（迟疑了一下）

　　师：也感人的。而现在，最后这个小伙子也遇难了，关键是——

　　生：小伙子是老汉的儿子。

　　生：是老汉把小伙子揪出队伍，所以两个人一起遇难了。

　　师：最后两个人一起遇难了，这就震撼了。

　　师：现在我们来总结一下。这篇小小说的题目是——

　　生：桥。

　　师：发生了什么事？

　　生：黎明时分，山洪暴发。

　　师：人们——

　　生：拥向木桥。

　　师：老汉——

　　生：指挥过桥，揪出小伙。

　　师：最后，老汉与小伙子——

　　生：桥塌遇难。

　　师：五天以后，洪水退去。一位老太太——

　　生：祭奠亲人。

　　师：所有这些，都叫小说中的事件。（板书：事件）小说就是一件事一件事地连起来。是不是把所有的事连起来都叫小说呢？

　　生：不是的。

　　师：我们也学过很多童话、民间故事，也是一件一件事连起来，这些是小说吗？

　　生：（犹豫不定）

　　师：小说的事件与事件之间，是有内在联系的。（两手相扣，演示事件的联系）两件事相扣，扣得密不可分。如何扣得密不可分？我们用一个关联词：因为……所以……谁来说一说这些事件是怎么"扣"起来的？

　　生：因为黎明时分，山洪突然暴发，所以人们拥上木桥，准备逃生。

　　生：因为人们疯了似的拥向窄窄的木桥，太危险了，所以老支书站在那里指挥过桥。

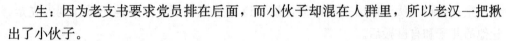

生：因为老支书要求党员排在后面，而小伙子却混在人群里，所以老汉一把揪出了小伙子。

生：因为小伙子被揪出来了，所以桥塌的时候，和老支书一起遇难了。

生：因为老支书和小伙子就是父子，所以老太太来祭奠自己的丈夫和儿子。

师：你们看，事件之间的因果关系，环环相扣，就构成了小说的——（板书：情节）

生：（齐读）情节。

板块三：关注细节，读出人物形象。

师：读小说，一般人都关注情节，却疏忽了情节背后的人物。这篇小小说的主要人物是谁？

生：（纷纷作答）老汉，党支部书记。

师：同一个人，不同的称呼。老汉是用年龄角度说的，党支部书记是从身份来说的。把两个结合起来，可以称他是——

生：老支书。

师：这是一位怎样的老支书呢？请你默读小说，完成阅读任务单。（PPT出示：这是一位＿＿＿＿的老支书。理由是①＿＿＿②＿＿＿③＿＿＿）

生：（静静地阅读思考）

师：我们来交流一下。先说一说这是一位怎样的老支书，再分要点说说理由。

生：这是一位舍己为人的老支书。

师：舍己为人，理由——

生：党员有职责，所以他们要自觉地排在群众的后面。

师：党员有职责，什么职责？

生：让群众先走。

师：保护群众，还有理由吗？

生：老汉到最后时刻，还让小伙子先走，可以看出他舍己为人。

师：说了两条理由，不错！请你把"舍己为人"这个词写到黑板上。

生：我觉得他是一个无私的老支书。

师：无私？请说理由——

生：他把小伙子揪出来的时候，就知道这是他儿子，但是他还是让别人先走，让他的儿子和自己殿后。

生：他是全村人拥戴的老支书，但是他还是排在后面。

师：有理有据，把"无私"这个词写在黑板上。

生：他是一个谦让的老支书。

师：谦让？说理由——

生：在关键时刻，他让儿子先走。

师：这是对儿子的——

生：爱。

师：这叫爱子如——

生：山。

师：这不叫"谦让"，叫——

生：我知道了，这叫"父爱如山"。

师：把这个词写到黑板上。

生：我觉得这是一位一丝不苟的老支书。在指挥过桥时，他让党员排在后面，有人说党员也是他人，他就冷冷地说可以退党。

师：这是什么？

生：一丝不苟。

师：是吗？让党员排在后面，自己排在最后，只考虑群众的安危，这叫——

生：把人民放在第一位。

师：很接近了，再准确一点点。

生：爱民如子。（掌声）

师：对了，写在黑板上。党员干部爱民如子，爱子如山。说到你心坎里了吧！（对前一个回答的学生）

生：还有一点，他把小伙子揪出来的时候就知道这是他儿子，但是他还是让别人先走。

师：这叫什么？

生：不顾私情。

师："不顾"这个词还不够，叫——"不徇私情"，写下来。

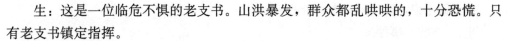

生：这是一位临危不惧的老支书。山洪暴发，群众都乱哄哄的，十分恐慌。只有老支书镇定指挥。

师：临危不惧，这个词好！

生：这是一位坚持原则的老支书。哪怕是自己的儿子也要排在后面。

师：这叫党性，有原则！非常好，写下来。

生：我对"先人后己"这个词有一个补充。老汉自己也是个党员，一般人遇到这样的灾难都自己要先逃，但是他作为一个党员，想的是群众，不顾自己的安危，排在后面。

师：也就是把生的希望留给——

生：群众。

师：把死的危险留给——

生：自己。

师：这句话很重要，请你写下来。现在，我们一起来看黑板上的这些词句。当山洪暴发，大家都乱作一团的时候，这位老支书像——

生：一座山。

师：这就是——

生：临危不惧。

师：他说，群众先走，党员留在最后。这就是——

生：（纷纷读词）舍己为人，舍身为义，先人后己，爱民如子。

师：他从人群中揪出一个小伙子，揪出一个党员，揪出的居然是自己的儿子。这就是——

生：（纷纷读词）不徇私情，坚持原则。

师：危急关头，他推了一把小伙子，让他先走。这就是——

生：爱子如山。

师：这位老支书不仅爱民如子，而且爱子如山，有情有义。如果用一句话来概括老支书这个形象，我建议大家记住这句话——

生：把生的希望留给群众，把死的危险留给自己。

师：不但留给了自己，还留给了自己的儿子。老支书的形象是高大的，是伟大的！

师：读小说，要读到一个一个的——

生：（齐答）事件。

师：要发现事件之间的——

生：（齐答）因果关系。

师：于是就读出了小说的——

生：情节。

师：透过情节就能读出小说的——

生：人物形象

板块四：关注环境，领悟衬托笔法。

师：情节、人物都读到了，接下来我们要读什么呢？

生：环境。

师：小说描写山洪暴发，写了哪几样事物？第一是天上的——

生：（齐答）雨。

师：第二是地上的——

生：（齐答）水。

师：第三是架在水上的——

生：（齐答）桥。

师：课文写得最多的是——

生：（齐答）水。

师：请同学们快速默读课文，从文中画出描写水的句子。

生：（默读，画词句）

师：请同学们完成学习单，如果不记得，可以偷偷地看一眼书。（众笑）PPT出示：

①黎明的时候，雨突然大了。像（　　　）。像（　　　）。

②山洪（　　　）着，像（　　　），从山谷里狂奔而来，（　　　）。

③近一米高的洪水已经在路面上（　　　）了。

④死亡在洪水的（　　　）声中逼近。

⑤水渐渐（　　　）上来，放肆地（　　　）着人们的腰。

⑥水，（　　　）上了老汉的胸膛。

⑦一片（　　　）的世界。

生：（填写）

师：我们现在来一句一句地读。

生：（齐读）黎明的时候，雨突然大了。像泼。像倒。

师：是比喻吗？

生：不是，是夸张。

生：（齐读）山洪咆哮着，像一匹受惊的野马，从山谷里狂奔而来，势不可当。

生：（齐读）近一米高的洪水已经在路面上跳舞了。

师：舞蹈是不是很优美？

生：它跳起了死亡之舞。

生：（齐读）死亡在洪水的狞笑声中逼近。

师：洪水就代表了——

生：危险，死亡。

生：（齐读）水渐渐蹿上来，放肆地舔着人们的腰。

师：舔？怎么理解？

生：说明水很深，危险很近。

生：（齐读）水，爬上了老汉的胸膛。

师：这四个句子，都是什么句？

生：（纷纷作答）拟人句，把洪水当成人来写；当成魔鬼来写；当成死神来写。

生：（齐读）一片白茫茫的世界。

师：一片白茫茫的世界，美吗？

生：不是美，是惨！

师：同样是写洪水，写法一样吗？

生：不一样，分别用了夸张、比喻、拟人的方法。

师：从第一句到第七句，它们的位置可以调换吗？

生：不能，因为它是根据水位的升高作为依据的。

师：也就是洪水越来越猛。这说明了什么？

生：说明了人们离死亡越来越近。

生：说明形势越来越严峻，危险越来越逼近了。

师：为什么要写危险越来越近？

生：这样可以反衬出老支书的临危不惧。

师：写洪水这个环境，就是为了写老汉这个人物形象，这叫"衬托"。从反面来"衬托"，这叫——

生：反衬。

师：如果要突出一位同学学习很刻苦，怎么用反衬的手法来写？

生：别人都出去玩了，只有他在教室里刻苦学习。

师：用人来反衬，很好。

生：大楼上一片漆黑，只有他的卧室里还亮着灯。

师：用灯光来反衬，高明。

生：他成绩一路上升。

师：这叫正面衬托，因为刻苦，所以成绩上升。

板块五：赏析结尾，读懂小说主题。

师：一起来读一读这篇小说的结尾。

生：（齐读）五天以后，洪水退了。/一个老太太，被人搀扶着，来这里祭奠。/她来祭奠两个人。/她丈夫和她儿子。

师：有人说，如果把这个结尾部分删去，小说也是完整的。起因、发展、高潮、结果，也都有了。为什么还要加这个结尾呢？

生：点明了老支书和小伙子的关系，体现了他爱民如子。

师：更体现出他——

生：（齐答）爱子如山。

师：因为有了这个结尾，使两个"爱"融为一体了，让老汉的形象更加丰满了、立体了、伟大了。如果去掉了结尾，老汉只是一个——

生：党支部书记。

师：因为有了这个结尾，所以他又有了一个形象——

生：父亲。

师：小小说常常用这样的结尾，有什么好处？

生：这样的结尾更能够震撼人心，体现老汉的爱民如子。

师：震撼人心的是什么？告诉大家：爱民如子是震撼人的，那是作为共产党员，为了保护群众的生命甘愿牺牲的那种精神光辉，这就是"党性"。加了这个结尾后，我们发现老汉不仅有党性的光辉，还有——

生：父爱。

师：父爱是什么？

生：人性。

师：太好了！人性的光辉。结合在一起，就有了震撼人心的故事。

生：这样的结尾实际上是设置悬念。（众生疑惑）

师："悬念"是从哪里开始设置的？

生：第十五自然段。老汉突然冲上来，从队伍里揪出一个小伙子，吼道："你还算是个党员吗？排到后面去！"老汉凶得像只豹子。

师：就这里开始，埋下了——

生：伏笔。

师：你这个词说得太专业了！如果这里把"小伙子"改成了"儿子"，你再来读读看。

生：（改称谓后朗读）

师：还稀奇不稀奇了？

生：（齐答）不稀奇了。

师：到最后才点明是他的儿子，什么效果？

生：恍然大悟。（众笑）

师：小说中有一个专用的词，这叫——制造意外。

师：通过设置悬念和制造意外来达到一个效果，叫——

生：震撼人心。

师：震撼人心，耐人寻味。

生：这个结尾既出乎人的意料，又在人的意料之中。在前面揪出小伙子的时候我们并不会想到这是他的儿子，可是最后点明的时候我们觉得，这就应该是，这就是——（迟疑）

师：（补充）在情理之中。意料之外，情理之中。小小说，因为篇幅比较短，所以它往往在结尾处制造——

生：意外。

师：然后让人产生久久的回味，产生更多的思考。思考什么？

生：（沉默）

师：请看题目《桥》，这是小说的主题。桥，到底有什么含义？第一层含义，就是现实中的一座木桥。在小说中，还有什么含义？

生：他们通过桥来逃生。

师：这是第二层含义，逃生之桥。

生：老汉是党支书，他最后一个过桥，把生的希望留给了群众。这是老汉用自己的生命架起的桥梁。

师：注意，刚刚是逃生之桥，现在是老汉用自己的生命架起的——生命之桥。那这座桥连接了什么呢？我们注意，无论是木桥，还是逃生之桥，都是看得见的。还有看不见的，是什么呢？

生：这就是老汉和群众之间的……（犹豫不决）

生：（纷纷）心灵之桥，情感之桥，精神之桥……

师：同学们，你们现在真的会读小小说了！因为你们会思考小说的主题了。

3.《麻雀》教学实录

板块一：熟读重点词句

师：同学们，今天我们学习第十六课，一起读课题——

生：（齐读）麻雀。

师：看"雀"字，怎么写？

生：上面是一个"少"，下面是（迟疑了一会）……一个"住"多一横。（众笑）

师：请注意，这个"雀"字，上面一个"小"，下面是一个"隹"字。合在一起念——

生：（齐读）雀。

师："隹"字表示短尾巴的鸟，小的短尾巴的鸟就是——

生：（齐读）麻雀。

师：这是一篇故事，作者是俄国著名的作家——

生：（齐读）屠格涅夫。

图 3-4　课堂上给学生指点迷津

师：同学们都预习了课文，现在老师来检查一下（PPT 出示生字词）。谁会读？

生：（朗读）挓挲。

师：什么是"挓挲"？

生：就是麻雀身上的羽毛竖起来。

师：人的头发竖起来也叫——

生：挓挲。

师：你们的头发什么时候会竖起来？

生：（齐答）生气的时候。

师：那叫"怒发冲冠"！那什么时候鸟会把羽毛竖起来？

生：紧张或者愤怒的时候。

师："挓挲"就是张开的样子，我们手张开的时候是很用力的。所以，要读出这个词的力度。

生：（大声齐读）挓挲！

生：（继续读）掩护、拯救、搏斗、嗅——

师：用什么来嗅？

生：鼻子。

师：人用鼻子（做闻的动作），这叫——

生：闻。

师："嗅"一般用在谁身上？

生：猎狗。

师：注意，嗅这个字的写法，里面就有一个"犬"字，一起来写一写。

生：（继续读）嘶哑、无可奈何、庞然大物。

师：课文中的字词，在预习时要做到"三个要"：一要正确地认读；二要正确地书写；三要将不理解的词语画出来，联系课文或查阅字典，知道是什么意思。

师：字词我们都掌握了，那课文里的句子，我们会不会读呢？（PPT 出示语句）谁会读？

生：（朗读）突然，一只老麻雀从一棵树上飞下来，像一块石头似的落在猎狗面前。它挓挲起全身的羽毛，绝望地尖叫着。

师：这里有一个多音字"似"，念翘舌音，你读准了！老师觉得你可以读得更好，注意这个词（PPT 将"像一块石头似的"加重音符号），把意思读出来。

生：（再读，读出了重音）

师：有进步！还有两个词，读的时候也要注意。你再来读一读。（PPT 演示"挓挲""尖叫"加重音符号）

生：（第三次读，读出了轻重变化）

师：你看，这三个词读出了重音，整个句子就有了节奏感。我们一起再来试一试！

生：（齐读）

师：再来一句更难的，（PPT 出示语句）谁会读？

生：（朗读）在它看来，猎狗是个多么庞大的怪物啊！可是它不能安然地站在高高的没有危险的树枝上，一种强大的力量使它飞了下来。

师：读得很有感情，一些该重读的词语都表达出来了。只是这个句子特别长，你读得有点累。（众笑）请按照老师划分的停顿再来读一读，要读出节奏感。

生：（再读）在它看来，猎狗是个多么庞大的怪物啊！可是/它不能安然地/站在高高的/没有危险的/树枝上，一种强大的力量/使它飞了下来。

师：你看，这样一停顿，读起来就自然轻松流畅了。注意这个句子里有一个词，"安然地"，怎么理解？

生：安心。

生：安闲的。

生：安全的。

师：也就是说，老麻雀待在树上是安全的，飞下来是——

生：危险的。

师：不能安然地，就是不能心安理得地。关键的词要理解，这样才能读得更好。一起读一读整个语句。

生：（有节奏地齐读）

板块二：读懂课文内容

师：今天我们学习的课文叫——

生：（齐答）麻雀。

师：要把握这篇课文的主要内容，先要搞明白，课文究竟写了哪几个人物？

生：小麻雀、老麻雀、猎狗。

师：（板书：小麻雀、老麻雀、猎狗）没有了？

生：还有一个"我"。

师：这个"我"不是真的"我"，而是课文中的——

生：作者。

师：这篇课文主要写的是"我"看见的一件事，几个动物之间发生的事。到底发生了什么事呢？请同学们默读课文，注意这些动物之间的关系，圈出文中的关键词。

生：（默读课文）

师：（生读完后交流）故事一开始，小麻雀从树上——

生：掉下来。

生：落下来。

师："掉"或"落"都恰当，接下来呢？

生：猎狗想要伤害小麻雀。

生：猎狗嗅了嗅小麻雀。（众笑）

师：嗅？还不具有危险性，不如伤害。

生：猎狗想要吃小麻雀。

生：猎狗想要咬小麻雀。

师：老师选用这个"咬"字。接下来呢？

生：老麻雀飞下来保护自己的幼儿。

师：一个字？

生：（齐答）护。

生：救。

师：接下来呢？

生：猎狗被老麻雀吓跑了。

师：看看课文最后一个段落，准确一点说——

生：退，猎狗慢慢后退了。

师：请同学们把这几个字填在学习单上，一边填一边想：动物与动物之间发生了什么事？（生写完）谁来说一说，"我"到底看到了一件什么事？

生：一只小麻雀从树上掉下来，猎狗嗅到了它的味道，想要咬小麻雀。老麻雀从树上飞下来救小麻雀，猎狗见了就退了回去。

师：说得很清楚。要注意，一连用了三个"小麻雀"，可以用"它"来表示。

生：一只小麻雀从巢里掉在了林荫路上，猎狗正要咬它，老麻雀从树上飞下来拯救自己的幼儿，把猎狗逼得慢慢后退了。

师：你只用了一个"小麻雀"，还用了一个"把"字句，说得更连贯了！现在我们提高一点难度。假如这件事要在电视台城市新闻播放，你是一位播音员，该怎么说？（PPT出示：各位观众，今日台风来临，在城郊的林荫路上，一位市民拍下了这样令人惊讶的一幕：……）

生：各位观众，今日台风来临，在城郊的林荫路上，一位市民拍下了这样令人惊讶的一幕：一只小麻雀从树上掉了下来，一只大猎狗嗅到了它的味道，想要咬小麻雀。这时，老麻雀从树上毫不犹豫地飞下来拯救自己的幼儿，猎狗见了连忙退了回去。

师：这是一位合格的播音员。谁来做一个优秀的播音员？声音响亮，口齿清晰。

生：各位观众，今日台风来临，在城郊的林荫路上，一位市民拍下了这样令人惊讶的一幕：一只小麻雀从树上的巢里掉了下来，猎狗张开大嘴正要一口咬住它。

不料，一只老麻雀从树上飞下来，奋不顾身地拯救自己的幼儿，最后居然把猎狗逼得连连后退。我们要为这一只老麻雀点赞！（掌声）

师：我们也要为你点赞！你不但说清楚了，而且还表达了自己的态度。你们知道为什么要为老麻雀点赞？

生：老麻雀很勇敢。

生：老麻雀有一种奋不顾身的精神。

生：面对强大的猎狗，老麻雀一点都不退缩，这种舍生忘死的精神令人敬佩。

师：老麻雀面对猎狗，谁强谁弱？

生：猎狗强，老麻雀弱。

师：那为什么"弱的"反而战胜了"强的"？读一读这句话。（PPT 出示语句）

生：（齐读）在它看来，猎狗是个多么庞大的怪物啊！可是它不能安然地站在高高的没有危险的树枝上，一种强大的力量使它飞了下来。

师：这种强大的力量是什么？

生：老麻雀的勇气。

师：这种勇气源自哪里？

生：这种勇气来自要保护自己的孩子。

生：这种勇气就是对自己孩子的爱。

师："爱"能产生什么——

生：产生勇气！

生：产生对抗敌人的力量！

师：所以，这种强大的力量其实就是——

生：爱的力量。

师：屠格涅夫在原文中写了这样一段话，一起来读一读。（PPT 出示语句）

生：（齐读）是啊，请不要见笑。我崇敬那只小小的、英勇的鸟儿，我崇敬它那爱的冲动。爱，我想，比死和死的恐惧更加强大。只有依靠它，依靠这种爱，生命才能维持下去，发展下去。

师：对于爱的力量，屠格涅夫是这样解释的，一起来读一读。（PPT 出示语句）

生：（齐读）爱，我想，比死和死的恐惧更加强大。只有依靠它，依靠这种爱，生命才能维持下去，发展下去。

师：爱，是世界上最强大的——

生：力量。

师：它战胜了强大的——

生：猎狗。

师：保护了自己的——

生：幼儿。

板块三：发现写作要点

师：那这个故事怎样才能写得更清楚呢？故事 7 个自然段，先写了——

生：小麻雀从树上掉下来。

师：再写了——

生：猎狗上前要咬小麻雀。

师：接着写了——

生：老麻雀冲下来咬小麻雀。

师：最后写了——

生：猎狗退了回去。

师：发现了没有？怎样把一件事写清楚？

生：按照起因、经过、结果的顺序写。

生：就是按照顺序一个一个地写。

师：（板书：按序逐个写）故事中的角色众多，要按照顺序一个一个写，就不乱了。但是光按顺序写还不够，更重要的是，要把每一个角色做的事写清楚。先来看猎狗做的事"咬"与"退"，先把写猎狗的句子画下来，然后把学习单上的空格填完整，最后想一想：作者是怎么把猎狗的"咬"与"退"写清楚的？[PPT 出示：猎狗慢慢地（　　　）小麻雀，（　　　　），（　　　）大嘴，（　　　）锋利的牙齿。/ 猎狗（　　　），它可能（　　　）老麻雀会有这么大的勇气，慢慢地，慢慢地（　　　）。]

师：谁来读第一句？

生：（朗读）猎狗慢慢地（走近）小麻雀，（嗅了嗅），（张开）大嘴，（露出）锋利的牙齿。）

师：你发现作者是怎么把"咬"写清楚的？

生：用了"走进、嗅了嗅、张开、露出"四个动词把"咬"这件事写清楚了。

生：这四个动词连起来就是猎狗"咬"的过程。

师：你们又发现了一个写清楚的秘密：用一连串的动词写清楚一件事。（板书：用一连串的动词写）

师：再看第二句？

生：（朗读）猎狗（愣住了），它可能（没料到）老麻雀会有这么大的勇气，慢慢地，慢慢地（向后退）。

师：你发现作者是怎么把"退"写清楚的？

生：写了猎狗"退"的动作。

生：也写了猎狗"退"的神态，愣住了。

生：还有猎狗"后退"时的心理活动。

师：你知道猎狗心里想什么吗？（众笑）

生：是作者猜的，"没料到"这个词，就是说作者从猎狗的神态和动作当中猜想猎狗可能会这么想。

师：对了！这句话写的是作者想到的。把一件事写具体，不但要写看到的，比如动作和神态，还要写"想到的"。（板书：写上联想到的）

师：现在我们来看故事最精彩的部分，老麻雀怎么来"救"小麻雀？[PPT出示：突然，一只老麻雀从一棵树上（　　　　　），像一块石头似的（　　　　　）在猎狗面前。它（　　　　）起全身的羽毛，绝望地（　　　　　）。]

生：（自读第四自然段，合上书本，完成学习单上的填空。）

生：（齐读）突然，一只老麻雀从一棵树上扑下来，像一块石头似的落在猎狗面前。它挓挲起全身的羽毛，绝望地尖叫着。

师：这一段是怎么把"救"字写清楚的？

生：写了老麻雀的动作。

生：写了老麻雀的神态。

师：有吗？老麻雀的表情你看不到哦。

生：还写了老麻雀的叫声。

师：对了，是"我"听到的声音。鸟只会"喳喳"地叫，人就会说话了。你猜一猜老麻雀好像在说什么？

生：你不要伤害我的孩子。

师：在紧急的情况下，说话会短促。

生：要吃就冲我来！

生：请你离开！

师：但是老麻雀不会说话，所以它绝望地——

生：尖叫着。

师：写人要写他的语言，写动物要写它的——

生：声音。

师：这里还有一个地方很重要，读——

生：（齐读）像一块石头似的落在猎狗面前。

师：我们不是说老麻雀是"飞"下来的吗？现在怎么变成了"落"？

生：形容老麻雀飞下来的速度很快。

生：老麻雀飞得很急。

生：她不希望她的孩子被吃掉，所以飞下来很用力。

师：这叫有勇气，一个字——

生：勇。

师：三个字，请你写下来——快、急、勇。一句话，就把怎么"救"写清楚了。可是作者觉得还不够，于是又写了一大段话。谁来读一读？（PPT出示语段）

生：（朗读）老麻雀用自己的身躯掩护着小麻雀，想拯救自己的幼儿。可是因为紧张，它浑身发抖了，发出嘶哑的声音。它呆立着不动，准备着一场搏斗。在它看来，猎狗是个多么庞大的怪物啊！可是它不能安然地站在高高的没有危险的树枝上，一种强大的力量使它飞了下来。

师：你发现了吗？怎么把"救"写得更具体、更形象、更清楚的？

生：上面第四自然段写的是看到的，下面第五自然段写的全是"我"想到的。

师：作者高明的地方就在——他把想到的写得那么具体、那么清楚，写了整整一个段落。现在，我们来总结一下：要把一件事写清楚，首先要——

生：按序逐个写。

师：然后要写——

生：看到的。

师：包括神态、动作、叫声等，重要的是，要写——

生：想到的。

板块四：练习片段写作

师：我们能不能把一件事写清楚呢？下面，我们先来看一个小视频。（播放老鹰冲入鸡群的视频）

师：看清楚了吗？视频里有几个角色？

生：三个。老鹰、母鸡还有小鸡。

师：你看到了一件什么事？

生：一只老鹰突然从天上飞到了鸡群里，小鸡们吓得四处奔逃。老母鸡冲上去和老鹰搏斗，保护自己的孩子。最后，老鹰被母鸡赶走了。

师：说得很清楚！我们可以用三个词语概括事情的起因、经过、结果。（PPT出示：老鹰冲入鸡群、母鸡勇斗老鹰、老鹰落荒而逃。）今天，我们要把最精彩的部分写清楚——母鸡勇斗老鹰。看谁能把一个"斗"字写成一段话？注意，要写你看到的、听到的以及想到的。

生：（安静写作6分钟）

师：谁来分享一下自己的作文？其他同学注意听，如果有写得好的词或者句，你赶紧"偷"过来用。（众笑）

生：（读作文）突然，一只老鹰从天而降，冲入鸡群中。黑母鸡不顾危险，向老鹰冲了上去——

师：哪个字特别好？

生：（齐答）冲。

师：没有用的同学用起来。

生：（接读）它张开双翅，挓挲起全身的羽毛——

师："张开、挓挲"，用得好！

生：（接读）用自己的身躯掩护小鸡仔们。它发出嘶哑的叫声，就这样，老鹰只能落荒而逃。

师：不错，看到的、听到的都写清楚了，打95分。谁再来分享？

生：（读作文）突然，一只老鹰从天而降，冲入鸡群中。黑母鸡愤怒地朝老鹰扑过去——

师："愤怒"这个词有没有用？

生：（接读）就啄得老鹰生无可恋。老鹰满地跑，黑母鸡穷追不舍，不想放过老鹰。黑母鸡还在愤怒地尖叫着，好像在说："别靠近我的孩子！"黑母鸡一直拍打着翅膀，好像要扇老鹰一巴掌。就这样，老鹰只能落荒而逃。

师：这位同学不仅写了看到的、听到的，而且还写了她想到的。很棒！

师：善于学习别人的，才能让自己的作文写得更好，现在给同学们一分钟修改。"抓挲"这个词你有没有用？"穷追不舍"有没有用？老母鸡怎么想的你有没有写？

生：（安静修改）

师：想不想看看老师怎么写的？

生：（齐答）想！

师：突然，一只老鹰从天而降，冲入鸡群中。黑母鸡像猛虎一样扑上去，伸长脖子，用尖锐的嘴狠狠地啄向老鹰。它扑打着双翅，蹦起一丈多高，抓挲起全身的羽毛，大声地尖叫着。黑母鸡用自己的身躯掩护着自己的幼儿。它不顾一切地缠着老鹰搏斗。一会冲上陡壁，一会滚下土坡，一会又在地面上腾挪跳跃。在它看来，老鹰是个多么凶残而又狡猾的杀手，稍不留神，自己的幼儿就要遭毒手！就这样，老鹰只能落荒而逃。

生：（一齐鼓掌）

师：谢谢同学们！今天我们学习的课文叫——

生：（齐答）麻雀。

师：麻雀虽小，爱的力量却很大。通过这篇课文，我知道怎么把一件事写清楚。第一条——

生：按顺序逐个写。

师：第二条——

生：写看到的，用一连串的动词写。

师：第三条——

生：还要写想到的。

师：课后有一份作业：老鹰落荒而逃。同学们能不能把老鹰怎么逃的，用三五句话写清楚。

（二）我的散文课

1.《珍珠鸟》教学实录

板块一：感受"形"

师：同学们都预习了课文，《珍珠鸟》的作者是谁？

生：（吞吞吐吐）冯什么才。

师：这个字念"jì"，形声字，左形右声，右边的字也念"jì"，河北省的简称。河北在我国的北方（书"北"），有大片的田地（书"田"），这些田地是农民和牧民共有的（书"共"），这样识记一辈子都不会忘记。左边添一个"马"，"骥"表示"千里马"。每个人的名字都寄托着父母的希望。

生：（插话）冯骥才的父母希望他长大后成为像千里马一样的人才。（众笑）

师：猜得有道理！冯骥才先生后来成为著名的作家，教科书里选用了他的好几篇文章，比如《挑山工》《刷子李》等。他生于1942年，什么属相？

生：是不是属"马"？"骥"是马字旁。

师：你又猜对了！（众笑）冯先生家养了两只珍珠鸟，后来又多了一只小鸟，叫什么名？

图 3-5　执教散文《珍珠鸟》

生：雏儿。

师：谁都没有见过珍珠鸟的雏儿，但是冯骥才先生用了 40 字把它"画"下来了。（出示文字：红嘴红脚，灰蓝色的毛，只是后背还没有生出珍珠似的白点；它好肥，整个身子好像一个蓬松的球儿。）读一读，给你留下了什么印象？

生：很漂亮，颜色很鲜艳。嘴和脚是红色的，毛是灰蓝色的。

生：很可爱，身子胖乎乎的，像一个蓬松的球儿。

师：颜色鲜艳，漂亮；身子好肥，可爱。这两层意思，分别写了一句话，中间用了一个特别的标点符号"；"，表示前后两个句子是并列关系。

生：（熟读成诵两句话）

师：写鸟的样子，既可以从头到脚一步一步地具体写，也可以抓住主要特征概括写。在这里，冯骥才先生用概括写的方法，既写出了大鸟的样子，（生接读）红嘴红脚，灰蓝色的毛，后背生出珍珠似的白点；又写出了雏儿才有的特征，（生接读）后背还没有生出珍珠似的白点，它好肥，整个身子好像一个蓬松的球儿。概括写的高手不止冯骥才，还有郑振铎。（出示：一身乌黑发亮的羽毛，一对俊俏轻快的翅膀，加上一个剪刀似的尾巴，凑成了活泼可爱的____。）

生：（齐读后回答）小燕子！

板块二：梳理"事"

师：珍珠鸟的雏儿在冯骥才先生家里干了哪些事？请你阅读第四到六自然段，梳理一下事件。

生：（自读 3 个自然段，教师巡视，个别点拨。）

师：雏儿干了哪些事？先看这一句"起先，这小家伙只在笼子四周活动。"雏儿干的事就是一个一个的活动，请你用一个词语概括一下。

生：这小家伙在屋子里飞来飞去，落在柜顶上，站在书架上，撞在灯绳上。

师：（插问）几件事？

生：干了四件事。

师：请你将这里的"落、站、撞"都改成"飞"，想一想，雏儿在屋子里从哪儿飞到哪儿？

生：这小家伙在屋子里飞来飞去，一会飞到柜顶上，一会飞到书架上，一会又

飞到灯绳上。（恍然大悟）哦，这都是讲它在屋子里飞来飞去这件事。

师：（夸赞地）你现在读懂了，会概括了。奖励你，继续说。（众笑）

生：后来，这小家伙停在我的杯子上喝茶，啄我写字的笔尖，啄我的手指。

生：我还有补充，它白天淘气地陪伴我，晚上就飞回鸟笼里睡觉，落在我的肩上睡着了。

师：（请学生将这些词语写在黑板上）作者一下子写了7件事，但是一点都不觉得散，一点都不觉得乱。这是为什么呢？因为作者用了一根"线"，把这些事件串了起来。请你用心读一读，找一找那根"线"。

生：（默读课文。师提示：要注意找到线头，然后顺着往下找相关的词语；有些线一眼就可以看得出来，有些线藏在里面，需要你想一想。）

师：你找到了哪条"线"？

生：我找到了一条"时间线"。你看，作者用了"起先，随后，渐渐地，先，然后，再，后来"这些词语，把这些事连起来了。（师插问：这根"时间线"到这里断了吗？）还有"白天，傍晚，有一天"三个词也表示时间。

生：我找到的是雏儿的活动地点，有这些词语"笼子四周，屋里，柜顶上，书架上，灯绳上，小桌上，杯子上，笔尖上，手指上，我的肩上"。

师：这是"地点线"，白天陪伴我的时候，是在"我身边"，傍晚的时候，是在"笼子里"。补充这两点，这条线就完整了。

生：我看到小鸟的胆子越来越大，（师插话：什么线？）就叫"胆子线"吧。（众笑）小家伙一开始的时候，胆子很小，只在笼子四周活动；后来胆子渐渐大了，就到了我的小桌上活动；再后来胆子越来越大了，居然啄我的手指，还在我的肩头上睡着了。

师：如果说时间、地点是明线，那你的胆子线就是——

生：（抢答）暗线。

师：暗线是需要用心读出来的。

生：我也发现了一条暗线。（众笑）小鸟对我越来越信任，叫"信任线"。开始的时候，小鸟觉得我很可怕，完全不信我，躲得远远的；然后见我不去伤害它，就有一点信任我了，到我的杯子里喝茶。（师插话：到杯子里会淹死的。）（众笑）蹦到我的杯子上喝茶；然后见我还是不去伤害它，就更信任我了，啄我的手指，我抚摸它的绒毛也不飞走了；然后完全相信我了，落在我的肩头一下子就睡着了。

师：完全不信、有点相信、不全相信、完全相信，这是一条"信任线"，你看得真的很准！建议不要只用"然后"，可以换一些表示先后的词语。"然后，然后，然后"，那是一种病，叫"然后病"。（众大笑）你看，把事件用一根线串起来，就有条理了。现在请你按照一条线，或者两条线，将这些事件连起来说完整、说连贯。

生：（练习后）起先，这小家伙只在笼子四周活动，随后就在屋子里飞来飞去。渐渐地就落在我的小桌上，蹦到我的杯子上喝茶。后来还啄起了我的笔尖和手指。白天，它陪伴着我，傍晚就回巢陪伴父母。（众笑）有一天，它落在我的肩上睡着了，还做起了美梦呢！

师：用时间和地点两条线来串事件，说得很有条理。增加点难度可以吗？这些事件中，哪些出乎作者的意料之外，请你用上"居然"或者"竟然"。

生：起先，这小家伙只在笼子四周活动，随后就在屋子里飞来飞去。渐渐地就敢落在我的小桌上，居然蹦到我的杯子上喝茶。后来竟然啄起了我的笔尖和手指。白天，它陪伴着我，傍晚就回巢陪伴父母。有一天，它落在我的肩上睡着了，竟然做了个美梦呢！（掌声）

师：你一连用了三个"竟然"，用得很恰当！现在，每个同学都试一试，看你能不能讲得连贯、用得恰当？

生：（练习讲，略）

板块三：体会"情"

师：作者在文中不叫"雏儿"，叫它"小家伙"。你再读一读，注意小鸟的表现，圈出那些动词，想一想：哪一件事干得最像"小孩子"？

生：（阅读圈画，教师巡视，个别询问）

师：雏儿在哪件事中的表现最像"小孩子"？

生：我觉得小鸟在屋子里飞来飞去最像小孩子了。你看，小鸟一会儿飞到这里，一会儿飞到那里，就像小孩子一会儿玩这个一会儿玩那个，一刻也不停，贪玩。

生：我有一个补充，小鸟在屋里飞来飞去，那是它觉得这个地方很新鲜，没来过，所以会到处飞。就像我们小孩子，在旅游的时候，到了一个地方就四处玩一样。

师：感觉新鲜，有点兴奋，玩个不停，爱闹腾。你能把这种小孩子的样子通过朗读表现出来吗？

生：（感情朗读，略）

生：我觉得小鸟傍晚在父母的再三呼唤声中才回到笼子里，最像小孩子了。它和我玩得很高兴，（众笑）都忘记了时间，忘记了吃饭，还忘记了父母。

生：我小时候就是这样，一玩起来就玩疯了，从来都不记得要回家。爸爸妈妈叫几次，实在没办法才恋恋不舍地回家的。

生：小鸟和我玩出了感情，（众笑）就不想回家了。这一点最像小孩子。

师：课文写的是小鸟，但你们看到的是自己，真好！谁来读一读？把你那种贪玩的感受表达出来？

生：（感情朗读，略）

生：我觉得小鸟蹦到我的杯子上，俯下头来喝茶，还偏过脸瞧瞧我的反应，这一点最像小孩子。（师插问：像什么样的小孩子？）像偷偷摸摸做坏事，生怕被人发现的小孩子。（众笑）

生：就是一边做一边看大人的脸色，一发现不对就赶紧跑。（众笑）

师：你有这样的经验？（众大笑）

生：就是试探，看看大人有什么反应的那种。

师：偏过脸来瞧瞧我的反应，是一种试探，是一种察言观色，是一种孩子才有的机灵。不一定说得清，但一定体会得到，最好的办法是朗读。

生：（感情朗读，略）

师：作者把小鸟当作小孩来写，足以看出他对小鸟的喜爱之情。假如，你在家做作业，有这么一只淘气的小鸟，在你的周围飞来飞去、蹦来跳去、闹腾个没完，你会怎么看？

生：（纷纷发言）太烦心了！用鸡毛掸子赶走它；这样闹，我还做得成作业吗？关笼子里算了；我一有人来就集中不了注意力，这样闹腾肯定不行……

师：作者是作家，为何却那么喜欢小鸟的闹腾？

生：冯骥才一个人很寂寞，需要小鸟陪伴。

生：作家需要丰富的生活，小鸟给他一种灵感。

生：作者是一个热爱生活的人，喜欢养鸟，喜欢种花之类的，很悠闲。

师：这叫生活情趣！一个有生活情趣的人，即使小猫在他的作业本上踩了几个脚印，他也不生气，把脚印看成……

生：小梅花！

师：有生活情趣的人，才会觉得小鸟的闹腾也是一种生命的美！读有趣的文章，就是和有趣的人交谈，生活便很有趣。

板块四：理解"理"

师：冯骥才先生写《珍珠鸟》，是想告诉我们他很喜爱珍珠鸟？是想告诉我们他是一个有生活情趣的人？还是想告诉我们其他的？请你默读课文，想一想：他究竟想告诉我们什么？

生：（默读后）作者想告诉我们"信赖，不就能创造出美好的境界吗？"

师：这是一个人生的道理。课文中哪个境界最美好？

生：小鸟落在我的肩上睡着了，这个境界最美好。

师：说说你们的理由？

生：小鸟原来是很怕人，完全不相信人的；后来一点都不怕人，完全相信人了。这样的变化是最美好的。

生：小鸟敢睡在人的肩上，说明对人已经完全信赖了，一点戒备心都没有了。

生：因为我从来不去伤害它，所以小鸟会这样的信赖我。

师：你们说的都很有道理。原来怕人的鸟，现在不怕人，这个情景是不常见的，也是美好的！因为人爱鸟，鸟便信人，人鸟相依，和谐相处，多么美好的画面！在生活中，你有过这样的体验吗？

生：睡在妈妈的怀里，就是这样的。

师：把"美好"换一个词语，这是一个什么样的画面？

生：（纷纷发言）温馨的；温暖的；安全的；幸福的……

师：请把这个美好的画面，美好的境界，留在自己的记忆里。

生：（齐背课文第六自然段）

师："信赖，不就能创造出美好的境界吗？"这句话直接揭示了课文的道理，是这篇文章的"眼睛"，称为"文眼"。"文眼"一般出现在开头或者结尾，阅读时抓住"文眼"就能准确领会蕴含在文中的道理。读完了课文，你还有什么问题吗？

生：（异口同声）没有了！

师：读书要善于思考，敢于提出新的问题来。老师有这样一个问题：笼子里的两只大鸟，看到小鸟落在人的肩上睡着了，最想说的一句话是什么？

生：大鸟会说："孩子啊！你千万别相信人啊，说不定什么时候就会把你煮了吃掉！"（众大笑）（师插话：说话要有依据。）"有句俗话，知人知面不知心，人是最危险的动物，是最会变的动物。"（掌声）

师：鸟把人看得很透了，也看扁了！

生：大鸟最想说的一句话，就是："人并不都是坏的，也有心地善良的人。就像冯骥才，就是一个有趣的人，可以和他和睦相处的。"

师：人有好坏，相信人的本性是善良的！

生：大鸟会说："孩子啊，你还是回到父母身边来吧！外面的世界再精彩，也是危险的。"

师：笼子是最安全的，虽然没有自由！

生：大鸟说："应该相信人类，鸟和人还是可以和平相处的。这个世界上不能只有人类，还应该有鸟类。"（掌声）

师：每种动物都有生存的权利！鸟要相信人，人更要相信人！只有相互信任，才会有美好的世界；相互伤害，相互防备，这个世界就会到处都是笼子。你看，老师和同学们相互信任，课堂就变得如此美好！最后有一个问题，请同学们回家和父母一起思考：假如把大鸟从笼子里放出来，它们会落在人的肩上睡觉吗？如果你觉得父母的话很有道理，请记下来，和同学们一起分享。

板块五：学写"变"

师：小鸟对人的信赖经历了一个完全不信、有点相信、不全相信到完全相信的变化过程，读一读第四到第六自然段，想一想：作者是怎么把这个变化的过程写具体的？有哪些好办法？

生：（自由阅读，小组讨论）

师：你们发现了哪些好办法？

生：作者是将小鸟在我家里干的事，用一条时间线串起来，体现了这个变化的过程。

师：时间有先后。

生：小鸟活动的地点离人越来越近，这样可以体现小鸟对人的信任程度越来越深。

师：距离有远近。

生：小鸟的胆子越来越大，这个就是变化的过程。

师：（追问）胆子有大小。怎么体现？

生：胆子大小体现在小鸟的动作上，在屋子里飞来飞去，就是胆子小；落到桌子上，蹦到茶杯上，就是胆子有点大了；啄我的笔尖，啄我的手指，说明胆子更大了；睡在我的肩上，那是胆子最大了。

师：说得好！小鸟的胆子体现在它对人的态度上，体现在小鸟的"动作"上，看看这些动词，就知道小鸟信赖人的变化过程了。这就叫"动作有亲疏"。比如，老师刚和同学们见面的时候，是怎么做的？

生：站在讲台上，离我们很远。

师：后来熟悉了，又是怎么做的？

生：（纷纷发言）摸摸××的头，表示老师很喜欢他；你跑到××同学身边，把话筒递到他嘴边，表示老师和同学配合很默契了；老师在××同学朗读的时候，一直扶着她的肩，表示对她的鼓励……

师：如果要表示更加亲近，还可以怎么做？

生：（纷纷发言）和同学们握握手；来个大大的拥抱；（师和回答的同学拥抱，众笑）再亲密一些，就是要亲亲了。（众大笑）

师：现在，请你模仿课文第四自然段的写法，用一连串的动作，将老师和同学们越来越亲近的变化过程写清楚，注意"时间有先后、距离有远近、动作有亲疏"。

生：（自由写作，教师巡视，个别点拨）

师：谁来交流一下？

生：起初，老师只在讲台四周活动，（众大笑。师插话：别把老师当鸟写，改一个字。）起初，老师只在讲台四周走动（掌声），随后就在教室里蹦来蹦去（众大笑。师插话：老师属猴，但比较文雅。改一改。）随后就在教室里走来走去，一会儿走到这个同学身边，听她朗读；一会儿走到那个同学身边，教他画词语；一会儿冲到同学身边，递给他话筒。（众笑。师插话："冲"太猛，换作"快步走"比较恰当。）一会儿快步走到同学身边，递上话筒，请他发言。后来，老师彻底放心了。（众大笑。

师插话：我有什么不放心的?）后来，老师彻底放松了（师点头），开始和同学们说说笑笑，摸这个同学的头，拍这个同学的肩膀，握住一个同学的手。（众笑。师插话：感觉怪怪的！把动词改成叠词试试。）摸摸这个同学的头，拍拍这个同学的肩膀，握握一个同学的手。啊，课堂里充满了老师的感情。（众笑。师插话：感情是看不见的，改成"流淌着一股股暖流"可以吗?）啊，课堂里流淌着一股股暖流！（掌声）

生：起初，老师远远地站在讲台上，一脸严肃的样子。（师插话：距离远！）随后，老师便在同学们身边转来转去，（众笑。师插话：在找东西吗?）随后，老师便在同学们中间走来走去。一会儿站在这个同学身边，凝神静听她的朗读，不时说几句（师插话：那叫点拨）不时点拨几句；一会儿快步走到那个同学跟前，递上话筒，侧耳倾听他的发言，不时微微点头；一会儿又靠在哪个同学的桌子上，开了个玩笑，逗得大家哈哈大笑。（掌声）最后，老师和同学们熟悉了，也彻底放松了。摸摸同学的头，拍拍同学的肩。（众大笑。师插话：要会说话，想一想怎么说?）激动时，居然和一个女同学来了一个大大的拥抱。（掌声。师插话："激动"用得好！）上着上着，我们忘记了谁是老师谁是同学，也忘记了这是在上课。（掌声）

师：这才是"亲近"，这才是最美好的境界！

2.《四季之美》教学实录

板块一：读到词语的"修饰美"

师：美的散文，就像一个人，需要化一点妆，用什么来化妆?

生：（纷纷答）我只知道人是用化妆品化妆的；我觉得应该是写文章用的笔墨；应该用一些修辞手法和一些形容词来化妆……

师：高明的作家是怎么用词语来化妆的?（出示：乌鸦）美吗?

生：不美。

师：（出示：归鸦）乌鸦也有一个温暖的家，正在回家的乌鸦——

生：归鸦。

师：有了一点人情味，化了一道妆。接着看——

生：（齐读）点点归鸦。

师：两三只，三四只，三三两两地赶着回家的乌鸦。给你什么样的感觉?

生：（纷纷答）感觉很美；很温馨；感觉是很漂亮的一幅景色；好像更有人情

图 3-6　执教散文《四季之美》

味了……

师：有了一点诗意吧，又化了一道妆。把丑的变成了美的，用了什么？

生：叠词。

师：叠词读起来有节奏感，从声音中传递一种喜爱。再看一个——（出示：微微的红晕）

生：（齐读）美！

师：红晕是微微的——不浓也不淡，正正好，美的更美了。你能用叠词，让"笑"变得更美吗？

生：微微一笑；甜甜一笑……

师：课文中还有用叠词化妆的事物吗？

生：（纷纷答）飘着红紫红紫的彩云；漆黑漆黑的暗夜；翩翩飞舞；蒙蒙细雨；熊熊炭火；点点归鸦急急匆匆地朝窠里飞去……

师：高明的作家绝不只用一种方法化妆，请看——

生：（齐读）朦胧的微光。

师："微光"本就若隐若现，"朦胧"更增添了一份诗意的美，化妆了吧？再看——

生：（齐读）凛冽的清晨；寒冷的冬晨；闲逸的心情……

师：你发现什么规律了吗？

生：在这些事物前面加上了一个修饰词；这些加上去的词语，让这个事物变美了；我知道每个事物其实都有美的一面……

师：阅读美的散文，要有一颗敏感的心，对那些化了妆的事物，对那些新鲜的词语，要特别留意。

板块二：读见文章的"结构美"

师：美的散文，就像人一样，身材要美。请你浏览一下课文，"身材"如何？

生：（沉默）

师：课文的"身材"就是文章的"结构"，文章写了几段话？

生：4 段话。

师：比较一下，这 4 段话有什么特点？

生：（纷纷答）每一段都是总分结构（师插话：结构相同）；每段话的长短都差不多（师插话：都是三四个句子）；每段的第一句都是"什么最美是什么"（师插话：句式相同）……

师：四个段落，结构一样，长短相近，没有特别肥的，也没有特别瘦的。（众笑）这叫"身材"好，就是"结构"匀称。重要的是，每段的第一句话，句式都一样——

生：（齐读）春天最美是黎明；夏天最美是夜晚；秋天最美是黄昏；冬天最美是早晨。

师：作者写了一年中的四个季节，又写了一天中的四个时段——

生：（齐读）黎明、夜晚、黄昏、早晨。

师：黎明四五点钟，你们在干什么？

生：还在睡梦里吧？（众笑）

师：早晨七八点钟，你们在干什么？

生：在上学路上；在学校早读……

师：黄昏四五点钟，你们在干什么？

生：在回家路上；在打扫班级卫生（众笑）……

师：夜晚呢？

生：吃饭；做作业；看电视；睡觉（众笑）……

师：春天的黎明、夏天的夜晚、秋天的黄昏、冬天的早晨，平常的日子，忙碌的时光，似乎没有"美"。但是，作家高明就高明在你们看到的，我不写，你们没看到的，我写给你看。这叫——新鲜，这叫——独特。请记住这样一句话：这个世界不缺少美，缺少的是发现美的眼睛。

板块三：读懂文本的"有意思"

师：一个人化了妆，身材好，还要看内涵。我们来看一看，黎明、夜晚、黄昏、早晨，分别写了哪些事物？自己读一段，画一画。

生：（读后交流）春天的黎明写了天空、红晕和彩云。

师：概括地说，写的是天空的颜色，简称——（生：天色）

生：夏天的夜晚写了明亮的月夜和黑夜中的萤火虫。

师：要写的是月夜还是萤火虫？（生：萤火虫）萤火虫见过吗？（生摇头）老师小时候见过，长大了就再也见不到了。

生：秋天的黄昏写了夕阳、大雁、归鸦，虫鸣和风声。

师：虫鸣和风声，只有心静的人才听得到呢！

生：冬天的早晨写了炭火。

师：（引读）春天最美是黎明，美的是——（生接：天色）；夏天最美是夜晚，美的是——（生接：萤火虫）；秋天最美是黄昏，美的是（生接：夕阳斜照，点点归鸦，成群结队的大雁，风声、虫鸣）；冬天最美是早晨，美的是（生接：熊熊的炭火）

师：古人怎么写一年四季？请看："春有百花秋有月，夏有凉风冬有雪。"

生：（纷纷答）写的是春天的百花；秋天的明月；夏天的凉风；冬天的瑞雪。

师：古人诗中最美的事物，作者一个都没写，写的是我们不太关注的，即使你看到了也不太会去留心的寻常事物。寻常事物要写得不寻常，就要下功夫了。请你认真读一读课文，边读边体会，哪里让你心里一动、眼睛一亮，觉得那个事物很有意思，或者特别有意思，就停下来，在边上作一个批注。怎么写呢？就用这样一个句式：有意思的是……或者，有趣的是……

生：（静静地阅读、批注）

师：（巡视，作提示）文章就像一个人，乍一看未见其美，可是越看越好看，越读越有味道……浮躁的人是读不到的，没有耐心的人是读不到的。

师：（约 10 分钟）现在我们来交流一下，先读一读觉得有意思的句子，然后说一说有意思在哪儿。

生："明亮的月夜固然美，漆黑漆黑的暗夜也有无数的萤火虫翩翩飞舞。"这里很有意思，我觉得它有意思在夏天的夜晚本就非常的黑，（师插话：漆黑漆黑，不美）有了点点光亮之后就显得很美了。

师：恩，觉得这句话有意思的同学，请举手——

生：（补充回答）萤火虫提着他的黄灯笼，一闪一闪的，特别美；我觉得萤火虫在黑夜里飞行，就显得格外的美。（师插话：白天飞呢？）如果是白天飞，看不见光亮，也就不美了……

师：反过来想一想，就体会得到哪儿"有意思"了。你能读得有意思一点吗？

生：（有感情地朗读）

师：好，就这样交流：先读一读，再说一说，最后再读一读。请继续——

生：第一自然段的第二句："东方一点儿一点儿泛着鱼肚色的天空，染上微微的红晕，飘着红紫红紫的彩云。"我觉得这句话很有意思。因为平时的云都是白色的，课文中描写了红紫红紫的彩云，我觉得很美。

师：色彩鲜艳，有补充吗？

生：我觉得这里有意思是因为色彩在变化。

师：一开始是——（生接）白色的，然后是——（生接）红色的，再后来是——（生接）彩色的。发现变化了吗？

生：还有，这里用了"泛着、染上、飘着"三个动词，变的样子也不一样。

师：怎么不一样？

生：先是泛着，然后再是染上，最后是飘着。（众笑）

师：比较一下三个动词。

生：泛，是从里面到外面（师插话：透出来的）；染，是从外面弄上点颜色（师插话：敷上一层颜色）；飘，是随风摆动的样子（师插话：悠闲地浮游在天空中）

师：泛着、染上、飘着，抓住一连串的动词，才能体会到变化之美。继续——

生：第二自然段的第三句，请大家跟我一起读："即使是蒙蒙细雨的夜晚，也有一只两只萤火虫闪着朦胧的微光在飞行，这情景着实迷人。"我觉得这句很有意思，这雨不算大，看着远方，就是朦朦胧胧的；这朦朦胧胧中，有一两只萤火虫在飞。微小的萤火在雨中也显得朦朦胧胧的。

师：（夸赞地）你是做老师的吗？（生笑）"请大家跟我读"，多好！

生：请大家看第四自然段的第二句，跟我一起读："落雪的早晨当然美，就是在遍地铺满白霜的早晨，或是在无雪无霜的凛冽的清晨，生起熊熊的炭火。"前面写凛冽的清晨，说明很冷。但是后面说了熊熊的炭火，越是冷，就越需要热热的炭火。这里形成了对比，所以我觉得也很有意思。

师：再加一句：有了炭火，屋子里面就有了温暖，你的日子也有了暖意。继续——

生：请大家继续往下看第三句，跟我一起读："手捧着暖和的火盆穿过走廊时，那闲逸的心情和这寒冷的冬晨多么和谐啊！"因为冬晨虽然很冷，但是手放在火盆上面很暖和，心情就很悠闲。

师：说得透彻一点，寒冷对紧张、温暖对闲逸，有了炭火，寒冷的冬晨就有了闲逸的心情。是这样的意思吧？（生点头）

生：第三自然段的第二句："夕阳斜照西山时，动人的是点点归鸦急急匆匆地朝巢里飞去。"这里我感觉特别有意思。它生动形象地写出了乌鸦归去时着急的样子，我觉得和我们人一样，给画面添加了几分温馨。

师：就像一群人在匆匆忙忙地回家。想象一下，这些归鸦匆匆忙忙地回去干什么？

生：我觉得是回家照顾它们的孩子。（众笑）

生：我觉得它要与家人团聚。

生：我觉得它要回家吃晚饭。（众大笑）

生：估计是太累了，想要回家睡大觉吧！（众笑）

师：这样一联想，"归鸦"好像就是"归人"，真有意思！

生：第三自然段的第三句，请大家跟我一起读："成群结队的大雁，在高空中比翼而飞，更是叫人感动。"从比翼而飞和成群结队两个词可以看出，大雁在一起飞向了远方，跟随着大雁飞行的轨迹，感觉思绪也飘向了另一种境界，升华了主题。

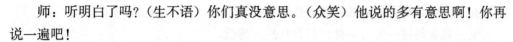

师：听明白了吗？（生不语）你们真没意思。（众笑）他说的多有意思啊！你再说一遍吧！

生：从比翼而飞和成群结队两个词可以看出，大雁一起飞向远方，我们跟随大雁的脚步，就感觉自己的思绪到达另一种境界。

师：听明白了吗？我们的目光随着大雁的身影越去越远，越去越远。我们的思绪也越飘越远，到达了一种空灵的境界。美吗？像诗人一样，掌声鼓励一下。太好了，这句比翼而飞，还有不同的解读吗？

生：大雁永远都是成群结队的，比翼而飞，说明他们特别和谐，特别相亲相爱。

师：真好！相亲相爱的，这个情景是让人感动的，真有意思，很有情调。

生：我想说的是本文的最后一句话，请大家跟我一起读："只是到了中午，寒气渐退，火盆里的火炭，大多变成了一堆白灰，这未免令人有点扫兴。"因为一般写到了寒气渐退，他们就会写怎么又出去活动啊，怎么又很开心。但是这里他居然最后结尾用的是有点扫兴。

师：说起那扫兴，你觉得扫兴有意思吗？

生：没意思。

师：没意思，但是我们读了却感觉很有意思，啥意思？（生笑）

生：因为这句话开头写的是寒气渐退，慢慢地没有那么冷了，我们都以为他要写的是高兴，但是，他又突然转变话题，转到火盆里的火炭变成了一堆白灰，说令人有点扫兴。

师：注意，我们一般在大冬天寒冷的时候希望暖一点，还是希望冷一点。

生：暖一点。

师：但是作者在这里用了一个词，叫——只是，什么意思呢？（生沉默）

师：暖得太快了，能不能一直这样冷，因为一直这样冷，我们一直可以？

生：烤火。

师：烤火浪漫吗？多浪漫啊，闲情逸致啊！所以这里用这个没有意思来衬托前面，是太有意思了，特别有意思，明白了吗？

生："夕阳西沉，夜幕降临，那风声、虫鸣，听起来也愈发叫人心旷神怡。"因为在夜晚，只有风声和虫鸣的声音，没有一点杂音，叫人的心情很舒适，很安逸。

师：风声与虫鸣一起合奏，秋天的夜晚就不孤单了，不空旷了，不寂寞了，于是就有了意思，有了生活的情趣。你还有补充？

生：我觉得这一句有一种回归大自然的感觉。

师：是的，回归到了自然这种美好的境界里。"有意思"，其实就是——

生：（纷纷答）有情趣；有趣味；有情调；有乐趣……

师：《四季之美》就美在——情趣。遗憾的是，你们读得还不太美。现在请你们用心读一读，把那种情趣之美，通过朗读表达出来。

生：（有感情地朗读，略）

　　板块四：读出背后的"那个人"

师：作家用词语来——（生接）打扮；用身材来——（生接）构思；用内心的情趣来——（生接）表达，写出了寻常事物的独特韵味。这篇课文的作者是——（板书：清少纳言）

师：她姓？（生接：清）后面是？（生接：名字）"少纳言"不是名字，是一个官职，在宫廷里的侍卫官。猜一猜，这是一个怎么样的女子，才能写出这样的文字？要从文章中找到依据哦！

生：温柔的。

师：课文中哪一句话很温柔，请你读给大家听。

生：夏天的月夜固然美，漆黑漆黑的暗夜也有无数的萤火虫翩翩飞舞。

师：柔不柔？

生：我觉得应该是非常浪漫的。你听："即使是蒙蒙细雨的夜晚，也有一只两只萤火虫，闪着朦胧的微光在飞行，这情景着实迷人。"

师：浪漫吧？

生：我觉得这个女生很安静。就这一句："手捧着暖和的火盆穿过走廊时，那闲逸的心情和这寒冷的冬晨多么和谐啊！"

师：安静吧？

生：我觉得她应该是一个心思很细腻，又很有情趣的人。你看："成群结队的大雁，在高空中比翼而飞，更是叫人感动。"

师：有情趣吧？

生：我认为她应该是一个很享受的人。因为她感受到了生活中的惬意，才能享受到这些事物的美。

师：惬意吧？这个词用得太好了。清少纳言，的确就是这样一个很优雅的，安静的，心思细腻的，有生活情趣的，能享受生活中一刹那间的惬意的女子。她是一个日本人。在900多年前，她在皇宫中做侍卫官。这篇文章选自她的一本随笔集，这本集子的名字你们要记住——

生：（齐读）枕草子。

师：草子就是册子，这就是一本可以放在枕边随时翻一翻、读一读的小册子。如果你有闲情逸致，可以把这本书买来读一读。

（二）我的散文课

1.《黄河的主人》教学实录

板块一：感受黄河之险

师：请听写两组词语：黄河滚滚、波浪滔滔、浊浪排空、惊涛骇浪；汹涌的激流、湍急的黄河、险恶的风浪。

师："惊涛骇浪"这个词语的结构很特别。"涛"相当于哪个字？

生：相当于"浪"。

师：连起来叫作"涛浪"。"骇"相当于哪个字？

生：相当于"惊"。

师："惊"什么意思？

生："惊"和"骇"都是让人害怕的意思。

师："波浪滔滔"的"滔"与"惊涛骇浪"的"涛"，音同字不同，"滔滔"相当于哪个词？

生：相当于"滚滚"，表示水势很大，很有气势。

师：说得真好！"波浪滔滔"也就是"黄河滚滚"。读一读，"惊涛骇浪"比"黄河滚滚、波浪滔滔、浊浪排空"多了点什么？

生：（纷纷发言）多了一层害怕的意思；这个词语有感情色彩，就是令人害怕的风浪。

师：我们不但要理解词语的意思，还要体会词语的感情色彩。读一读第二组词语，哪个词也带着感情色彩？

图 3-7　执教散文《黄河的主人》

生：险恶的风浪。

师：一般人都感觉黄河气势壮观，但是作者却感觉很险恶。黄河究竟有哪些险恶？

生：（纷纷发言）黄河里有汹涌的激流，很容易翻船的；黄河上还会有很大的风浪；水里会有巨大的漩涡，船一卷进去就沉没了；黄河下面还有石头。（众笑）

师：那叫"暗礁"，船一旦触礁就有沉没的危险。巨浪、漩涡、暗礁、激流，在黄河上行船可谓是险象环生，作者看到这些不觉"胆战心惊"。读一读第一自然段，体会一下黄河的气势之壮和环境之险。

生：（齐读）

师：作者不写黄河的壮美，却要写它的险恶。这有什么用意呢？

板块二：体会筏子之小

师：黄河上的交通工具很特别，叫作"筏子"。一只羊皮筏子有多大？

生：有十只到十二只羊那么大。

师：一只羊有多大呢？大概就是两个并排坐着的同学那么大。（指着一对同桌）请站起来，这就是一只羊（众笑），再来一只羊（众大笑）……（指着两排 10 对同桌）十只到十二只羊大概就是这么大的体积。你们觉得是大还是小？

生：（齐声）大！

师：可是经过作者一写，就变小了。你来读——

生：（朗读）也只有十只到十二只羊那么大的体积吧。

师：大还是小？

生：小了，一加上"也只有……吧"这个词语，就变小了。

师：再往下读，变得更小一些。

生：上面却有五位乘客和一位艄公。

师：大还是小？

生：更小了，"却有"说明人很多，筏子就显得更小了。

师：再往下读，还能变得更小。

生：而且在他们的身边还摆着两只装得满满的麻袋。

师：这句又是怎么变得更小的？

生："而且""还"，说明麻袋里的货物很重很沉，这个筏子承受不住，就显得筏子更小了。

师："也只有"，大筏子变小了，"却有"，人一多筏子就显小；"而且、还"，货一重，筏子就显得更小了。这就是语言的魔力！考考你，假如你每个月有 5000 块钱，觉得多还是少？

生：多！

师：你有本事变少吗？

生：我每个月也只有 5000 块钱吧，（众笑）却要养活一家人，（众大笑，师插话：真不容易）而且每个月还要还 2000 块钱的债。（掌声，师插话：一下子变穷了）

师：作者不但把筏子变小了，而且还把筏子放在了黄河里，又会变成什么样呢？请看第二自然段。

生：（朗读第二自然段）

师：筏子怎么变？

生：变得更小了，你看，"从岸上远远望去，那么小，那么轻，浮在水面上。"说明在宽阔的黄河上，这样的筏子显得更小了。

生：用上了两个"那么"，表现筏子的小。

生："好像只要一个小小的浪头，就能把它整个儿吞没。"一个小小的浪头就能吞没筏子，不但写出了小，还写出了这样的小筏子在黄河里真的很危险，时刻要翻掉的。

师：从"小"读出"险"，你的阅读就比别人深刻，会揣摩"小"字背后的含义。再看看，作者说"被河心一个什么东西吸引住了"，那是"什么"。你知道是"什么"？

生：就是"羊皮筏子"。

师：为什么作者不直接写"被河心的一只羊皮筏子吸引住了"？

生：因为作者想引起读者的好奇心，故意不写的。

生：我想可能在远处，根本看不清这只很小的羊皮筏子的。

师：的确，如果是一艘巨轮，你为了吸引读者，能写成"被河心的一个什么东西"吗？（生答：不能）这里作者通过"只见浪头不见筏子"，写出了筏子的小，筏子的险。这还不够，作者还要把这只筏子变得怎么样呢？往下读第三自然段。

生：（朗读第三自然段）

师：作者看到了什么？

生：六个人在黄河上贴着水面漂流。

师：这六个人是武林高手，会轻功，水上漂？（众大笑）

生：是坐在羊皮筏子上漂流。

师：看得见筏子吗？（生答：看不见）只见人头不见筏子，小，而且险！请你再来读一读，把这层意思读出来。

生：（朗读第三自然段）再定睛一瞧，啊（师打断：为什么这么读？）表示很惊讶！这么小的筏子上居然还有人。（师：继续读）……一、二、三、四、五、六，一共六个人！（生语速均等、语气平淡。师打断：你这是在教室里数，那么清楚，那么轻松。你要在黄河岸边，数那只羊皮筏子上的人数，想想怎么读？语速有快有慢，声音有高又低。）一、二、三、四、五、六，一共六个人！（语气语调有明显变化。师插话：你把我们带到了黄河岸边！）

师：我们一般这么写：再定睛一瞧，啊，那上面还有六个人哩！作者为什么还要一个一个地数出来？不是很啰唆吗？

生：一个一个地数，说明人多，筏子险。

生：一次就写出六个人，就没有那种好奇和惊讶的感觉了。（掌声）

生：惊讶肯定是惊讶的，就是不那么强烈了。

生：作者是为了吸引读者的眼球，抓住他们的心，所以要一个一个地数。（掌声）

师：筷子上有一个人，不稀奇；有两个人，也不算什么；有三个人，有点意外；有四个人，让人惊讶；有五个人，更让人吃惊。有六个人！让读者一下子就惊叹不已了。你看，啰唆的背后是有用意的，阅读就是要在这些特别的地方，揣摩一下作者的用意。现在，请你将四个写筷子的段落连起来读一读。

生：（朗读第二到第五自然段）

师：作者写筷子，第二自然段没告诉你这是什么，第三自然段也没告诉你这是什么，你知道这是为什么？

生：吸引读者的注意力；引起读者的好奇心；制造悬念（掌声）；由远及近，远的时候看不清，来到近前才看得清是筷子。

师：说得都有道理，按照由远及近的顺序写，制造点阅读的悬念，激发读者的好奇心。记住，文章是写给读者看的。

板块三：推敲艄公之举

师：羊皮筷子在黄河上显得那么小，那么险，作为岸上的看客，我看得提心吊胆、胆战心惊。照理说，筷子上的乘客更会战战兢兢、魂不守舍了。但是，请看课文——

生：（朗读）皮筷子上的乘客谈笑风生，他们向岸上指指点点，那从容的神情，就如同坐在公共汽车上浏览窗外的景色。

师：乘客一点儿都不害怕、丝毫都不担心，他们凭的是什么？

生：他们凭的是有这样一个可靠的艄公。

生：他们相信艄公的本事可以确保他们的平安。

师：有一年，我到了兰州的黄河岸边，艄公们纷纷招呼我们坐一坐筷子。我上去了，又下来了。凭什么我不敢，他们却敢坐？看看第七自然段你就明白了。

生：我知道了，那里的乘客不是第一次坐筷子，已经坐过很多次了，知道怎么坐筷子。

生：那些乘客有坐筷子的经验，就是小心和大胆。而且，他们还有足够的勇气，

你没有就不敢坐。（众笑）

师：没错！第一次坐筏子，一般都会害怕和紧张。要有足够的勇气，要有小心大胆的经验；更重要的是要有对艄公的信任。课文中是怎么描写艄公撑篙的？

生：他专心致志地撑着篙，小心地注视着水势，大胆地破浪前行。

师：哪几个词让你对艄公产生足够的信任？

生：专心致志、小心、大胆。

师：小心的人，不够大胆；大胆的人，不太小心。这不是矛盾的吗？

生：（迷惑不解）

师：请看（指着板书），黄河复杂的水势，艄公小心地注视，发现了——（生读词）激流、漩涡、暗礁、巨浪。怎么办呢？（指着学生）艄公，考验你的时候到了！（众笑）请用一个动词，化解这些危险。

生：越过巨浪（师插话：勇敢），避开漩涡（师插话：机敏），绕过暗礁（师插话：智慧），躲过激流（师插话：镇静）。

生：逃过巨浪（众笑，师插话：胆小），冲过巨浪（师插话：这叫勇敢），避开漩涡，绕过暗礁，顺着激流（师插话：这就智慧）。

师：请你连贯地说一遍，用上"时而……时而"。

生：艄公小心地注视着水势，时而冲过巨浪，时而避开漩涡，时而绕过暗礁，时而顺着激流，大胆地破浪前行。（掌声）

师：这是一个怎样的艄公？

生：（纷纷发言）勇敢的艄公；智慧的艄公；镇静的艄公；机敏的艄公；沉着的艄公；技术高超的艄公；经验丰富的艄公；让人敬仰的艄公……

师：小心而又大胆，证明艄公的技艺高超、经验丰富。这样的艄公在黄河上撑篙，不就是小菜一碟吗？为何还要专心致志呢？

生：因为他身系着乘客的安全，所以丝毫不敢大意。

生：因为黄河的风浪过于险恶，一不小心就会翻船。

生：因为技术再高，也不能大意。

师：这就是艄公对乘客的极端负责。这样的艄公足以让人放心、定心、安心，才能谈笑风生、神情从容。我们一起来读一读艄公的表现——

生：（齐读）

师：我们一起来赞一赞艄公的品质——

生：（齐读第八自然段）

师：课文的主人公是"艄公"，但是课文的第一自然段写的是黄河，第二到第五自然段写的是筏子，到了第六自然段，先写看客，又写乘客，只用了一个句子写艄公。作者为什么要这么写？

生：作者写黄河、筏子，还有看客、乘客，都是为了写艄公的。

师：能否说得更明白些？比如，黄河越是险恶，就越能——

生：越能衬托出艄公的技艺高超、经验丰富。

师：筏子越是小越是险——

生：越能衬托出艄公的勇敢和智慧、镇静和机敏。

师：看客越是害怕、乘客越是不怕——

生：越能衬托出艄公对乘客负责，越能衬托出艄公值得人信任。

师：你看，有了艄公，黄河的险就化解了（擦去板书）；筏子的险也化解了（擦去板书）；看客的担心也化解了（擦去板书）；乘客的谈笑风生就不难理解了（擦去板书）。总之，有了艄公，这些"险"都被化解了，这就叫"化险为夷"；有了艄公，乘客在筏子上，就像在岸上一样，这就叫"如履平地"。这样的写法叫"衬托"。

板块四：抒发主人之志

师：艄公以撑船为业，当然要成为黄河的主人。（擦去"黄河"）我们是学生，应该成为什么的主人？

生：学习的主人。

师：艄公凭着什么才成为黄河的主人？

生：艄公凭着勇敢和智慧，镇静和机敏，战胜了惊涛骇浪，成为黄河的主人。

师：我们学生凭着什么才能成为学习的主人？

生：（纷纷发言）勤奋；刻苦；独立自主；虚心好学；善于思考；坚持不懈；自觉自律；自信；不耻下问；不断地钻研……

师：请你将这些词语组成"＿＿＿＿和＿＿＿＿"的词组来表达，注意，前后两个词之间要有关联，或者相近，或者相对，或者相连。然后仿照课文最后一段话的句式，写一写：我们将凭着＿＿＿＿和＿＿＿＿，＿＿＿＿和＿＿＿＿，战胜了（克服了、解决了）＿＿＿＿，在＿＿＿＿，成为学习的主人。

生：（写后交流）我们将凭着勤奋和刻苦，好学和善问，克服了一个又一个困难，在知识的海洋里自由地遨游，成为学习的主人。（掌声）

生：我们将凭着勤学苦练和好学善思、坚持不懈和独立自主，解开了一道道难题，克服了一个个困难，在求学的道路上披荆斩棘、勇往直前，成为学习的主人。（掌声）

师：披荆斩棘、勇往直前，这两个词语用得好！

生：我们将凭着笨鸟先飞的精神和滴水穿石的毅力，战胜了难以想象的困难，在漫漫求学路上跋山涉水、披荆斩棘，登上了一个个高峰，终于成为学习的主人。（掌声）

师：特别欣赏这一个词：笨鸟先飞的精神和滴水穿石的毅力，这是成为学习的主人的必备精神和毅力。相信你一定能成为学习的主人。同学们，你们所写的，可以称作"小主人宣言"。我们不但要成为学习的主人，还要成为——

生：（纷纷发言）生活的主人；时间的主人；集体的主人；国家的主人；社会的主人；时代的主人；未来的主人……

师：最重要的是要做自己的主人。要记住：主人，心里想的不仅仅是自己，更重要的是他人！

2.《为中华之崛起而读书》教学实录

板块一：词语归类学习，语境解读词义

师：今天我们学习第二十二课——

生：（齐读课题）为中华之崛起而读书。

师：为什么而读书？

生：（齐答）中华之崛起。

师：这里的"之"相当于"的"，就是"中华的崛起"。看这个"崛"字，山字旁，本来的意思是"山从平地上高出来、凸起来"。这里是说"中华之崛起"，中国怎么样了才叫"崛起"？

生：中国强大起来就叫"崛起"。

生：中国富强起来了叫"崛起"。

师：原来中国是什么样的？

图 3-8　课后给老师们说课

生：很贫穷，很落后。

师：后来呢？

生：慢慢地富强起来了。

师：（板书：从贫穷落后走向繁荣富强）这就叫——

生：中华之崛起。

师：现在，我们再一起来读课题，注意停顿。

生：（齐读）为/中华之崛起/而读书。

师：文中有很多生字词，谁会读？（PPT 出示第一组词）

生：（众生跟读）江苏淮安，奉天东关模范学校，外国人占据的地方。

师：（插话点拨）"江苏省淮安市"是周恩来出生的地方；"奉天"就是现在的辽宁省沈阳市，是周恩来读书的地方；一百多年前，中国逐步进入半殖民地半封建社会，很多地方都被外国军队占据了，称为"租界"，香港被英国强占了，澳门被葡萄牙强占了。

师：看第二组词，谁会读？（PPT 出示第二组词）

生：（众生跟读）魏校长，为之一振，当效此生。

师："当效此生"的"效"是"效仿""学习"的意思，魏校长要同学们向谁学习？

生：此生，"此生"就是"这个学生"，就是指周恩来。

师：这是文言，用现在的话说——

生：应当向这个同学学习。

师：看第三组词，谁会读？（PPT 出示第三组词）

生：（众生跟读）若有所思，疑惑不解，左顾右盼。

师：若有所思，怎么理解？

生：好像在思考的样子。

师：对的，"若"就是"好像"的意思。"若有所思"是一种神态，突出了哪个字？

生：（齐答）思。

师："疑惑不解"也是一种神态，突出了哪个字？

生：（纷纷作答）疑，惑。

师：两个字意思一样，都是不理解的意思。"左顾右盼"还是一种神态，突出了哪个字？

生：（纷纷作答）顾，盼。

生：两个字意思一样，都是看的意思。

师："左顾右盼"的近义词？

生：东张西望。

师：看第四组，谁会读？（PPT 出示第四组词）

生：（众生跟读）清晰而坚定，抱负和胸怀，苦难和屈辱。

师：发现了吗？这三个词都由两个词并列组成的。周恩来的回答既是——

（生答：清晰的）又是——（生答：坚定的）周恩来既有远大的——（生答：抱负）又有宽广的——（生答：胸怀）这个女人既受到了——（生答：苦难）又受到了——（生答：屈辱）

师：再来看一组，谁会读？（PPT 出示第五组词）

生：（众生跟读）哭诉，轧死，肇事，惩处，训斥，劝慰。

师：（插话点拨）"惩处"的"处"是多音字，这里念第三声，意思是"处罚"；"肇事"怎么理解？

生：（纷纷作答）惹了事情；引起事故；闹事；做了麻烦事……

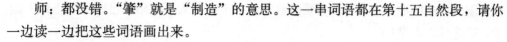

师：都没错。"肇"就是"制造"的意思。这一串词语都在第十五自然段，请你一边读一边把这些词语画出来。

生：（边读边画）

师：女人在哭诉什么？

生：这个中国女人在哭诉自己的亲人被外国人的汽车轧死了，她去报警，中国警察不帮她，反而训斥她。

师：概括地说，女人在哭诉什么？

生：女人在哭诉亲人被外国人的汽车轧死了，却没处申冤。

师：再概括一点，女人在哭诉什么？

生：女人在哭诉自己的不幸遭遇。

生：女人在哭诉自己的屈辱遭遇。

师：这就叫"概括事件"，用最短的词句说清楚。这件事让周恩来理解了一个词？

生：中华不振。

师：你理解吗？请从这件事中找一找，你从谁身上你看到了"中华不振"？

生：我从这个中国女人身上看到了"中华不振"，她的亲人被外国人的汽车轧死了，却得不到赔偿。

师：中国人在自己的国家受到了外国人的欺辱，却得不到保护。这叫"中华不振"！

生：我从中国巡警身上看到了"中华不振"，一个中国巡警，看到中国人受难了，却不帮中国人，真的让人愤怒！

师：中国巡警不给中国人撑腰，不去惩处肇事的外国人。这叫"中华不振"！

生：我从洋人身上看到了"中华不振"，一个外国人在租界里，肇事了，轧死了人，却还横行霸道，要知道这是在中国的土地上，真的很屈辱。

师：外国人在中国的土地上为所欲为，这叫"中华不振"！

生：我从围观的中国人身上看到了"中华不振"，他们明明知道要惩处洋人，却敢怒不敢言，太憋屈了！

师：敢怒不敢言，这叫"中华不振"！

生：我还从"我"，就是周恩来身上看到了"中华不振"，伯父告诉他不要随便到外国人占据的地方去，有事也要绕着走。一个中国人不能到自己国家的土地上走走，这算什么事呢？

师：这就算"中华不振"的事啊！（众笑）什么叫"中华不振"？你明白了吗？

生：（纷纷作答）就是中国不强大；中国太落后了；落后了就要挨打，就要受到屈辱……

师：中国地大物博，但当时国力很弱。贫穷落后，就会被世界列强侵略、欺辱，记住这个屈辱的故事，记住这段屈辱的历史。

板块二：关注主要人物，学习概括事件

师：课文写了好几个人物，其中的主要人物是——

生：（齐答）周恩来。

师：什么时候的周恩来？

生：十二三岁的周恩来。

师：少年周恩来。写了他的几件事？

生：（纷纷作答）两件事；三件事；四件事……

师：同学们，判断是不是一件事，要看六个要素：时间、地点、人物以及起因、经过、结果。先看看前面三个因素——

生：时间、地点、人物。

师：请你默读课文，画出表示时间、地点的词句，想一想写了几件事？

生：（默读课文，圈画词句）

师：谁来梳理一下时间和地点？

生：第一个时间是"新学年开始了"，地点是在奉天东关模范学校，人物有魏校长、周恩来和同学们。

师：地点再具体一点？

生：修身课上。

师：相当于我们现在的"品德与社会"课、"道德与法治"课。继续——

生：第二个时间是"十二岁那年"，地点是东北，人物有伯父和周恩来。

师：地点再具体一点，注意周恩来住在哪里？

生：地点是伯父家里。第三个时间总是"一个星期天"，地点是被外国人占据的地方，人物有一个女人，中国巡警，围观的人，周恩来和他的一个同学。

师：被外国人占据的地方就是"租界"。这样一梳理，是不是清楚了？写了几件事？

生：（齐答）三件事。

师：三件事的主要人物是谁？

生：（齐答）周恩来。

师：现在，我们来看第一件事，写了关于周恩来的什么事？请你默读课文，边读边想事情的起因、经过、结果。

生：（默读）

师：这件事的起因——

生：魏校长提出了一个问题："你们为什么而读书？"

师：简单点说，就是——

生：魏校长问大家为什么而读书。

师：这是起因。经过——

生：同学们都纷纷议论，可是唯有一个同学不在议论。魏校长就问他，他说为中华之崛起而读书。

师：你回答得很完整。要突出主要人物，只说一句话——

生：周恩来回答：为中华之崛起而读书。

师：这叫抓主要内容，非常好！这是经过，结果——

生：结果是魏校长听了为之一振，连连赞叹。

师：简单地说，就是——

生：魏校长听了连声赞叹。

师：起因、经过、结果，很完整。现在，谁来完整地说一遍？

生：新学年开始了，修身课上，魏校长问大家为什么而读书，周恩来回答"为中华之崛起而读书"，魏校长听了连声赞叹。

师：这件事，是完整的一件事，可以理清时间、地点、人物，然后按照"起因、经过、结果"来概括。接下来还写了两件事，这两件事不像第一件这么完整。我们只要回答这么几个问题就能把握事情的主要内容了。（PPT出示：何时、何地、谁、干什么）

师：第二件事情，何时？

生：周恩来十二岁那年。

师：何地？

生：伯父的家里。

师：谁？干什么？

生：伯父警告他不要到外国人的地盘上去玩。

师：把这几句话连起来说一说。

生：周恩来十二岁那年，在伯父家里，伯父警告他不要到外国人的地盘上去玩。

生：十二岁那年，周恩来来到奉天。在伯父的家中，伯父告诉他不要在租界里玩。

师：伯父告诉他，伯父变成了主要人物。换一个说法：周恩来听伯父说——

生：十二岁那年，周恩来在伯父家里听伯父说别去租界玩。（掌声）

师：第三件事，请同学先读一读，然后自己回答这四个问题，看谁写得又快又准确。

生：（默读后按照四个问题写事件）

师：谁来说说第三件事？

生：星期天，周恩来在租界的警察局门前看见一位女人在哭诉，她的亲人被外国人的车子轧死了，可是围观的人敢怒不敢言。

生：一个星期天，周恩来在租界里看到了一个女人正在哭诉屈辱，围观的人敢怒不敢言。

生：一个星期天，周恩来在租界看到一个女人在哭诉屈辱，还被巡警训斥，围观的人敢怒不敢言。

生：一个星期天，周恩来在租界看到一个女人正在哭诉自己的不幸遭遇。

师：你这一句话概括得最简练！

板块三：理清事件关系，把握主要内容

师：同学们，这三件事都是周恩来在十二岁那年发生的。第一件事，他说了一句话——

生：为中华之崛起而读书。

师：第二件事，他听到了一句话——

生：不要去租界玩。

师：第三件事，他偷偷地去了租界，看见了——

生：一个女人在哭诉屈辱，周围的人敢怒不敢言。

师：谁能把这三件事连起来，说一段话。

生：（大声练习说话）

师：谁来试试?

生：新学年的修身课上，周恩来说要为中华之崛起而读书；在十二岁那年，周恩来在伯父家中听伯父说，不要随便去租界玩；一个星期天，周恩来在租界看到一个女人在哭诉自己的屈辱，周围的中国人敢怒不敢言。

师：完整，连贯，好! 课文写十二岁的周恩来，写了三件事。第一件是他——说了什么；第二件是他——听到什么；第三件是他——看到什么。现在请同学们想一想，这三件事有关系吗?

生：（齐答）有。

师：什么关系?

生：（沉默）

师：很多同学一脸茫然、疑惑不解，而且还左顾右盼。请同学们看最后一个自然段，大声读一遍。

生：（自读）此时的周恩来才真正体会到"中华不振"四个字的沉重分量。怎么把祖国和人民从苦难和屈辱中拯救出来呢? 这个问题像一团烈火一直燃烧在周恩来心中。所以，当修身课上魏校长提出为什么而读书这个问题时，就有了"为中华之崛起而读书"的响亮回答。

师：此时是指什么时候?

生：在周恩来看到一个中国女人哭诉屈辱的时候。

师：这个时候，周恩来真正理解了——

生：中华不振的沉重分量。

师：与上文哪里相呼应?

生：少年周恩来疑惑不解，问道："被外国人占据，为什么呢?"

师：很接近了，再看看。

生：十二岁的周恩来当然不能完全明白伯父的话，但是"中华不振"四个字和伯父沉郁的表情却让他难以忘怀。

师：对了！第二件事中，周恩来疑惑不解；第三件事后，周恩来真正理解了。两件事什么关系？

生：前后呼应的关系。

师：前后呼应是一种写作方法。

生：后面一件接着前面一件的关系。

师：这就是"承接关系"。再往下看，周恩来一直在思考什么问题？

生：（齐读）怎么把祖国和人民从苦难和屈辱中拯救出来呢？

师：概括为四个字？

生：（纷纷作答）拯救人民；拯救国家；救国救民。

师：这句话与前文哪里相呼应呢？

生：有位同学一直默默地坐在那里，若有所思。其实就是在思考这个问题，如何救国救民？

师：这句话呼应的是第一件事。现在我们看，第二、三两件事与第一件事是什么关系？

生：因为……所以的关系。

师：别急，说清楚。

生：因为周恩来真正理解了"中华不振"的沉重分量，一直在思考怎么救国救民这个问题，所以当魏校长问为什么而读书这个问题，他就回答为中华之崛起而读书。

师：什么关系？

生：因果关系。（掌声）

师：课文先把"结果"那件事写在了前面，把"原因"那两件事写到了后面，颠倒了一下顺序，这叫——（板书：倒叙）

生：（齐读）倒叙。

师：简单地说，之所以要为中华之崛起读书，是因为——（板书：中华不振）

生：（齐读）中华不振！

师："中华不振"是——

生：原因。

师："为中华之崛起而读书"是——

生：结果。

板块四：解读周恩来诗句，表达自己志向

师：这是少年周恩来十二岁那年发生的事。在青年时代，他读完中学，要去日本留学。在临行前，他写了一首诗。跟老师读——（PPT 出示诗歌）

生：（跟读）大江歌罢掉头东，邃密群科济世穷。面壁十年图破壁，难酬蹈海亦英雄。

师：这首诗什么意思呢？（PPT 出示译文）

生：（自读译文，略）

师：读完中学后，他发现中国太贫穷落后了，于是他要去日本留学。于是他唱了一首大江歌，是苏东坡词的第一句——大江东去，浪淘尽，千古风流人物。这首词很有气势，请同学们课后找来读一读。唱完后，他就去了——

生：日本。

师：日本在我们的东面，所以叫"掉头东"。去日本要干什么？

生：邃密群科。

师：学习科学文化知识，来拯救我们的国家。面壁十年，说的是达摩祖师在山洞里参禅，整整十年，在这里是说学习十分刻苦。图破壁，又是一个典故。我们学过一个成语叫"画龙点睛"，龙破壁而出，说明本领非常精湛。"十年"是一个虚指，学习要到一个让龙破壁而出的境界，才算成功。这"龙"指的就是——

生：中国。

师：对，要让中国这条东方的巨龙腾飞起来。再来读一读这一句。

生：（齐读）面壁十年图破壁。

师：最后，如果我的理想不能实现，我就去跳海！当时有个人叫——陈天华，也是去日本留学。但是看到我们的国人太愚昧无知，于是就跳海殉国，以此来警醒国人，他就是——

生：英雄。

师：这首诗写出了青年周恩来的雄心壮志，我们一起再来读一读。

生：（齐读）

师：作为中华儿女，要有振兴中华的雄心壮志。

师：周恩来少年时期那个贫穷落后的时代已经过去了，在一代一代革命志士的努力下，中国站起来了，富起来了，现在又逐渐强大起来了。那么，我们现在又为什么而读书呢？

生：为了中华之崛起。

生：为了更好地建设祖国。

生：为了美好的未来。

生：为了我们社会的发展和进步。

生：为了感恩祖国。

生：为了中华儿女。

师：现在请同学们先看一看补充的几则材料，再把你的读书志向写下来，并写下理由。

生：（静心写作）

师：谁来谈谈自己的读书志向？

生：我的志向是为文明而读书，（师插话：改成"社会的文明与国家的强盛"）因为只有努力读书才能成为有用的人，才能成为对社会有用的人，才能用自己的真才实学建设祖国，（师插话：三个"才能"说得很有气势！）让周恩来看到现在的祖国越来越好。（师插话：改成"让周恩来在九泉之下也能看到祖国越来越美好"。）

生：我的志向是为社会发展而读书。理由是可以帮助贫困落后的人，让祖国更加富强。只有国家强盛了，人民富裕了，这样才不会被外国人欺负。

师：很善良，世界上还有很多贫困的人，需要我们的帮助。

生：我的志向是为我的子子孙孙而读书。理由是让自己的子子孙孙读好书，让国家更美好富强。

师：把"我"改成"我们"，这样的"胸怀"就大了，"抱负"就远了。

师：同学们，"为中华之崛起而读书"，只有国家强盛，人民才能幸福。你们为什么而读书？

生：（齐读课题）为中华之崛起而读书！

（三）我的诗词课

1.《山居秋暝》课堂实录

板块一：读出节奏与韵律

师：今天我们学习一首诗，大家一起念课题——

生：（齐读课题）山居秋暝

师："暝"是生字，日字旁，谁知道是什么意思？

生：黄昏。

师：或者叫——

生：傍晚。

师："黄昏"或者"傍晚"，就叫"暝"。你觉得"黄昏"和"傍晚"，哪个词更有诗意？

生：（有些犹豫）黄昏。

师：欧阳修有一句诗："月上柳梢头，人约黄昏后。"同学们看，"人约黄昏后"是很有诗意的，如果是"人约晚饭后"，那就太俗气了。（众笑）

师：（指黑板）"秋暝"就是——（生接）秋天的黄昏。再看，诗题中的"居"什么意思？

图 3-9　执教古诗《山居秋暝》

生：居住的意思。

师：居住在山里，就叫——

生：山居。

师：居住在村里，就叫——

生：村居。

师：居住在家里呢？

生：（大笑）家居。

师：那居住在异国他乡呢？

生：异居。

师：那是你创造的词，你在异国他乡是客人，所以是——

生：客居。

师：对了，那你在山里居住不想让别人知道，这叫——

生：隐居。

师：对了，题目中的"居"就有隐居的意思。隐居的这座山非常有名，叫"终南山"，很多名人都曾经隐居在这座山中。再读课题——

生：（齐读）山居秋暝。

师："秋暝"点明了写作的（生接）——时间，山居点明了写作的（生接）——地点，那这首诗到底写了什么呢？谁会念？

生：（朗读）空山新雨后，天气晚来秋。明月松间照，清泉石上流。竹喧归浣女，莲动下渔舟。随意春芳歇，王孙自可留。

师：正确、流利，非常好！读诗，还要在这个基础上，读出节奏。请你看，这是一首五言诗，每句五个字，一共八句。每一句都有一个共同的停顿点，你发现了吗？

生：五个字之后。

师：那是读课文，逗号句号之后要停顿，现在我们说的是五个字中间要停顿。在哪个字后面？

生：（思考了一会儿）第二个字。

师：发现了没有？每一句都是第二个字后面停顿。五言诗是"二个字三个字"，如果是七言诗那就是"二个字二个字三个字"，最后一定是（生接）——三个字。这叫"三字结构"。（PPT 出示划分停顿的整首诗：空山/新雨后，天气/晚来秋。明月/松间照，清泉/石上流。竹喧/归浣女，莲动/下渔舟。随意/春芳歇，王孙/自可留。）

师：现在我们一起来念诗，老师念前两个字，同学们念后三个字。

生：（与老师合作朗读整首诗）

师：除了逗号句号之外，五言诗两个字后也要做停顿，注意处理好停，就有节奏了。（板书：停）

师：请你再来读一读。

生：（朗读整首诗）

师：不错，你注意了句中的停顿，但是更要注意，停是声音停，气息还要连。（板书：连）

师：（范读）"空山——新雨后"，"空山"后不能断，气息是连着的。一起来试一试。

生：（齐读）空山——新雨后。

师："停"还要注意"连"，这叫"停连"。空山——怎么样呢——新雨后，刚刚下了一场雨，天气——怎么样呢——晚来秋，已经到了黄昏时分，所以"停连"让我们在朗读的时候，有了一个想象的空间。现在请你再来读，要注意"停"，还要注意"连"。

生：（再读整首诗）

师：有进步吗？

生：（齐答）有！

师：注意停连，就有节奏，满意吗？

生：满意。（众笑）

师：要给自己信心，好！但不要自满，你还可以读得更好。看每句的最后一个字，一起念。

生：（齐读）秋、流、舟、留。

师：押韵，都是"平声字"，所以在读的时候要注意——（做"横"的手势）延长一点。来，把这四个字延长声音读一读：秋——流——舟——留——（板书：长）

师：再来读一读"后、照、女、歇"。

生：（小声试读）

师：注意，"歇"在古音中念入声"xiè"，所以这四个第三声、第四声的字都是"仄声字"，读的时候要短促一些。（板书：短）于是，这首诗在朗读的时候，不但有停与连，还有——

生：（齐）长与短。

师：有停连，有长短，就有变化了，就能读出韵律了。现在我们一起来试一试。

生：（齐读整首诗）

师：最后"王孙自可——留——"要再延长一点。现在再请你来读。

生：（再读）

师：恩，非常好！读诗歌要有韵律，熟练了就会有韵味。现在大家一起再来读，要读出韵味。生：（齐读）

师：你看，"留"字延长了，就有味道。诗要读好，一定要读出节奏和韵味。

板块二：读懂诗情与画意

师：现在我们再来看每一句的前两个字，你发现了什么？

生：都说的是物品。

师：叫"事物"，写的是山中的事物，你很有眼光。这首诗写了——

生：空山、天气、明月、清泉、竹喧、莲动、随意……

师："随意"是什么东西？仔细看看这个句子，写的是——

生：春芳。

师："春芳"是谁？村里的小芳？（众笑）

生：应该是去朝里当官的。

师：你想得太远了，古时候的词你把它拆开来看一看，说不定就能明白它的意思，你来试试。

生："春"和"芳"。

师：你会拆了，"春"就是——

生：春天。

师："芳"就是——

生：芳香。

师：春天什么是芳香的？

生：花和草。

师：所以，春天的花和草简称——

生：春芳。

师：那看这一句，按照上面的结构，应该是"春芳随意歇"，但是它为了平仄的需要，把"春芳"放到了后面，这种句子叫"倒装句"。古诗中有很多"倒装句"，所以很多同学就读不懂了，现在我们把它"倒回来"。（板书：倒装句）

生：（齐读）春芳随意歇。

师：什么意思？

生：春天的花和草随意地歇歇了。（众笑）

师："歇歇"就是人打哈欠，想要睡觉了。那就是春天的花到了秋天就——

生：谢了。

师：春天的草到了秋天就——

生：枯了。

师：春天的叶到了秋天就——

生：枯黄了。

师：是的，用诗的语言就是"歇"了，休息了，它是自由的，自然的，随意的。说明春天的花草到了秋天很自然地就凋谢了。好，我们再一起来读一读这一句。

生：（齐读）随意春芳歇。

师：恩，春芳是那么的自然，那么的自由，那么的随意。所以——

生：（齐读）王孙自可留。

师：春芳啊春芳，你是多么的自由啊。那么王孙——

生：想留就可以留下来不走了，很自由。

师：对了，王孙就能够自由地留下来了。这里的王孙是指谁？

生：就是指王维自己。

师：对了，本来是指王孙贵族，这里特指王维自己。现在把最后两句连起来读。

生：（齐读）随意春芳歇，王孙自可留。

师：这里的最后一个字——留。留就是山居秋暝的——（板书：留）

生："居"。

师：也就是王维想要留在这秋天的山中。同学们，读到最后一个字，我们再回过头来看前文。上面几句中，哪一句最值得王维留在这山中？请同学们四人一组讨论：这句中的什么东西，最值得王维留下来？

生：（分组热烈讨论）

师：现在请同学们来交流一下，注意，最能够让王维留下来的是哪一句？

生：我觉得是"明月松间照，清泉石上流"。因为明月在松间照耀，这让人感到很宁静；清泉又为他奏响了优美的歌曲。

师：想象一下，清澈的泉水在石头上怎样地流着？

生：我觉得是欢快地流着。

师：欢快地，在石头上奏出优美的歌曲，还可能是怎样地流着？

生：潺潺地流着。

师：潺潺，用叠词，马上就美了。

生：轻快地流着。

生：叮咚地流着。

师：很可爱。

生：淙淙地流着。

生：我觉得这个时候的清泉，应该是静静地流着，没有一点声音。

师：哦，你觉得静静地流更美？

生：是的，明月松间照，是静静地照，清泉石上流，也应该是静静地流。说明山中的夜晚，特别地安静。

生：我觉得清泉流过时发出淙淙的水声，不是更能衬托山中的静吗？（很多学生点头）

师：好好，同学们，古人说"诗无达诂"，每个人对诗句可以有自己的理解和感受。"清泉石上流"，不管是有声音还是没有声音，都衬托山的宁静与人的悠闲，对吧？请把这两句再念一遍。

生："明月松间照，清泉石上流。"

师：明月、清泉，把王维留下来了。

生：我觉得这一句更能让王维留下来。"竹喧归浣女，莲动下渔舟。"洗衣服回来的浣女和满载而归的渔夫都是很真实的生活场景，王维想要留在这里，就可以远离官场，看看这个真实的生活了。

师：这位同学的回答里有一个非常重要的词——

生：（齐答）真实。

师：他在官场里过的是一种怎样的生活？

生：虚假的、尔虞我诈的生活。

师：你真懂官场，（众笑）官场里是戴着面具的生活，把真实的自己都藏起来的，但是山里的生活是真实的。请你再来读一读这一句。

生：竹喧归浣女，莲动下渔舟。

生：我认为是第一句："空山新雨后，天气晚来秋。"因为空山的雨，好像把人们的烦恼都清洗掉了。

师：特别好，新雨把什么都清洗掉了？

生：我认为是在尔虞我诈的官场生活中的痛苦。

生：对官场的不满与愤慨。

生：我觉得是生活中的不如意。

师：不如意，受到的排挤，不满与愤慨，都被这场新雨给洗掉了。真好，再来念一遍这一句。

生：（齐读）空山新雨后，天气晚来秋。

生：我觉得是"竹喧归浣女，莲动下渔舟"。王维喜欢这种宁静的生活，而浣女与渔夫都过着自由自在的生活，不会为官场烦恼。

师：嗯，王维喜欢过宁静的生活，他喜欢和什么样的人一起生活？

生：平凡、淳朴。

师：对了，喜欢和善良的、平凡的、淳朴的山民一起生活，不愿意与哪些人一起生活？

生：不愿意与官场上那些虚伪的、戴着面具的人一起生活。

师：是啊，山村的生活是那么的美好、那么的自然、那么的淳朴、那么的真实。

生：我也觉得是第三句，因为王维在官场上受到了很多的压力和挫折，现在来到这里生活，他感到非常的惬意。

师：听到了哪个词？

生：惬意。

师：惬意！你们想惬意地生活吗？

生：想！

生：我也觉得是第三句："竹喧归浣女，莲动下渔舟。"因为王维盛年的时期觉得考一个功名很新鲜，能够有所作为。可是到了朝廷之后发现官场上尔虞我诈，刚被皇上表扬，就受到别人的嫉妒，在皇上耳边说他的坏话。现在隐居山林，到终南山去，那么清闲，他喜欢听浣女们谈话，看到渔夫满载而归，所以他觉得这个生活十分清闲。

师：你们怎么都没有反应？（生后知后觉，开始鼓掌）

师：你为什么鼓掌呢？我没让你鼓掌啊？

生：因为他说得很好呀！

师：他说了什么？怎么个好法？

生：他把作诗的背景都说出来了。

师：同学们，要真正理解是什么让王维留在山中，一定要去了解他的身世。像这位同学一样，去看看王维的生平，他为什么会离开朝廷，到山中去隐居。这时候你就知道这首诗表达的那种对美好生活的向往。

板块三：读向空山与哲思

师：同学们，这首诗就是表达的那种对美好生活的向往，表达了他——

生：留。

师：留在这儿的意愿。因为这山中有这么多美好的事物，美好的人物。这些美好的事物、人物构成了一幅美好的画面，聚焦在这两行当中。念——（出示颔联、颈联）

生：（齐读）明月松间照，清泉石上流。竹喧归浣女，莲动下渔舟。

师：上有明月，下有清泉。远处有浣女归来的欢笑声，近处有渔夫打鱼归来的身影。你看，这就是山居秋暝图，再读。

生：（齐读诗句）

师：这样的画面你们想不想留？

生：（齐答）想。

师：你们为什么也想留？你们是不是也经历了尔虞我诈？

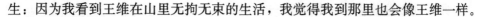

生：因为我看到王维在山里无拘无束的生活，我觉得我到那里也会像王维一样。

师：无拘无束，也会没有——

生：官员了。

师：你永远也跳不出王维的那个世界了，你快回来吧！（众笑）

师：离开了这里我们就没有了什么？

生：作业、考试、补习班……

师：这些叫烦恼。你看，不管是古人还是今人，对这样一种画一般的生活，都会产生向往。王维留在这山中，他的心就变得怎么样了？

生：他的心就会变得纯洁、透明。

生：他的心就会变得纯洁、朴实。

生：我觉得他的心就会变得善良和真实了。

生：我觉得他离开了官场尔虞我诈的生活，这颗心也就放下来了。

师：说说看，他都放下了什么？

生：放下了尔虞我诈。

生：放下了皇帝的很多事物。

师：伴君如伴虎，对吗？

生：放下了官员中的钩心斗角。

生：放下了别人对他的污蔑。

师：他把所有的东西都放下来了，于是他的心就像这山间的月亮一样——（生接）明亮了；就像泉水一样——（生接）清澈了；就像莲花一样——（生接）纯洁了；就像这竹子一样——（生接）清闲了；就像山民一样——（生接）淳朴了、善良了。

师：他把所有的都放下来了，他的心就——用诗中的一个字来形容。

生：（沉默后）空了。（师板书：空）

师：因为他的心空了，所以他看到的终南山是一座什么山？

生：（沉默后）空山。

师：终南山很大，满是景与人，但是因为王维的心空了，山也就空了。明白了吗？

生：（齐声）明白了。

师：所以这首诗有一个诗眼——

生：（齐答）留。

师：还有一个诗眼——

生：（齐答）空。

师：好，现在我们再一起来念这首诗。

生：（齐读整首诗）

师：诗跨越了千年，但是王维和我们现代人的心仍然是相通的，对美好事物的向往是共鸣的，这就是经典。（板书：经典）经典要一代一代地——

生：传承。（板书：流传）

师：如何传承？诵、读还不够，送给大家一个字——"咏"（板书：咏，结合在一起组成"经典咏流传"）

师："咏"就是唱。你们想听这首歌吗？

生：（齐答）想。

师：好，下面我们一起来听听这首歌。当你有烦恼的时候、当你考试不合格的时候、当你要去上补习班的时候听听这首歌，你的心就会不一样了。（播放演唱版《山居秋暝》）

师：（播放中）请大家跟着一起轻轻哼唱；（播放大半）最后一遍，放开声音唱。

师：这首诗给你留下印象最深的是哪一个字？

生：（齐答）留。

师：更重要的是哪一个字？

生：（齐答）空。

师：对，当你读到留的时候，你仍然留在王维的世界里；当你读到空的时候你就活在自己的生活里。这首歌在（唱）到最后两句的时候为什么要重复一遍？

生：我觉得是表现了诗人向往自由的生活。

生：我觉得这样可以点明诗人当时的心情。

师：听明白了没有？这首诗前六句都是写景，后面两句是表达作者的感情的，表达他的心迹，表达他真实的想法，所以要重复一下。好，我们也来重复一下——

师生：（共读）随意春芳歇，王孙自可留。

师：王维写的这首诗突出了一个字，叫——空。王维一生写了四百多首诗，其

中八九十首都有这个空字，表明了他内心的一种真实的向往。我们现在再来看一首。（PPT 出示：《鹿柴》）

生：（齐读整首诗）

师：这首诗里写了一座什么山？

生：空山。

师：空到什么程度啊？——（生接）看不见人，只能看到人的影子；空到什么程度啊？——（生接）夕阳只能照在青苔上。可见，这座山是那样的静——静到什么程度呢？——（生接）一点声音都没有，十分幽静。再来看第二首。（PPT 出示：《鸟鸣涧》）

生：（齐读整首诗）

师：王维又写了一座山，是春山，春山也是空的，因为春山那么的静，静到什么程度啊？

生：月亮出来鸟儿都惊飞了。

师：月亮是没有声音的，但是月亮出来都能把鸟儿惊飞，可见春山之静。还有比这更静的。

生：人闲桂花落。

师：什么时候可以听到桂花飘落的声音？

生：拿个音箱。（众笑）

师：你也太没有诗意了。（众大笑）

生：一般只有你一个人的时候，才听得到。

师：一个人也未必能听到。

生：我觉得最重要的应该是要把心放空了。（掌声）

师：心放空了，心要闲下来，心才能静下来，所以这里最重要的一个字"闲"。你们闲不闲？

生：（小声）不闲。

师：所以你们静不静？

生：（小声）不静。

师：所以你们空不空？

生：不空。

师：注意哦，闲才能静，静才能空。空才能达到一种诗意的境界。

师：请同学们念这几句话：（PPT出示）

生：（齐读）走在古城朱雀的桥边，听见太白唱醉的明月，这是杜甫赞过的春雨，王维的空山就在心里……

师：唐代诗人三个最有名，一个叫——李白。最有名的是他写的明月，那首诗还记得吗？

生：（齐背）床前明月光，疑是地上霜。举头望明月，低头思故乡。

师：李白把这明月唱醉了，所以他是"诗仙"。

师：杜甫写过《春夜喜雨》，最有名的是这句：随风潜入夜，润物细无声。所以杜甫又被称为"诗圣"。

师：第三个诗人是——

生：王维。

师：王维最有名的是他的——空山。

生：（齐读）空山新雨后，天气晚来秋。明月松间照，清泉石上流。竹喧归浣女，莲动下渔舟。随意春芳歇，王孙自可留。

师：因为空山，所以王维被后人称为——"诗佛"。

师：这是中央电视台《经典咏流传》节目的主题歌，其中我选了最后的四句，大家一起听一听。（播放歌曲）

师：让王维的空山留在我们每个人的心里，下课！

2.《清平乐·村居》教学实录

板块一：区分诗词

师：你们还记得清代诗人高鼎写的《村居》吗？

生：（齐背）草长莺飞二月天，拂堤杨柳醉春烟。儿童散学归来早，忙趁东风放纸鸢。

师：今天我们学的也是《村居》，跟刚才的这首诗有什么不同？

生：这首是词，刚才的是诗。

生："清平乐"（念lè）是词牌名。

师：这个字（乐）不念lè，念yuè。这首词的题目是《村居》，"清平乐"是词牌名。读的时候中间要注意停顿。

图 3-10　和学生一起上语文课

生：（齐读）

师：（出示课文）听老师念一遍。

生：（听后自由朗读课文）

师：这首词在形式上和诗有哪些不同？

生：诗每行的字数相同，但词每行的字数不同。

师：对的！词每行的字数不一样，所以又称为"长短句"。但是，并不是每个句子可以随意地长随意地短，是有规定的。每一首词都有固定的调子；每个调子都有固定的句子；每个句子都有固定的字数；每个字都有固定的声韵。读读上面部分最后一个字的音？

生：小、草、好、媪。韵母都是 ao。

师：下半部分？

生：东、笼、蓬。韵母是 ong 和 eng。

师："蓬"在古时念 pōng。所以，字音都有定声。正所谓（PPT 出示）——

生：（齐读）词有定调，调有定句，句有定字，字有定声。

师：还有什么不同？

生：大多数诗都只有四行，可词却不止四行。这首词有八行。

师：诗也有八行的。但这首词的八行，跟诗的八行有什么不同？

生：诗的中间不分开的，但这首词上下是分开的。

师：上半部分叫"上阙"，下半部分叫"下阙"；或者叫"上片""下片"。下面请你读一读这首词。

生：（自读，略）

板块二：读懂词意

师：你有不理解的字或者句子吗？

生："白发谁家翁媪"的"媪"什么意思？

师：不着急！如果你对这个字不理解，会选择什么办法解决？

生：可以查字典。

师：如果字典不在身边呢？

生：可以问别人。

师：如果别人也不懂呢？

生：那就猜。

师：猜一猜？是个办法。先读一读？

生：白发谁家翁媪。

师："翁"？懂吗？

生：年老的男性。

师：男性，说得很专业！你将来老了就是？

生：翁。

师：如果她（指同桌），老了呢？

生：她老了就应该叫"媪"。

师：聪明！现代人不叫"媪"，叫什么？

生：女孩。

师：有这么年轻的"媪"吗？

生：老奶奶，婆。

师：哪个"婆"？

生：外婆（众笑）

师：所有年老的女人，都叫"外婆"？

生：老婆婆。

师：对啦！那男的叫什么？

生：老公公。

师：这里的"翁媪"是什么关系啊？

生：夫妻关系。

师：哎，聪明了。好，一起把这个词读一遍。

生：翁媪。

师：还有什么不懂的吗？

生："醉里吴音相媚好"，这句不懂。

师：是不是每个字都不懂？"醉里"？

生：喝醉了。

生：这里是"陶醉"的意思。

师：这里是"喝醉"还是"陶醉"呢？这就要考证。据老师的查证，这个句子里只有"喝醉"的意思。

师："吴音"，懂吗？

生：吴国人的乡音。

师：我们杭州古代也是吴地。所以我们说的音也叫？

生：吴音。

师：句中写到的地方在江西上饶一带，古时属于吴国；而词人辛弃疾是山东人，听到吴侬软语，觉得分外悦耳。

师：这一行真正难理解的是"相媚好"。我们先看看这个"媚"字。

生：女和眉。

师：女人的眉毛好看吗？喜欢吗？

生：喜欢。

师：这个"媚"原来的意思就是喜爱。翁和媪"相媚好"，就是——

生：互相喜欢对方。

生：相互喜欢，相爱。

生：恩恩爱爱，亲密的，有点娘娘腔。

生：情意绵绵。

师：这一对老公公和老婆婆喝了一点酒，稍微有一点醉意的时候，他们在干什么？

生：（纷纷地）他们之间相互说着喜欢对方的话；他们在谈情说爱；他们很可能在谈年轻时的经历；他们可能在卿卿我我，有可能在相亲相爱；他们在说着情话……

师：这样的情景用词句来表达，就是——

生：（齐读）醉里吴音相媚好。

师：哎，喝点小酒，唱点小曲，说点小情话，过点小日子，一般的人认为是——

生：小夫妻。

生：浪漫的夫妻。

师：可仔细一看，谁能想到是一对白发苍苍的老夫妻呢？这对老夫妻的生活才叫——

生：（纷纷地）浪漫；美好；甜蜜；悠闲；舒适；幸福……

生：（齐读）醉里吴音相媚好，白发谁家翁媪。

师：还有不懂的吗？

生：就是最后一句"最喜小儿无赖，溪头卧剥莲蓬"。那个小儿怎么是个无赖呢？

师：那你所理解的"无赖"是什么意思？

生：赖皮的。

生：只会耍赖的人。

师：耍赖的人，不讲道理的人。这样的孩子你喜欢吗？

生：不喜欢！这里是说他调皮。

师：还有不同的理解吗？

生：不懂事，很活泼。

生：活泼，淘气，可爱。

师：你一下说了三个词！不讲道理的是真无赖。那么这个"无赖"到底作何理解？不着急！看下阕，老师告诉你，这四行是从别人那里化用过来的。（出示）大妇织绮罗，中妇织流黄。小妇无所为，挟瑟上高堂。

生：（齐读）

师：这是汉乐府《相逢行》里面的诗句。"绮罗、流黄"都是丝织品。你看这一首诗当中的大妇在织绮罗，中妇在织流黄。这个小妇有事情做吗？

生：没有事情做。

生：无所事事。

师：所以只能携带着琴瑟去自娱自乐了。那我们一起看这首词的下阙。

生：（齐读）大儿锄豆溪东，中儿正织鸡笼。最喜小儿无赖，溪头卧剥莲蓬。

师：你现在有什么发现吗？

生：大儿、中儿和大妇、中妇一样，都在劳动，只有小妇和小儿一样，都没有事情可干。

师："这里的"无赖"跟《相逢行》当中的哪一个词意思相近？

生：无所为。

师：无所事事，无事可做，百无聊赖，简称无赖。（众笑）明白了吗？

生：明白了。（齐读）大儿锄豆溪东，中儿正织鸡笼。最喜小儿无赖，溪头卧剥莲蓬。

师：古诗、词当中的字很有意思，如果我们不懂可以查字典，也可以讨论。但是查字典一定要注意，不是查《新华字典》，也不是查《现代汉语字典》，要查《古代汉语字典》。现在，每个同学自由地读一读这首词。

生：（自由读。略）

板块三：读出意境

师：所有的诗、词、文，所写的内容都可以用八个字概括：所见、所闻、所思、所感。看看这首词，作者看到了什么？

生：作者看到了一间低矮的茅屋，还看到了一条小溪。

师：茅檐低小，那是远看。杜甫在《绝句·漫兴》中写道："熟知茅斋绝低小，江上燕子故来频。"江南一带的茅草屋又低矮又狭小，所以江上的燕子常常来筑巢搭窝。溪上青青草呢？取自谢灵运《登池上楼》："池塘生春草，园柳变鸣禽。"草长得怎么样？

生：草长非常茂密，非常青的。

师：所见的先是景。走近茅屋，看到了——

生：作者还看到一对老夫妻酒后在谈情说爱。

师：是一眼就看到的？

生：先听到他们说话的声音，然后看到原来是一对老夫妻。

师：先有所闻，再有所见。环顾四周呢？

生：看到了大儿锄豆溪东，中儿正织鸡笼，小儿溪头卧剥莲蓬。

师：眼中所见的是人！连起来再说一遍。

生：词人远远看到低矮的茅檐，清澈的溪上，溪上一片翠绿的小草；进了村子，听到了吴侬软语，原来是翁媪在"相媚好"；看看四周，大儿锄豆溪东，中儿正织鸡笼，小儿溪头卧剥莲蓬。

师：我们一起来说一说：词人在村外看到的是——

生：茅檐低小，溪上的青青草。

师：进了村，听到——

生：醉里吴音相媚好

师：仔细一看——

生：白发谁家翁媪？

师：环顾四周，只见——

生：大儿锄豆溪东，中儿正织鸡笼。最喜小儿无赖，溪头卧剥莲蓬。

师：你觉得这样的情景，用一个什么样的词来形容一下比较恰当？

生：（纷纷地）这是一个和谐的村居；悠闲、融洽的村居；安宁的村居。

师：不打仗的，真好！

生：（纷纷）快乐的村居；可以修身养性的村居；温馨的，美好和平的村居；幸福的村居……

师：这是一个朴素的、淡雅的、宁静的、和平的、温馨的、悠闲的村居。是的，作者眼中所见的就是这样一个村居。所以他用的词调就是清平乐，清平乐就是祷求天下、四海太平的一个曲调。下面请你体会一下，再来读一读，看能不能把这样一个村居读出来，好吗？

生：（自由读，略）

师：谁来读出一幅其乐融融、朴素宁静的村居图？

生：（读，略）

师：你读得特别响亮，好像"满江红"，气势昂扬！但这是"清平乐"啊，想象一下，是一个什么样的曲调啊？

生：（纷纷地）柔和的、祥和的；就是比较缓慢，比较轻的音乐；平和的、宁静的感觉；柔美的；起伏不是很大……

师：对，要有这样一个基调。再读！

生：（读，略）

师：嗯，有那么一点清平乐的味道。

生：（读，略）

师：啊，真好！我猜古代的清平乐就这样子的。想不想听？

生：（齐）想听！

师：可惜听不着了！清平乐的曲调已经失传了。只留了词，没有流下那个曲。非常可惜！读到现在，这首词大概能读懂吗？

生：（齐）能！

板块四：知人论世

师：词中的所见所闻，都能通过语言文字看得出、读得懂。但老师还要告诉你，词当中还藏着词人的所思所感。词人独特的情绪，特别的情感，没有直接写出来。他是通过这首词当中那些特别的字眼表达出来的。我们来看一看，《清平乐·村居》当中最能体现词人感情的字，看得出来吗？要有一双慧眼，要有一颗慧心。

生：（默读，思考）

师：词人的全部所思所感，都藏在哪个字眼里了呢？

生：我圈了"喜"。

生：我圈了"醉"和"喜"。

师：绝大多数同学都圈了这个"喜"字。这个"喜"字，由两个字组成，上半部分是"壴"，这个字念 zhù，表示"美妙的音乐"；下半部分是"口"，表示"赞不绝口"。"喜"就是听到美妙的音乐，赞不绝口。"喜"就是——

生：高兴，快乐。

师：词中"最喜小儿无赖"，谁"喜"？

生：小儿。

师：因何而"喜"？

生：无所事事。

生：卧剥莲蓬。

师：小孩子最高兴的是什么？

生：玩耍。

师：如果让小儿锄豆，高兴吗？（生：不高兴）如果让小儿织鸡笼，高兴吗？（生：不高兴）所以小孩子应该干什么？（生：玩）"溪头卧剥莲蓬"，那是最高兴的。大孩子最高兴的是什么？

生：（纷纷地）玩耍；（众笑）锄草；编织鸡笼；能帮家里干活……

师：劳动最光荣，劳动最高兴！老人呢？

生：看到儿女成群最高兴。

生：安度晚年最高兴。

师：所有人都是"喜"的。那写这首词的词人呢？

生：也是"喜"的。

师：哦？

生：因为词中所有人都是"喜"的，所以他也是"喜"的。

生：词人就应该写词的，所以他也是"喜"的。

生：因为这个词人心中有"喜"，所以他看翁媪、大儿、中儿、小儿也是"喜"的。

师：嗯，有喜悦之心，才有可喜之人。有点道理。

生：他为能看到乡村这种场景而"喜"。

师：词人到底喜不喜呢？是真喜还是假喜呢？刚才那位同学说辛弃疾就应该作诗写词。那么辛弃疾是不是一个专业的词人？（出示）

辛弃疾（1140—1207），南宋词人。字幼安，号稼轩。历城（今山东济南）人。出生时，山东已为金兵所占。二十一岁参加抗金义军。不久归南宋。历任湖北、江西、湖南、福建、浙东安抚使等职。任职期间，采取积极措施，招集流亡，训练军队，奖励耕战，打击贪污豪强，注意安定民生。一生坚决主张抗金。在《九议》等奏疏中，具体分析当时的政治军事形势，对夸大金兵力量、鼓吹妥协投降的谬论，作了有力的驳斥；要求加强作战准备，鼓励士气，以恢复中原，他所提出的抗金建议，均未被采纳，并遭到主和派的打击，曾长期落职闲居在江西上饶一带。晚年时一度被起，不久病卒。

师：自己看，自己读。辛弃疾本该作诗填词的吗？

生：（自读，略）

师：能看出来吗？

生：其实辛弃疾并不很成功，他内心并不是很快乐的，他的背景是不好的。（众笑）

师：有什么背景？你也没有什么背景吧？

生：他生活的环境不好。金人侵占了他的家乡山东，所以他逃离山东后，非常不开心，总想帮助南宋去报仇。

师：这叫收复失地，保家卫国。

生：就是辛弃疾提出抗金的建议，但最后没有被采纳，所以他的心情是不高兴的；他还受到主和派的打击，所以他心情不高兴。

师：就问一个问题，这个人是不是本应写词的？

生：不是。他本来是一个打仗的将军。

师：一个抗金的将领！他应该在什么地方？

生：他应该在战场，在战斗的前线。

师：应该是在保家卫国。

生：我觉得他应该在军营里。

师：但是他现在却在哪里？乡村，无事可干！就像这首词中的小儿，无所事事。小儿无事可干高不高兴？（生：高兴）但是辛弃疾无事可干，他不是"喜"，而是——

生：（齐）忧！

生：而是悲。

生：而是愁。

师：是愁，是悲啊！同学们，他人是"喜"，而自己却是"愁"的。现在我们来看这个"醉"字，这个"醉"除了是翁媪两人喝点小酒有点微醉以外，还有可能是谁醉？

　　生：辛弃疾。

　　师：他因何而醉？

　　生：他不能为保家卫国而醉，他想借酒消愁。

　　生：因为他不能上战场去消灭金兵，所以他会喝解闷酒。

　　师：是的。所以翁媪因喜而醉，词人是因愁而醉。这个"醉"字藏着词人的"悲和愁"，没有直接告诉你，是需要我们细细地品味出来的。（出示画像）这就是辛弃疾！这画上连绵的群山，意味着什么？意味着他壮志未愁。现在，我们一起来背一下《清平乐·村居》！

　　生：（齐背，略）

　　师：辛弃疾的很多词中都有这一个"醉"字，我们要细细品味"为何而醉"？因悲、因愁而醉。辛弃疾的词写得非常美，因何而美？因"悲"而美！要记住：词因悲而美。清平乐这首乐曲的基调不一定像我们原来所理解的那么美，那么欢快，是比较忧伤的。有的诗，有的词，需要我们用一辈子去读，去理解的，比如这一首《清平乐·村居》。等我们长大以后再去读辛弃疾的词，理解得会更深刻。

（四）我的写作课

人物素描

板块一：初识人物

　　师：同学们，认识我吗？

　　生：不认识。

　　师：那用你的眼睛看看今天来的老师有什么不同？要善于观察，发现不同了吗？发现三个不同说明你有一双睿智的眼睛。比如，长相，言谈举止，不管是美的还是丑的，看到什么就说什么，用自己的眼睛看，实话实说。

　　生：老师的牙齿有点奇怪，是兔板牙。

　　师：嗯，有缺点的人才可爱。（生笑）

　　生：我从看到你，你就一直在笑。

　　师：你有什么感觉？

　　生：很可爱。

图 3-11　给学生们上写作课

生：老师人比较高。

师：你猜猜我有多高？

生：1.75 米。

师：差不多，我 1.77 米。稍稍有点驼，看上去矮了一点。（生笑）

生：老师的手动作很多。

师：能说具体点吗？

生：手一直动来动去。

师：这就是特点，说明还活着。（生大笑）

生：老师脸上有酒窝。

生：老师很幽默，每说一句话都让我们笑。

师：老师还有一个显著的特点。（师做抬眼镜的动作）

生：老师心地非常善良。

师：你怎么看出来？

生：我感觉出来的。

师：对，要有独特的感受、感觉。现在还能发现特点的同学是了不起的。

生：像猴子。（生大笑）

师：我哪里像猴子？（生大笑）

生：尖嘴猴腮。（生大笑）

师：我听出来了，说我的脑袋小。我脑袋小，但是智慧多。（生笑）你说得很准，我属猴，有点像不奇怪。（生大笑）

生：你像湖南卫视的大兵。（生笑）

师：来，握握手，好多人这么说。应该说大兵像我。（生大笑）这位同学很会联想。

生：老师很会反驳，说牙齿是龅牙是可爱，说脑袋小就是智慧多。

师：说明老师怎么样？

生：自信。

师：对，这是性格特点。还有什么特点？

生：老师戴眼镜。

师：刚看出来呀？（生笑）

生：老师很有分析力。

师：举个例子。

生：老师穿西装，戴领带，有绅士风度。

师：来，握握手，第一次有人这么说。

生：老师握着拳头。

师：你观察得很仔细，人都有一个习惯性的动作。现在从头到脚再看看老师，对老师有什么整体印象？还有什么联想？用几个词概括一下。

生：身材修长，有学问，文质彬彬。

师：我姓薛，名字叫法根，（板书：薛法根）是不是不像老师，像出家人的名字啊？（全班同学大笑）

板块二：照实素描

师：现在看看你还能不能有一双会描述的手。用三五句话把对老师的印象写出来，老师只有一个要求"真实"。（师板书：真实）大家写五分钟。

生：开始写作。（五分钟）

师：（巡视点拨）老师说的话也可以写进去，语句要连贯，注意语句间的内在联系，写完了还可以自己改一改。

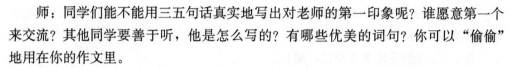

师：同学们能不能用三五句话真实地写出对老师的第一印象呢？谁愿意第一个来交流？其他同学要善于听，他是怎么写的？有哪些优美的词句？你可以"偷偷"地用在你的作文里。

生：（读习作）薛老师长得又高又瘦，就是背有点儿驼，1.77米的个子看上去顶多只有1.75米。他居然说自己是"单峰骆驼"，真有点阿Q精神。（生大笑）他脸上有一副眼镜……

师：（插话）他很简洁地概括了老师身材的特点，这里可以改一个字，什么叫"脸上有一副眼镜"？这眼镜是长在脸上的吗？（生笑）

生：（插话）戴着一副眼镜。

生：鼻梁上架着一副眼镜，看上去很斯文，也很有学问。

师：这个"架"字很贴切，也很斯文。（生笑）

生：（继续读）他长着一双龅牙，但他觉得很可爱，说"有缺点的人才可爱"，可真自信呀！

师："一双"改成"两颗"，很多词用得很恰当。

生：他逢人就笑，一笑就露出个小酒窝，给我一种很慈祥的感觉。

师：越说越夸张了。（哄堂大笑）改得简练些。

生：（接着读）就像小朋友和小朋友玩一样，多亲切啊！（掌声）

师：这种感觉多好呀！他很善于把自己的体会写出来。

生：（接着读）别看他长得高，却一点也没有架子。他的穿着也很体面，笔挺的西装，黑亮的皮鞋，还打着一条领带，很像绅士。有人说他像猴子，尖嘴猴腮；可是我觉得他像相声演员大兵……

师：（插话）好好读，珍惜自己的劳动成果。善于把看到的和想到的联系在一起写，这种写法好。

生：（继续读）他风趣幽默的语言常常引得我们哈哈大笑，紧张的情绪顿消……这样的老师，谁不喜欢呢？（掌声）听他上课就像听相声一样，感觉……好极了！（掌声）

师：谢谢你的鼓励，我将沿着你们的期望继续努力。（生大笑，掌声）他重点写的是老师哪个特点？

生：（齐答）幽默。

师：抓住一个特点一个侧面描写，这个眼光就是独特的，这种写法也是独到的。谁还愿意来交流？

生：（争先恐后地举手交流，略）

板块三：深入了解

师：你们刚才写的是老师的——基本印象。要想深入地了解一个人，有哪些方式？

生：查户口簿。（生笑）

生：上网输入名字，搜索资料。

生：可以提问。

师：嗯，这是最直接的方式了。

生：通过语言的沟通。

生：询问他的朋友。

师：侧面了解也很好。

生：俗话说"路遥知马力，日久见人心"，共同生活一段时间就了解了。（掌声）

生：看他对一般人，对自己的亲人怎么样？

师：刚才同学们的方法都很好。现在如果你想深入地了解我，最简单的方式是——（生齐答：提问）对，那么问些什么？从哪些方面提问？每个同学自己先设计几个问题，想一想可以从哪些方面提问？你最想了解什么就问什么。

师：谁想第一个提问？

生：你几岁，爱吃什么？

师：年龄可以观察猜测，"爱吃什么"是爱好方面。

生：你教的学生成绩怎么样？

师：对呀！在工作上的成绩、贡献，这是一方面。

生：血型，星座？

生：家庭住址，电话号码？

师：这些问题重要吗？是不是问些有价值的问题？

生：你的全名？家里几口人？多少岁？（生大笑）

师：我把资料全告诉你们，你们记一下，不麻烦你们再问了。（生大笑）薛法根，男，39岁，江苏人……你们真的记呀？你们不会是警察吧？（生大笑）还有很多问题，比如说有没有遇到挫折？帮助你的人？你最自豪、痛苦、遗憾的事？这些多有价值呀！问要问得准，才能对这个人真正有所了解！列出你最想问的三个问题。

生：（列出想问的问题）

师：我们来看看问什么问题，问得有价值我就直接回答，你们可以把一些真实的材料及时记录下来。

生：你的工资多少？家里几口人？是谁？

师：工资可以不说吗？（生笑）这是我的隐私哦！（生大笑）家里有妈妈、爱人和儿子。

生：你喜欢什么运动？

师：薛老师喜静不喜动，喜欢静静地看书、写作、思考问题。我觉得大脑的运动比身体的运动重要。

生：你有痛苦吗？

师：我们都有刻骨铭心的事，每个人有成功也有失败，想不想听老师失败的事？

生：想。

师：老师读师范的时候，有一次音乐考试，老师让我们选一支唱得最好的歌参加考试。我选了最流行的《军港之夜》，练了整整一个星期，自以为唱得很投入。考完试，音乐老师对我说："你很爱音乐，也很努力，但老师劝你不要再学唱歌了。"因为全班只有一个不及格，那就是我。自以为唱得很投入，却不知道一开始就跑了调。尽管很伤心，但是我毅然放弃了音乐，选择学美术。我觉得人各有所长，也各有所短，有时候放弃也是一种大智慧。（掌声）

生：你一生中最快乐的是什么？

师：你快乐的是什么？

生：我快乐的是有一双能看到世界的眼睛，一双能劳动的手……

师：对，这就是平常心。

生：你最敬佩的人是谁？

师：这个问题，我最敬佩的是能超过老师的学生。

生：你小时候的趣事？

师：老师长在农村，门口有一条小河，河水清澈见底。夏天的傍晚，一放学，我就和小伙伴们到小河里游泳。河里有许多小鱼，都被我们扑腾的水花惊动，纷纷跃出水面，我们尽情地游啊喊啊，常常要到筋疲力尽再回家。每次回想那时候的情景，我都觉得这是我童年时最快乐的时刻，也是最令人向往的。（掌声）

生：你有什么职业成就？

师：不能说有什么"成就"。我送走一批批学生，看着他们能继续深造，或者踏上工作岗位，成为社会有用的人，看到他们能幸福地生活，我感到无比幸福，也很有成就感吧。

生：你成为特级教师，有什么挫折？怎样克服过去的？

师：这个问题有价值，我很高兴回答你。每个人在成长的道路上都不会是一帆风顺的，我也遭受过挫折。那是在我参加工作的第一年，学校领导让我上一节大型的公开课；我精心准备了三天，自己以为准备得很充分了，但是一看到有那么多领导、老师来听课，我就很紧张，学生比我更紧张。课堂上我们是大眼瞪小眼，一个个紧张得说不出话来。课自然上失败了，我难过了好几天。但我想，从哪里跌倒的就该从哪里爬起来。后来，我又上了很多次公开课，一次比一次上得成功。我真正体会到了失败最能锻炼人，最能让一个人成熟，也自然能让一个人成长。所以，当你遇到困难，遭受失败的时候，千万不要气馁，因为，走过失败，你就能获得成功！（掌声）

生：（继续提问，略）

板块四：以事写人

师：好，提问到此结束。现在大家概括一下，通过交流对老师有了哪些深入的了解？梳理一下，现在对老师的印象更全面了，哪些事例留在了你的脑海里？选择一两个方面写写你对老师的印象。要用事例来写，写一两段话，每段话要围绕一个中心来写，写出你对老师新的印象和感受。能不能写得栩栩如生，把我写活了？每个人写十分钟。

生：（练笔，教师巡视）

师：（十分钟后）写好的同学请举手。（很多学生都举手）谁愿意来交流一下，让我们一起分享。其他同学要学会倾听，发现她写得精彩的地方，还要善于借鉴别人的好词好句。

生：（一女生朗读自己的习作）俗话说：人不可貌相，海水不可斗量。（师插话：引用俗话，很有特点。）别看薛老师长相有点难看，（生笑，师插话：这是实话。）可真有学问，是全国著名的特级教师呢。其实，薛老师的成长道路也不是一帆风顺的，他遇到过挫折，遭受过失败。那是他参加工作的第一个年头，薛老师真是初生牛犊不怕虎，一下子就承担了重要的上课任务。（师插话：这句话写得生动。）他精心准备了足足三天，连吃饭都在思考问题，（师插话：这句话写的形象。）自以为万事俱备，只欠东风。可是，一上课就不行了，大眼瞪小眼，都紧张得不说话了。（师插话：不是不说话，是紧张得说不出话。）都紧张得不知道说什么了。你看，这样的课肯定上坏了。薛老师很难过，足足三天没吃饭，（生笑，师插话：吃了。生大笑。师插话：可是吃不下。生又大笑。）足足三天茶饭不思。（师插话：这就有水平！）但是，薛老师不愧是老师，他决定在哪里跌倒就从哪里爬起来，一点也不气馁。真是有志者事竟成啊，经过薛老师的不懈努力，他终于上出了精彩的课，让人刮目相看。他说，走过失败，就能获得成功！这句话说得多好啊，失败就是成功之母啊！（掌声）

师：这位同学围绕哪一个方面来写的？

生：围绕老师在事业上的成功与失败来写的。

师：写得真实、鲜活、准确。集中笔墨写一方面，给人的印象就深刻了。她不但将听到的写下来了，还写出了自己的感受。每个人都要写出你心中的薛老师。

生：（再次整理作文，写出自己的感悟。）

师：现在谁愿意交流？

生：（继续交流，教师点评。略）

师：同学们通过描述写出了对老师的第二层次的印象。前后两部分联系起来就是对一个人完整的印象。不管写谁，都要写出哪两个方面？

生：外貌、内心。

师：对，会总结的同学就是有智慧的。写外在，也要写内在，写外在的东西可以通过观察，获得写作材料，要抓住特征来写。内在的东西可以通过提问、查阅资料等方式，获取相关的习作素材。总之，通过全面的了解，才能把一个人写活。我们作为高年级学生，不但要会以貌写人，而且要学会以事写人，也就是通过具体的事例表现一个人的性格、品质、脾气。同学们回去把两段话连起来修改一下。好，今天的作文课就上到这里，谢谢同学们！

众家评述：
语文是"根"的事业

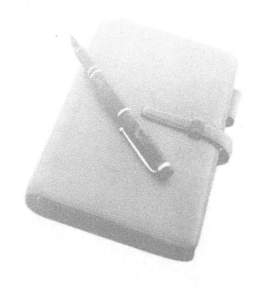

一、区域实践

组块教学的江阴实践

江苏省组块教学江阴工作站　夏江萍、梁昌辉、陶海平、季勇、蔡海峰

（一）组建背景与研修方式

为加快推进江阴市名师队伍建设工程，精心培育一批小学语文领军人才，努力打造江阴的小语教研高地，有力推动全市小学语文教育教学高质量发展，2014年3月，在江阴市教育局领导的重视、关心下，江阴市中小学教研室邀请著名特级教师薛法根担任小语名师团队培训导师，选拔了20位小学语文骨干教师作为首批学员，成立了"薛法根组块教学江阴工作站"，先后组织了三期名师研修班、一期高级研修班。学员共计84人，覆盖全市城乡60%的学校，以江阴市小学语文中心组成员、小学语文学科基地核心成员为主干，由江阴市教师发展中心小学研训室副主任、特级教师夏江萍担任班主任兼导师助理，从而构成了覆盖全市的小学语文组块教学教研网络，形成了一支扎根一线的组块教学研究力量。

工作站围绕培育目标，结合教育教学实际，提出了"组块教学，读写融合"主题研究方向，开展多样、多元、多型的研修方式。

1. 导师示范

"问渠那得清如许，为有源头活水来。"导师薛法根身先士卒，毫无保留地将自己成长为名师的点滴感受、宝贵经验、人生真谛倾囊相赠。《风娃娃》《西门豹治邺》《麻雀》《金子》《大还是小》《少年闰土》等一系列示范课，《小学语文课程与教学改革》《语文组块教学的三个要义》《为言语智能而教——薛法根与语文组块教学》《语文要素的落地生根》等专题讲座，为每位学员指引小语教学改革的方向。

2. 自主研修

"读书患不多，思人患不明。"学员根据导师推荐书目，认真阅读并交流读书笔记，涵养思想，开阔视野；加强理论学习，组织主题沙龙，经历课题研究、论文撰写等多角度自主学习。在此基础上，导师针对学员论文的选题、立意和选材等问题，为每个学员作"论文评改"一对一指导，现身说法，旁征博引，务实求真，让学员们受益匪浅。

3. 团队研究

"衣带渐宽终不悔，为伊消得人憔悴。"科研能力的强弱是教师专业进步的决定性因素。工作站围绕培养目标，有序开设一系列的课题研究、专题研讨活动，如以线上云沙龙的方式，研讨"读写融合"专题；以专题研讨的方式，研究"统编教材系列"；以专题讲座的方式，探究"项目化学习"等，有效提高学员的研究能力和专业素养，让思考和研究成为学员专业生活的一部分。

4. 多元吸收

"博观而约取，厚积而薄发。"工作站为进一步提升各位学员的教育理论与教学实践水平，先后组织学员参加外出观摩学习活动等；邀请《小学语文教学通讯》主编裴海安、苏州实验学校陈国安教授、特级教师魏星、沈玉芬、著名童话诗人雪野等专家来江阴作讲座指导等，聆听八方声音，广泛吸收，兼容并蓄，博采众长。

5. 实践拉练

"纸上得来终觉浅，绝知此事要躬行。"全员积极参与磨课议课，承担市内外展示课、评课任务；有 40 人次，与教育专家、名师来同台上课，参与各地学校、名师工作室的联合教研课堂教学研讨活动，教学艺术在磨炼中不断提高。

6. 区域辐射

"阳春布德泽，万物生光辉。"学员主动辐射引领，参与全市统编教材培训、市小语教育资源共享平台建设、小学语文三力课堂调研督导，积极推进常态课教学生态的转型，引领全市小学语文教师教学教研水平的提升。近两年，在导师的培训、指导下，学员们撰写了《江阴市小学语文统编教材十二册学习要点和教学建议》《小学各年级命题纲要》，暨区域教学指导性文稿近 120 万字（每册 5 万字左右，二次修订），下发各校学习，共享优质资源。

组块教学江阴工作站充分发挥区域优秀教师团队的有利条件，放大整个团队的

图 4-1　薛法根江阴工作站研讨培训活动

整体示范效应，通过多种途径促使、引领、丰富、辐射区域小语教师群体研究教育理论与实践，形成蓬勃向上的研讨氛围，不断提高小学语文教师专业成长，持续引领区域小学语文教学改革的整体发展与提升。

（二）研究过程与初步成果

自组块教学江阴工作站设立以来，工作站的学员们以及 6 所组块教学实验学校都积极参与组块教学研究，在组块教育理念的大旗下，在导师的指导下，积极探索，不断前行。

1. 基于组块，更新教学观念

组块教学以发展学生的言语智能为核心目标，超越知识与技能，摆脱了工具与人文之争，澄清了语文教学的价值取向，实现了语文教学的本质回归，是语文教学的正道。组块教学可以很好地解决语文教学高耗低效的问题，可以为一线的语文教师指明方向，提升区域整体语文教学研究水平，提升学生语文综合素养。正确、先进的理念需要活动推动，形成共识。

（1）理论学习，理解组块

六年来，薛老师数十次到江阴做讲座，用浅显的语言，为老师讲解深奥的理论；用真实的课堂，为老师们实践组块的优势，指导工作站学员系统地学习了组块教学理念；江阴工作站的老师也多次到组块教学的发源地——盛泽实验小学取经，通过主题研讨、同课异构、专家讲座、年会讨论等丰富多彩的活动，深入理解了"组块"的意义，坚定地跟着薛老师在语文组块教学的路上踏实前行。

（2）课堂教学，实践组块

仰慕薛法根老师，是因为特别喜欢薛老师智慧、清简、厚实的课堂，敬佩他谈笑间就能落实言语实践，发展学生智能。六年中，薛老师亲自示范。从苏教版的《剪纸的学问》《黄河的主人》到统编版的《西门豹治邺》《灰雀》，每一堂课的精彩都是永恒的、美好的记忆。他还在百忙之中，亲自指导青年教师的课堂教学。在他的引领下，工作站的多位教师在省市赛课中脱颖而出，成绩斐然。而且，每一次工作站的教学展示，都向全市语文教师开放，即全市的语文教师都在薛老师的引领下开展研究与实践。

（3）项目引领，探索组块

工作站先后开展了文本分类教学、口语交际、写作教学、语文大单元读写、课外阅读指导、项目化学习等项目研究，通过项目的不断推进，引领学员们以及全市的语文老师，把组块教学的思想渗透到语文教学的方方面面。

2. 基于教材，研究教学教法

统编教材的全面实施，为工作站开启了新的研究项目。面对统编教材，我们该怎样去解读，设计，展开教学，怎样为全市的小学语文教学指路？在薛老师、夏老师的带领下，我们开始了研究行动。

（1）主动试水——迎接统编教材

自 2017 年开始推行统编教材，薛老师便亲自上阵，为全体学员上示范课，做讲座。《风娃娃》《大还是小》告诉我们低年级语文要重视识字，重视朗读，重视学生的思维；《少年闰土》《灰雀》《西门豹治邺》告诉我们，怎样解读要素，结合习题，开展有效的言语实践。工作站开展了多次统编教材解读与教学设计研讨活动。

（2）全面推开——服务一线教师

统编教材的全面推行，给一线教师带来了很大的挑战，工作站的学员们在夏江萍老师的带领下，分工对各册教材进行了深度解读和研究，对语文要素进行可操作的细化，形成了具有江阴地方特色的统编教材学习要点和教学建议，给全市的教师送上了工作站的丰硕成果。工作站的核心成员，还积极参与新教材现场培训，指导

教师用好教材，落实要素，发展学生。

（3）提升总结——编写教学设计

为了更好地展现江阴工作站的研究成果，学员们积极参与由吴忠豪和薛法根老师主编的《小学语文名师·文本教学解读及教学活动设计》的编写，分单元对教材进行深入解读，然后精心设计教学过程，组织全员讨论修改，最后形成优质的教案，提交出版社，充分彰显了江阴工作站的团结进取，钻研创新的作风。

3. 基于融和，探讨读写策略

读与写，是攸关学习水平与生活质量的两大关键能力。如何处理好读与写的关系，一直是语文教研的重要命题。无论是阅读本位的"读写结合"，还是写作本位的"读写互动"等研究，对学生读写能力的发展都产生了积极的推动意义。借鉴前人经验，着眼学生实际需要，工作站开展了"读写融和教学"的实践探索。

（1）课题引领——着眼读写融和

在夏江萍导师和梁昌辉老师的引领下，江阴工作站以江苏省中小学教学研究课题"指向关键能力的小学语文读写融和教学研究"为研究方向，着眼于读写融和的教学课型研究，探索一条更好地提升学生语文能力，提升教师专业能力的有效途径。

（2）名师指路——理解读写融和

薛老师精心指导，从学科内的读写、学科间的读写、学科外的读写三个层面解读融和的内容，对读写融和课题进行了课题整体架构，提出从语文主题研究、生活问题研究、跨学科学习研究进行长程设计，最后还设想了成果展现的形式。蓝图的绘制，为学员研究指明了方向，汲取了力量。《小学语文教学通讯》主编裴海安作了题为《读写：从结合到融和》的讲座。裴主编讲述了读写融和的历史发展，为教师们传输了理论研究的前沿知识，引导教师了解研究者应具备的思维方式，触发教师进行自觉思考。

（3）课堂实践——落实读写融和

围绕读写融和，工作站学员以及全市教师进行了扎实的课堂教学研究。2018年12月"读写融和"研究第一次现场会，立足教材课文读写融和、整本书读写融和、绘本读写融和展开课堂教学探究。2019年5月举行全市整本书读写融和优课评比，教师呈现了"理解提要""图式迁移""评价感受""小专题研究"等课型研究的成果。2019年9月至10月，组织开展了片级、市级两个层级的"读写思融和"统编教材阅读教学优课评比活动，研讨如何吃透统编教材特点、落实语文要素，探索读写融和的落地。

4. 基于专业，推动教师成长

工作站4期学员有80多位骨干教师，在薛法根导师组块教学大旗的引领下，全方位迅速成长，取得了丰硕的成果。

（1）教学实践，拔节生长

在工作站导师的指导下，优秀教学课例如雨后春笋，不断涌现；各级各类教学竞赛，捷报频传。蔡海峰老师获江苏省青年教师基本功大赛一等奖，季勇老师在第20届江苏省小语优课比赛中获特等奖，梁昌辉老师在全国组块教学比赛中获一等奖，顾慧丽等5人荣获江苏省杏坛杯赛课一等奖，陆海芳等3人荣获省赛课二等奖，4人荣获教育部一师一优课优质奖，5人荣获省五四杯论文大赛一等奖。在无锡区域的小学语文比赛活动中几乎年年夺魁，6人荣获无锡市习作或阅读优课比赛第一名，3人代表无锡市参加江苏省赛课、基本功大赛，近两年有36人在国家级、省市级活动和比赛中执教公开课，8人指导青年教师荣获省市级赛课一等奖。

（2）理论研究，硕果累累

带着课题走向课堂，伴着研究开展实践，教学改革才能更加深入。近两年有14位学员主持各级各类课题，分别进入了中期评估和结题阶段。其中省级课题8个。共有50余篇论文发表在省级以上期刊，43篇文章获省市级以上一、二等奖。2018年7月，课改项目"指向语文关键能力的文本分类教学"荣获江苏省教学成果二等奖。2018年8月，汇聚工作站学员共同研究成果的专著《搭建生长的支架——指向策略学习的小学语文读写课程研究》，由南京大学出版社出版。

（3）成果推广，花香远溢

工作站核心成员，通过上课展示、专题讲座的形式，把江阴组块教学的成果推广到省内外，乃至全国。两年内共有55人在江阴市级及以上教研活动中做专题讲座，梁昌辉、蔡海峰、费杏英等学员走出江苏，前往广西、江西、福建、湖南、湖北、安徽、新疆等地辐射培训。《文本分类教学》《走向言语生命的敞亮：梁昌辉与言语实践型语文教学》等凝聚着工作站智慧的专著出版发行。工作站学员参与编写的《小学语文名师·文本教学解读及教学活动设计》《名师同步教学设计》，获得了广泛赞誉。

（4）师生成长，更上层楼

一次次的讲座聆听，学员们的思想在升华；一次次的思维碰撞，学员们的理论在积淀；一次次的课堂实践，学员们的素养在生长……近两年来，有 1 位老师被评为"江苏省特级教师"，5 位老师晋升为中小学高级教师，有 11 位老师获评无锡市学科带头人，指导学生 30 人次获奖或发表文章。工作站的引领，改变了以往课堂学习动力、高阶思维能力不足的现状，有效提升了学科质量。2018 年，江苏省义务教育质量监测中，江阴市小学生语文素养有了突破式的提升，名列无锡市第一名。

（三）行动策略与特色建设

1. 一体化区域推进

2014 年，全国组块教学江阴工作站成立，后期共吸收了四期培训班学员参加研修。2014 年，江阴市华士实验小学成为组块教学联盟首批联盟学校。后期夏港实验小学、长泾实验小学、月城实验小学、晨光实验小学等 7 所学校陆续成为组块教学联盟成员。7 所联盟校大多是江阴市各片区语文学科教学研究中心组负责单位，组块教学理念由"中心"向各片区其他学校辐射，有力推动各片区语文教学改革。由此，江阴组块教学研究形成了"一工作站""七联盟校""全实验校"由点到面的一体化区域推进的研究样态。

2. 进阶式课题研究

工作站一直坚持"进阶式"的专题研究，探寻"指向学生言语智能发展的组块教学"新路径与新策略。2016 年，江阴的组块教学研究，从"文本分类教学"出发。依据"依体而教""适体而读""得体而写"的思维，从文学性作品和实用文作品两个方面对文体特征、教学价值、设计要领进行了持续研究，并出版系列专著，这些也是"十二五"规划课题教育学青年课题的子课题"基于小学语文学科教学质量提升的课型研究"课题的研究成果。2017 年，开展了组块教学理念下的"读写融和教学"研究，明晰了在阅读中学习写作，在写作中学习阅读，在写作中学习写作，在生活中运用写作的研究方向和操作要领。12 月正式开启省中小学教学研究课题"指向关键能力的小学语文读写融合教学研究"的研究。2018 年出版研究专著，参评江苏省教学成果奖。2018 年，开始"部教材单元整体教学研究"。2019 年 9 月和 2020 年 2 月，组织工作站学员参与编写《小学语文名师——文本教学解读及教学活动设计》的六年级上册和六年级下册的单元整体教学设计，并由上海教育出版社出版。2019 年，提出了"组块项目学习"研究主题，从"大概念""大情景""大任务"等几个方面建构"小学语文学科核心知识图谱"，形成"单元项目化学习设计"，提炼小学语文项目化学习的主题、情境、评估体系。2019 年 12 月，成功立项"十三五"省规划课题"组块教学理念下的小学语文项目化学习研究"。

3. 专题性课程设计

培训课程的建设，决定了培训的力度与效度。提前做好学期培训的整体规划，确定核心大主题，精心设计每月专题性学习课程，脚踏实地提升学员的理论与实践水平，以务实的作风建设区域语文教学研究特色，是薛法根江阴工作站的一大特色。比如 2019 年春学期，围绕核心主题"基于统编教材的组块教学研究"，定向每月研修关键词：二月"制订计划，设定项目"、三月"读书修炼，心得交流"、四月"微课程开发与设计"、五月"教材解读，单篇设计"、七月"教材培训，课堂引领"。2020 年春学期，围绕核心主题"统编教材的单元整体教学设计"，根据疫情期间的特殊性，定向每月学员自主研修的关键词：四月"读书云沙龙"、五月"导师讲座学习"、六月"线上网络研课"、七月"单元整体教学设计"。

4. 任务型活动实践

任务驱动式培训，是指学员受"真实任务"激励驱动，投入解读任务、完成任务、解决问题的过程中，在做中学，在实践中成长，实现自我完善与提高的一种培训方式。无论是组块工作站的学员，联盟学校的语文教师，还是小学语文学科基地核心成员，人人勇于承担任务，积极作为，潜心钻研，深入理解与践行组块教学思想。

一是以"组块教学思维力的提升"为任务导向开展组块工作站的活动。工作站学员以读书会、教学沙龙、公开教学、专题讲座、专题研讨、专业听评课等方式进一步发展组块教学思维。

二是以"组块教学实践力的提升"为任务导向开展组块教学联谊研讨活动。联盟校成员以日常联谊活动的方式，以组块教学研究课交流为主的方式实践组块教学的操作要领；工作站学员积极参加全国小学语文组块教学实验学校联盟年会、联盟小组研讨活动、外区县教学联谊活动，展示课堂，交流课题，提高组块教学实践力。

三是以"组块教学传播力的提升"为任务导向开展组块实验校的活动。组织学员积极参与本市统编教材教学培训、教学设计评比和课堂教学评比等活动，让区域内教师进一步理解组块教学，提升组块教学的传播力；多次承办无锡市小学语文学科基地建设专题研讨活动，推动区域语文研究特色建设；带领学员赴无锡、苏州、常州等地作讲座、上课，推广介绍江阴特色的"组块教学"。

5. 表现性结果定义

用"结果定义"的方式，用"成果表现"的形式来表达区域内对组块教学研究的印记。

（1）用思想文本的表达定义组块教学研究的成果

组块教学思想的生长和传播需要寻找区域化的思维表达。近几年，共有《文本分类教学》《搭建生长的支架——指向策略学习的小学语文读写课程研究》等四本组块教学专著出版，共有 50 余篇组块教学的相关论文发表，其中 10 篇在全国中文核心期刊发表或被《小学语文教与学》全文转载。区域内也形成"项目读写""言语实践""言语品质""小说课""生活式语文"等组块教学理念下的组块教学思维的落点。

（2）用组块课堂的实践定义组块教学研究的成果

课堂是组块教学思想的实践场。《一百五十年后我们这样学习》《普罗米修斯》《枣核》《伊索寓言》《两茎灯草》等一系列省级比赛课；《跳水》《人物描写一组》《金字塔》《手指》等入选江苏省名师空中课堂教学优质资源的 24 节课例；《到期归还》《菩萨兵》等一系列组块联盟片区的展示课，《书戴嵩画牛》《搭船的鸟》《为中华之崛起而读书》等无锡区域赛课，《草房子》《麻雀》《少年王冕》等一系列的市区研究课无不展现了组块教学的思维。更重要的是，在近几年江阴市组织的"三力"课堂专题调研和深度调研活动中，江阴区域内的语文教学课堂已经深深地打上了组块教学烙印，形成了江阴课堂教学风格。

（3）用教学质量的提升定义组块教学研究的成果

学科质量、学生素养，是教师培训效果的终极反映。多年的工作站培训活动，多年的高品质名师对区域的辐射培训，带动了区域语文教育整体质量的显著提升。在 2018 年江苏省义务教育质量检测中，江阴小学语文学业水平名列无锡市第一，晋升省内第一梯队。

一群人同行，才能走得更远。我们携手走在组块教学的路上，收获一路的风景。

名师引领　组块花开

广西壮族自治区桂林市象山区组块教学工作站　张林　李敏

（一）项目化的研究机制

随着社会经济的发展，教育教学改革的深入，教师队伍在应对新需要、新挑战中的重要性日益凸显。2014年，象山区在教育系统内开展了"教师队伍建设综合改革调研"，针对教师队伍中名师、骨干教师等领头人物太少，教师教学方法、教学思维相对落后等问题，我们提出了"十三五"规划教师培训的目标及思路，即区域整体设计、分步实施推进、创新品牌模式，构建由城区教育局主管，教研室、教师发展中心和各中小学校等部门共同参与的培训机制，着力实施以"三名工程"（"名校培育工程""名校长工程"和"名师工程"）培训、"草根名师"带教培训、新教师教学技能培训为抓手的"梯次人才培养工程"，计划以5～6年为周期，引导教师队伍建设工作从旧有模式中转变，有效促进教师队伍专业素养的整体提升。

正是在这样的大背景下，2015年5月，组块教学工作室研究项目终于在象山落地生根。5年来，象山区教研室始终本着使工作室成为"名师成长的摇篮、资源辐射的中心、教师对话的平台、教育科研的基地"的宗旨，开展了一系列扎实有效的研修工作。2018年组块教学工作室圆满完成第一期研训并组织结业，目前正处于实施第二期研训的过程中。

"梯次人才培养工程"如何开展，才能助推象山各辖区教育均衡发展？"全国著名特级教师薛法根组块教学工作室"通过层层考核，由导师薛法根校长亲自遴选，最终确定了25名学员成为第一批培养对象，其中第一梯队学员10人，第二梯队学员15人。25名教师都是各校教学经验丰富、教学质量优异的骨干教师。教研室对学员的教学现状及研究方向进行摸底调查，指导学员规划自己的三年专业成长方案，对自己的优势、劣势进行深入剖析。每学期教研室对学员进行量化考核，即有教研室评价，也有成员自我评价，年终评价结果，不合格者将被淘汰，对优秀者提出表扬。

2018年第一期研训结束，通过考核的第一批学员成为第二期研训的第一梯员。区教研室在薛法根校长的指导下，从辖区各公办小学中又遴选了一批青年骨干教师成为第二梯队学员。研训期间，通过组块教学名师工作室这一研究共同体，采取"1＋1＋N"双导师以及团队研修模式，以课题研究与教学实践相结合的方式开展。

在导师薛校长的引领下，确立了组块教学语文名师工作室"出名师、出思想、出经验、出成绩"的培养目标；明确了"聚焦课堂、项目引领、抱团发展、文化再造"的行动方向；以"课题助研"的方式，确立工作室的研究课题"以发展语文能力为主线的课程单元建构"，并以"单元教学研究""一文研究"为切入口，引导学员进入崭新的教学领域。

图 4-2 　和组块教学桂林象山工作站老师在一起

在课题的引领下，创新研修模式，一是实行"1＋1＋N"双导师培训机制，一个"1"指导师薛法根；一个"1"指教研室副主任、教师发展中心主任李敏；"N"指学员人数。二是实行团队研修模式，学员分成 7 个语文能力小组，识记组、朗读组、概括组、复述组、解读组、品评组和仿写组。

2016 年，7 个小组申报桂林市"十三五"规划课题，全部获得立项。工作室"1＋1＋N"培训机制的内涵更加丰富，工作室的研训模式逐渐形成自己的特色：跨学校的"1＋1＋N＋N＋N"，一个课题，一个课题负责人，N 个工作室学员，N 个学校，N 个学校教师，这样的课题项目的引领创造性地打破了只以本校为主的课题研究，增强了校际交流，促进了教育的均衡发展与提升，实现个人目标与集体共同发展目标的和谐统一，凝聚共同愿景，保证总体目标的实现。

（二）常态化的多样研修

1. 多元读写，理论引领

工作室为学员构建专业持续发展的"立交桥"。一是阅读书本，工作室制定了"三个一"工程，每月读一本教育杂志，每学期阅读一本教学著作，每学期开展一次读书交流活动；工作室每个学期都要为学员推荐阅读书目，有必读的、也有选读的，有大家共读的、也有自己单读的；二是阅读专家，成尚荣、吴忠豪是全国教育界响当当的人物，沈玉芬、刘须锦、梁昌辉江苏省特级教师，他们走进了"象山"，学员们如饥似渴地近距离灌输着最前沿的理念；三是阅读"伙伴"，工作室提供了多种交流渠道，建立 QQ 群、微信群，每位学员随时随地利用这些渠道，通过文字与其他成员交流、分享学习心得；四是撰写文章，工作室成立以来，学员撰写教育叙事、教育随笔、案例分析、教学设计等上百万字；五是发布美篇，每一次集中研训，每个小组都会及时写心得体会，做成美篇，在教育局微信公众号上推送，在自己的朋友圈推送。学员们深刻领悟专家、学者的教育思想，在理论中寻找新的着力点，不断提升自身素养。

2. 常态研修，活动推进

工作室积极开展常态化的研修活动，确定了"联动、整合"的辐射带动理念，从四个层面进行"联动和整合"：学员学校与学员学校之间的联动与整合；学员与"送教下乡"的联动与整合；学员之间的联动与整合；学员与学校教师的联动与整合。通过开展创新丰富的活动，促进学员们之间互相学习、互相了解。

（1）"定向研学"

工作室学员先后赴苏州吴江盛泽实验小学、杭州"千课万人"、广西"名师八桂行"进行定向研学活动。刘艳红、袁婷老师分别在"名师八桂行"上与全国名师同台献课。高层次的研学活动，让学员们开阔了视野，更新了理念。

（2）"联动分享"

工作室学员来自城区 14 所学校，由学员牵线，开展校际之间的交流活动。几年来，校际交流活动达 20 余次。交流活动为学员和教师提供了一个面对面交流和互动

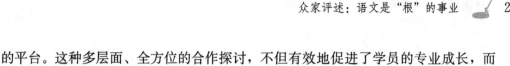

的平台。这种多层面、全方位的合作探讨，不但有效地促进了学员的专业成长，而且提升了辖区教师的教学教研水平，同时，"组块教学"理念开始遍地开花，越来越多的教师对"组块教学"产生了浓厚的兴趣。

（3）"以课带课"

教师的主阵地是课堂。本着"打造简约精品课堂"的专业成长目标，学员每个学期在学校要展示一节依据"组块"理念设计的精品课，接着，大家针对这节课，结合自己对"组块教学"的理解，提出自己的想法，达到共同研究的目的。工作室不定期地组织学员以团队的形式在全区开展同课异构、同课同构、精品课展示等活动。每一节精品课都要求做到"一个中心五个环节一个必须"，即以团队为中心探讨，经过磨课、上课、评课、备课综述、团队反思五个环节将研究贯穿始终，打磨的精品课必须借助"一师一优课"的平台，进行晒课。学员们在实践中不断地改变，努力让学生享受优化、高效、充满智慧的课堂。

学员带着工作室的成果，先后参加桂林市教科所、区教研室组织的"送教下乡"活动，刘艳红的《大作家的小老师》、张碧婷的《一只贝》、侯玲的《乌鸦喝水》采取板块式的教学结构，体现了组块教学的"简约之美"，得到与会教师的好评。学员们既发挥了名师团队的专业引领作用，又搭建了城乡教师交流的平台，较好地达到了优质资源共享。

3. 研学教材，促进阅读

2019年，全国各地统一使用统编教材，以崔峦、导师薛校长领衔主编的一套以提升小学生语文能力为目标的《小学生全阅读读本》出版。工作室以此为契机，以拓宽学生语文视角，让语文要素在教材中落实，促进学生阅读积累和拓展为目的，组成了6个研究小组对语文统编教材和《小学生全阅读读本》进行内容梳理、整合教学。教材梳理的思路是以单篇为例、群文补充、整本书阅读三种方式推进，设计了三种课型：单篇阅读、群文阅读、整本书阅读。以教材中的"单篇"为例精读，读好这个"一"，然后在全阅读中，迁移这个"一"。群文阅读的形式有三种：一是以"全阅读"中的主题推进教学；二是在"全阅读"主题的基础上，找到教材中对应的文章，丰富教材内容；三是把教材中的单篇与"全阅读"中与之相应的文章重新整合成的"群文"。整本书阅读主题更为多元，内涵更丰富，体裁更多样，是迁移训练的最好载体，是提升学生读书品质的最好通道。

（三）引领式的团队成长

　　在象山区教育局教研室和首席导师薛法根的引领下，组块教学工作室的学员迅速成长，成为学校语文教学中的顶梁柱。组块的学员们先后在全国、广西、桂林市阅读教学、习作教学竞赛以及教育部"一师一优课，一课一名师"优课评比中获奖43人次；论文案例发表或获奖65人次；参加桂林市象山区送教下乡10人次；城区级及以上的专题微讲座102人次；由学员领衔主持的"重组教材发展学生品评能力的研究""利用组块教学促进小学生文本解读能力发展的策略研究"等10项课题获得桂林市教育科学"十三五"规划集体课题的立项，其中3项课题结题，取得丰硕成果；18名学员的桂林市教师个人课题均顺利结题，成果鉴定为优秀；23名学员先后获得"广西小学语文教研先进个人""桂林市学科带头人""桂林市教学能手"等荣誉称号，4名学员先后评上中小学高级职称。

　　2020年春疫情防控期间，象山区在全市率先面向区属所有公办、民办小学的2.5万余名学生，开启了具有象山特色的"云课堂在线直播平台"线上教学模式。组块工作室全体学员积极响应号召，在时间紧，任务重的情况下，主动担任了全区语文学科线上教学任务。在教研室的组织下，各小组认真开展线上集体备课，钻研教材教法，圆满完成10周的线上教学，为3～6年级学生开设语文直播课128节，上传录播课程120节，学生点击数累计已超115万人次。学生的线上学习参与度高，得到了家长、学生的一致认可，为顺利开展线下教学奠定了较为扎实的基础。疫情防控期间，在面向辖区学生做好线上教学的同时，工作室学员还积极承担了桂林市名师"云课堂"的录播任务，录完64节名师云课堂课例，得到市教科所领导专家的一致好评，充分发挥了区名师学员的辐射引领作用。

　　5年来，越来越多的工作室学员在学校"青蓝工程"中成为师父，其中，侯玲老师成为我区跟岗学习教师的师父，袁婷、刘艳红、刘莉、滕晓静、汤健琼等学员成为我区新三届特岗教师的带教师父。她们带领年轻教师走进组块，带领跟岗学习教师走进组块。"组块"成了师徒教学的情结。"帮带"是相互的。每一位师父在成就徒弟的同时，更大程度上也成就了自己。工作室通过"联动、整合"的系列活动，打造"合作、共享、共赢、创新、发展、务实"的象山教育的独特培训文化，加速了学员成为名师的进程。

桂林市象山区成立的"全国著名特级教师薛法根组块工作室"，创造了一个个发展平台，提供了一次次锻炼机遇，成就了每一个人，让团队中的每一个伙伴都变得更加优秀。一系列培训和研修加强了研究人员的辐射力和感染力，共同创造"组块"特色课堂，发展特色教育，真正体现名师工作室既是特色教师重要的发源地，又是具有新思想、新特色的青年教师集聚园、未来名教师的摇篮。

课题驱动：给成长一个支点

黑龙江省大庆市　组块教学工作站　韩宇哲

教师专业发展滞后的两个重要因素是缺失成长的自觉和研修的路径，大庆教师发展学院采取的应对策略是"课题驱动成长"，将课题研究作为撬动教师专业成长的"支点"。根据教学一线的实际需要，我们从全国各地的教改实验中，一致选择了"组块教学"。

（一）精准开启：组建团队，申报课题

2018 年 12 月 13 日，大庆教师发展学院副院长张涛，从薛法根校长手中接过带有联盟标识的组块教学工作站铜牌。从此，大庆小学语文迈进了一个新时代。

"组块教学"对于很多大庆教师来说，并不熟悉，甚至一无所知，在这样的状态下教师进入研究，不会全身心投入，更不会收获成长。《学记》中说得好，"亲其师，信其道；尊其师，奉其教；敬其师，效其行"，所以首先要让教师们自己去认识薛校长之高、感受组块教学之妙，发自内心地渴望成为工作站的一员。

2019 年 1 月 15 日，寒假第一天，大庆市小学语文教研员发布了"共读一本书"的活动方案。首先，精选了 110 名骨干教师作为工作站候选成员，建立"组块教学工作站"学习微信群；其次，列出了薛法根教育文丛书目，包括《做一个大写的教师》《现在开始上语文课——薛法根课堂教学实录》《为言语智能而教——薛法根与语文组块教学》《文本分类教学》《文本分类教学·实用性作品》，设定每天一位"主学人"，按设定好的时间、顺序和页码学习，以语音形式将学习内容和心得分享至微信群；最后，告知大家要在开学初举行工作站首批成员答辩会，出题范围就是假期

读书的内容。

　　36 天的读书活动结束了，134 万字的"组块教学"论著被通读了一遍。这些渗透着薛校长近 20 年教育情怀和研究心血的文字，唤醒了大家久违的学习热情。学员们纷纷自发地书写读书心得，分享到学习群，字里行间充盈着对薛校长的敬佩和对组块教学的喜爱。2 月 26 日，工作站首期成员答辩活动如期举办。教师们虽然年龄不同、状态不同，但眼中的渴望是相同的，那是对成长的渴望，对参与"组块教学"研究的渴望。最终，他们全部被录取为工作站首批成员。这个寒假，他们收获了对教学和成长的新认识。

　　110 名首批工作站成员的部分读书心得，在"大庆小学语文"微信公众号上分期推送后，引起了很多学校领导的关注。有 18 所学校申请加入研究实验校。谁也没想到，大庆小语这个教改的大动作，居然是自下而上完成的，由教师自发到学校主动，没有行政部门的文件，也没有自上而下的强制性要求。

图 4-3　"组块教学"大庆工作站培训会

　　2019 年 1 月 4 日，大庆组块教学工作站向吴江组块教学研究室提交了课题立项申请，课题名称为"组块教学理念下的小学语文阅读教学课型研究"。研究的目的在于建构可推广的组块教学阅读课型，助力教师成长，发展学生的言语智能，提高大庆市本区域的小学语文课堂教学效益。经薛校长的指导，确立了今后三年的研究方向——通过理论和实证研究，确定课型分类标准，为每类课型的教学任务定位；为

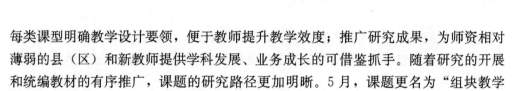

每类课型明确教学设计要领，便于教师提升教学效度；推广研究成果，为师资相对薄弱的县（区）和新教师提供学科发展、业务成长的可借鉴抓手。随着研究的开展和统编教材的有序推广，课题的研究路径更加明晰。5月，课题更名为"组块教学理念下的统编版小学语文教材阅读教学课型研究"。

（二）学研一体：着眼实践，注重总结

为将课题研究不断推向深入，我们将常态化的课堂教学与专题性的课题研讨融为一体，形成了"学研一体"的研究方式，既让课题生根，又让课堂拔节。

1. 以培带研

教师在课题研究中的畏难情绪，来自成长背景的信念、体验和知识，所以我们需要在培训中，予以理论支持和取向更新，从而建构和组织发展动力。

2019年3月28日，课题研究初期，工作站邀请薛法根校长带领联盟专家团队亲临大庆指导，对工作站全体成员进行了课题研究方法的培训。培训会上，薛校长就课题研究的核心理念、基本原则、操作策略、实践模式、教学课型、思考问题六方面，作了题为"如何开展工作站课题研究"的讲座；还为大庆靓湖学校刘宇虹教师执教的《大江保卫战》和大庆石化七小闫艺馨教师执教的《咕咚》作了精彩点评。

薛校长说，上课要找到两种感觉：第一种，愉悦感，孩子在课堂上获得一种积极的情感体验和快乐；第二种，进步感，在课堂上孩子觉得自己进步了，在原先的水平上有提升。这两个标准，一个指向动力，另一个指向能力。薛校长的点评，至今影响着工作站成员的教学实践。

除了请进来，我们还要走出去。2019年7月6日，全国组块教学联盟一年一度的暑期培训会在苏州市吴江区举办。此次培训以"基于单元的统编教材组块教学解读"为主题，薛法根校长作了题为"统编教材'语文要素解读'与'组块教学设计'"的讲座；大庆工作站有幸承担了统编教材一年级上册第六单元的解读任务，以沙龙形式展开了题为"文与道的统一 教学的变与不变"的单元解读。薛法根校长在点评时对解读给予了很高的评价，并引荐此文在《小学语文教师》刊载。2019年12月27日第五届全国小学语文组块教学联盟年会在苏州盛泽学校举办，优秀课例展示和专家讲座，让与会者再一次受到洗礼。

理论与实践互相渗透的培训，让很多教师直观理解了"教"和"学"的关系，

明白了学生的进步是一节课的价值所在。教不是目的，学才是目的，学生一定是通过自己的体验和思考学会的。教师要做的就是引领学生走进体验，激发学生的学习内驱力，让其自主成长。

2. 以写促研

实践是研究的基础，理论则是实践的前提和结果。理论学习离不开阅读和写作。经过一个学期的学习和实践，大家对组块教学有了更多的认识，同时也产生了很多疑问，此时是"再读"的最佳时机。2019 年 7 月，工作站负责人再一次组织了"共读一本书"活动，在前面通读薛法根教育文丛的基础上，精读其中两本：《为言语智能而教——薛法根与语文组块教学》《现在开始上语文课——薛法根课堂教学实录》，并结合课例解读论著中组块教学相关的理念、理论和策略，撰写读书笔记。这样的读写结合，促使深度阅读真正发生。

结束读书活动时，工作站成员共提交 200 多份读书心得。其中优秀者能一点一议，从一线教师的视角，结合课例深入浅出地解读"组块教学"，如果是初学者看了这样的解读，一定可以快速入门"组块教学"。薛校长鼓励工作站将读书笔记进行汇编出版，这是一个反思实践进而提升理论认知的好机会。在薛校长和吴江组块教学研究室的指导下，工作站负责人带领汇编小组，从 2019 年 12 月到 2020 年 6 月，经历了笔记整理、归类；一审、一改；再审、再改；推翻、重编；大改、三审；精修、成册六个阶段。每个阶段里大家都有不同程度和角度的进步，与撰稿人的交流、对文字的斟酌、对概念的拿捏，无一不是建立在对通篇布局和相关理论详熟的基础上的。凡心所向，素履所往，凭借一份执着，大庆工作站历时半年时间完成了第一部编著《组块教学的解读与运用》。

3. 以赛促研

经过理论培训和自学，各个课题小组成员跃跃欲试，先是童话组、记叙文组、诗歌组和寓言组小试牛刀，8 位教师执教了研讨课；接着工作站的 9 个课题小组分别选派两位代表进行全市课例展示。从课堂上看，大家教学设计的目标意识增强了，懂得了取舍和聚焦；重组意识增强了，懂得了挖掘和整合；活动意识增强了，懂得了训练和迁移。但突出的问题是"重组"理念遇上了"线性"思维，"组"得不够充分，也缺少了板块间的梯度和逻辑。2019 年 7 月 8 日，工作站召开了课题推进会，工作站负责人听取了各小组组长的阶段汇报，并带领大家研讨了课例展示中出现的问题，解决了困惑、统一了思想、明确了方向，为继续扎实开展研究工作提供了保障。

大赛课、展示课是教师成长的必要平台，有抓手，接地气，见效快。9月5日，"大庆组块教学工作站首届课堂教学大赛"开始了，4个赛场，16位评委，83位选手，历时4天。10月10—11日，工作站举办了课题研究第一阶段汇报活动。9个课题组9个板块，每个板块由一节展示课例和团队解读两个环节构成。11月8日，工作站组织了组块教学课堂教学大赛优质课展示活动，6节课例是从9月的"组块教学大赛"中优选出来的，并针对存在的问题进行了优化打磨。其中，孙璐璐老师执教的《王戎不取道旁李》在12月吴江"第五届全国小学语文组块教学联盟年会"上进行了现场展示；周继成老师执教的《为中华之崛起而读书》在11月西安"名师之路"组块教学专场上进行了展示；王欣老师执教的《怎一个"抠"字了得》（群文阅读），获"全国组块教学联盟优质课大赛"录像课一等奖。

4. 以研促教

在学习和实践组块教学的一年中，我们发现教师的教学设计难点不在于划分"块"，而在于如何"组"，所以我们研制课型的目标定位为：能给出"组"的路径和方法，而且新课型应该具备两个创新点：一是易学，易于初学者理解；二是易用，易于初学者操作。9个课题小组在教学实践中，摸索出多种具有文体特征的教学模式，经过归类、思辨、界定，初步归纳出5种新模型，其中保留了薛校长提出的诵读感悟性。

诵读感悟型：对于精美、典范的课文或段落，宜引导学生进行有层次的诵读训练，从中领悟言外之意、体悟言中之情、感悟言语规律，既积累了语言材料，又培养了语感。（薛校长的提法）

联结积累型：将教学内容与学生的生活积淀相结合，与学过的知识和技能相结合，与相关的情境相结合，设置教学活动，激活思维，展开理解、交流，达到有效积累。

任务驱动型：选择与当前学习主题密切相关的真实事件或问题，引导学生带着"任务"进入学习情境，通过探究发现新知识、发展新技能、发生新体验，进而解决问题，建构知识，提高学习能力。

迁移运用型：迁移指的是一种学习对另一种学习的影响。学生将刚刚获得的知识和技能，在教师的引导下运用到文本之外或课堂之外的情境中，在实践运用中提升言语智能。

双线组元型：对于蕴含深刻思想、深厚情感的课文，宜采用语言实践和思想情感体悟交织并进的方式开展教学活动，让语文要素与人文要素的学习互为依托、互相促进。学生的头脑和心灵得到双重滋养。

新课型的界定，是为了验证这段时间的研究导向是否符合组块教学原理，是否具有共同价值，还不是最后的界定。随着理论和实践研究的深入，还会有纠偏和取舍，给出更具体的路径和方法。

（三）推进研究：探索路径，搭建平台

大庆工作站在完成一二阶段研究的过程中，始终不忘"课题驱动成长"的初心，依托课题研究，建设教师团队，发展学生言语智能，落实学科核心素养。

1. 用课题研究带动教师专业素养提升，进而带动学生语文素养的提高

"组块教学"不是模式，而是理念，大庆工作站进行课型研究的过程中，"组块教学"为教学实践带来了丰厚的理论资源，大家收获了看得见的专业成长。在这一年中，各个小组开展了各类教研活动 40 多场，展示公开课 233 节，参与达 3600 多人次。工作站多方为成员搭建平台，一是鼓励教师积极参与到赛课和展示课活动中；二是紧抓梯队建设，第一梯队每周三下午集备，第二梯队每周四下午集训；三是为优秀成员搭建高平台，创造更广阔的成长空间。2019 年与往年数据对比显示，工作站培养成绩显著，职称、荣誉称号、发表文章、出版论著、业务获奖等数据呈现蓬勃态势。上升的数据，说明教师的成长意识提高了，活跃度提高了，远离了职业倦怠感。

"组块教学"带动了教师成长，但最大的受益者是学生。就实验班与非实验班、实验校和非实验校的质量检测数据分析显示，由原始分线形变换为标准分（$Z=X-A/S$）（$T=500+Z$）是 580 分的情况下，实验班有 86.65％学生超过非实验班学生的成绩，实验校有 86.21％的学生超过了非实验校学生的成绩；再看增值与平均增值对比，本阶段学生的阅读能力和表达能力进步幅度较大。

2. 用课题研究带动区域教学质量提高，进而带动周边共同进步

"教研工作是保障基础教育质量的重要支撑。"（《关于加强和改进新时代基础教

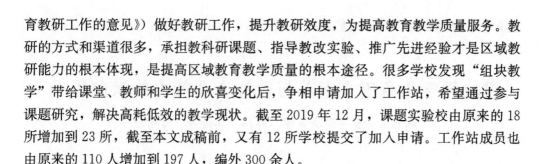

育教研工作的意见》）做好教研工作，提升教研效度，为提高教育教学质量服务。教研的方式和渠道很多，承担教科研课题、指导教改实验、推广先进经验才是区域教研能力的根本体现，是提高区域教育教学质量的根本途径。很多学校发现"组块教学"带给课堂、教师和学生的欣喜变化后，争相申请加入了工作站，希望通过参与课题研究，解决高耗低效的教学现状。截至 2019 年 12 月，课题实验校由原来的 18 所增加到 23 所，截至本文成稿前，又有 12 所学校提交了加入申请。工作站成员也由原来的 110 人增加到 197 人，编外 300 余人。

大庆工作站以"组块教学"研究为抓手，以"星星之火，可以燎原"之势，带队伍，推理念，提振了大庆小语的士气，盘活了全市的教改之心，甚至声名远播，影响到了周边区域。青冈教师进修学院、杜蒙蒙古族实验小学、伊春大西林林场小学、兰西教师进修学院、安达市昌德中心小学、海伦市东方红小学、绥化市绥棱小学……纷纷邀请工作站成员传经送宝，期待进一步学习和研究。

3. 用课题研究带动大教研，进而带动校本教研

教育科研属于群众性的研究活动，人人都可以参与，但是很多教师认为科研是专门人员的专门工作，自己的研究能力弱，直接应用研究成果就行了。其实，教学和科研虽相对独立，但可以相互促进。如何激发教师们参与研究的主动性呢？创造氛围，降低门槛；带领研究，提供支架；分解难度，循序渐进，是激发普通教师科研热情的重要原则，也是蓬勃开展区域大教研的重要策略。

大庆工作站，规模大，成员多，在"组块教学"研究过程中，采用了稳定且灵活的管理机制。在课题研究中，采用直线职能式：课题负责人——课题小组长——实验校、工作站成员；在教研活动中，采用横向职能式：市教研部门＋县区教研部门＋实验校＋工作站成员；在会务活动中，采用事务部式：策划部、执行部、宣传部。这样的管理，责权对等，精干高效，在分工协作中，又不失统一指挥。这样的管理机制在带动全市大教研的同时，也成就了县区教研和校本教研，尤其助力了一线的教研组、备课组、年级组，在研究学生学习、改进教学方法、优化作业设计、解决教学问题、指导家庭教育等方面直接发挥了作用。

大庆工作站的课题研究和教师成长在同步发生着，取得了初期成果，这离不开薛法根校长的专业引领和吴江组块教学研究室的无私帮助。"追风赶月莫停留，平芜尽头是春山"，我们将继续完善研究方式，提升研究能力，取得预期的研究成果，以惠及大庆小语教师团队和学生们。

组块教学儿童语文素养与教师专业能力的双向提升

湖北省赤壁市组块教学工作站　江清秀　雷靖望

（一）区域推进组块教学

2017 年春天，由赤壁市教研室教研员江清秀与来自全市的 18 位骨干教师一起组建的小学语文教研团队建立。团队成立之后，大家商量着选择研究的方向和专题。最终确定跟随薛法根老师做组块教学。2018 年 1 月，在全国组块教学联盟第三届年会上，团队获得授牌，组块教学赤壁工作站正式成立。

团队构建完成后，开始有计划地学习与组块教学有关的理论专著：《为言语智能而教——薛法根与语文组块教学》《现在开始上语文课——薛法根课堂教学实录》《做一个大写的教师》《文本分类教学》《一课三磨》等，团队人手一本，分期阅读。并利用周末或寒暑假，通过微信群等网络平台，向全市教师进行分享和交流。薛老师的课，例如《真理诞生于一百个问号之后》《剪枝的学问》《谈礼貌》《猴子种果树》《黄果树瀑布》《黄河的主人》《半截蜡烛》《风娃娃》《火烧云》等，我们一节一节地观看、赏析、交流。理论专著和教学课例引领我们走进组块教学的百花深处。

近四年，工作站始终坚守着一种信念——推进组块教学，实践着一种主张——发展言语智能，执着于一种追求——便教利学，清简扎实，摸索着教学板块的智慧化，探究着教学行为的路径化，构建着教学内容的课程化。在执着"组块教学"的路上，团队不断壮大，不断更新，不断优化。全市有实验小学、第二实验小学、实验外国语学校等 15 所学校成了组块教学联盟学校或者组块教学实践基地。

（二）持续突破研究难题

1. 课题研究，读写联动化解写作教学难题

为了帮助老师们解决作文教学这个难题，也为了让老师们在阅读教学中渗透作文教学，把作文教学和作文训练化解到课文的学习中、课外的阅读中，我们向全国

组块教学工作站申报了"组块教学理念下的小学语文读写联动教学实践与研究"课题（简称"读写联动"）。课题将目标确定为：着眼于"发展学生的言语智能"。在基于教材、超越教材的"读写联动"研究与实践中，实现教学内容的重组与整合，乃至丰厚。在多元的阅读方式（课文、图片、绘本、视频、表格……）中，采用阶梯式的练写活动过程，让学生尝试更开放的写作思维。在主题式互文对照阅读中，更好地体悟作品的内涵，表达的创意。又在开放性的创意读写中，获得知识，激活思维，引领高品质阅读，高品质写作。

我们希望通过"读写联动"把师生解放出来，让教师爱教作文课，学生爱上作文课，改变语文教学长期以来高耗低效的现状，提升语文教师专业成长，促进学生语文素养尤其是文学素养生长。在大课题之下，我们确定了几个子课题：绘读绘写、跟着课文学写作、跟着作家学写作、读童诗写童诗、生活中学写作。围绕子课题，工作站成员以课例的方式展开研究。四年里，我们给全市教师呈现了《读诗 赏诗写诗》《让人物动起来》《写好人物对话》《我们眼中的缤纷世界》《读绘本，学写话》等几十个课例。我们梳理了"读写联动"课例的特点：

一是聚焦一个习作生长点。每一节课都有一个重点训练目标。例如，写人，重点训练写连续的动作；写对话，让人物"立起来""丰满起来"；写景，用"深浅浓淡大法、状物大法"准确写出景物的颜色；编童话，用好"一波三折"的故事工具。

二是构建板块之间的逻辑链。每一节课都是按照几个板块来进行。其中有初识身手板块、片段引路板块、巩固练写板块、分享赏读板块等。后一板块，一定是在前一板块的基础上，拾级而上，有梯度地进行。结构清楚，易于操作。我们践行的是组块教学"精简、朴素"的教学理念。

三是用好片段范式读写联动。每一节课中，使用的片段范式，可能是课文里的，也可能是课外的；可能是孩子们自己写的，也可能是名篇名家的。这是从"读"引导"写"的扎实践行，让孩子们在读中悟写，在读中仿写，在读中练写，在读中会写。真正把阅读与写作对接起来，真正实现"阅读是为输入做准备"这一教学思想。

2. 主题研讨，课例示范引领课堂教学方向

一是发现儿童文学教学真谛。儿童文学的教学策略长期以来被大家忽视，存在许多误区。针对这种现状，也考虑儿童文学题材在教材中篇目越来越多的情况，我们对儿童文学教学进行了策略研讨。2017 年开展了《小学语文儿童文学教学法》

图 4-4　湖北赤壁市工作站组块教学主题研讨活动

（朱自强）读书分享活动，邀请了《小学语文教师》杂志主编杨文华，以及浙江特级教师何夏寿来到赤壁，做了"儿童文学进校园"专场活动。关于儿童文学类文本的教学，我们提炼出了以下教学方法：

整体教学法：在教学中关注儿童文学阅读的整体性，不把教学过程简单地理解为对话的朗读，在整体阅读中体味语言美、情节美、人性美，真正实现儿童文学的育人价值。

情境教学法：一些教师本着童话作品都是想象的观点，在学习过程中，不时地回归现实世界，用现实主义观照充满童趣和想象的童话，让童话教学立刻变得索然无味。我们通过研讨让教师们在教学中通过还原场景，丰满人物形象等方法，达到了"童话即生活"的教学目的。

读写教学法：很多儿童文学作品，在结构、写作手法方面都比较接近。我们通过读写结合的教学方法，为孩子们创作儿童文学提供知识积累和能力储备，从而起到"提领而顿，百毛皆顺"的效果。例如，我们通过《鳄鱼爱上长颈鹿》《红点点绿点点》《爱心树》等一系列童话书籍的阅读，让孩子们很快了解并掌握并列式反复、递进式反复的写作方法，并运用这样的方法编写童话。

二是寻找古诗古文教学章法。工作站对于教学古诗文，在不断的课例实践中，我们推出了一系列成熟的课例，摸索出一些古诗文教学的章法：第一，读吟唱诵，层层递进；第二，故事还原，突破难点；第三，搭建支架，尝试表达。以江清秀的《黄鹤楼送孟浩然之广陵》为例，这节课分三个板块：在"名人"故事中了解友情，在"名楼"故事中渐入诗境，在"名城"故事中感悟诗情。课堂采用"故事教学法"和"场景还原法"，还原"名人在名楼送别友人到名城"的场景，让学生体会目送的过程，并从"远、尽、唯见"三个关键词眼中，体验李白目送的感受，深入理解从"追随"到"固定"的内涵，深刻感悟李白对孟浩然"吾爱孟夫子，风流天下闻"的深邃友情。

三是探究策略单元教学规律。为进一步深化全市小学语文教学改革，适应统编教材新生态，扎实推进组块教学实践研究，更好发挥骨干教师引领作用，工作站开展了"依托阅读策略单元，加强阅读策略教学暨组块教学专题研讨活动"。我们通过具体的课例《一个豆荚里的五粒豆》《将相和》《竹节人》，围绕统编教材中的"预测""提问""提高阅读的速度""有目的地阅读"这几个阅读策略，将课堂分为了几个板块，将策略切分、细化到各个板块，通过灵动的学习支架，循序渐进地渗透。

几年来，工作站先后进行了童话类文本教学、古诗文教学、散文教学、说明文教学、童诗教学、长课文难课文教学、策略单元教学、新体系教学等10多个项目的专题研究。无论是活动，还是课例，都给全市教师的课堂教学，做了最直观有效的示范和引领。

3. 阅读推进，课型创新带动名著导读指导

近两年来，我们围绕着"整本书阅读"的三种不同课型，开展了大量的课例研究活动，为全市的整本书阅读推进做出最直观、最实用、最有说服力的理念引领和操作说明。梳理团队研发的"整本书阅读"的课例，都有以下这些特点：第一，注重阅读兴趣和阅读能力的培养。第二，每一堂推进课，都践行了组块教学"精简、朴素"的教学理念。第三，每一堂分享课，都注重引导学生深入文本内部，及时拓展迁移，与作者进行对话。

4. 助推教师专业成长

一是搭建活动平台，促进专业发展。四年来，团队以各种方式推动和引领着赤壁市小学语文教学与教研。集体备课、工作坊、沙龙研讨、专著阅读、课例展示、联片教研、送教下校、课题研究等，小组活动自主开展，分校活动计划进行，全市活动每月一次，名师引领每期一会。几年来，我们邀请了《语文教学通讯》主编师国俊、《小学语文教师》主编杨文华、组块教学盟主薛法根、组块教学理事沈正元、特级教师何夏寿等多位专家、名师来到赤壁，他们或者带来展示课，或者做专题讲座，或者指导课题研究和课堂教学，给赤壁送来了高端的专业引领和学术精神。很多次，我们的活动现场还有来自咸宁兄弟县市的教师，来自洪湖以及湖南临湘的教师。

2020年春季，因疫情影响，赤壁所有小学生被迫停课。赤壁市组块教学工作站在"停课不停学"期间勇于创新，敢挑重担，一共开展了15次全市网络直播课。内容包括古诗词赏读、文言文教学、整本书阅读、习作指导、阅读能力专项训练、读写童诗等，全市师生及家长总计听课达5万多人次，让赤壁小学生在疫情最艰难的时刻依然享受到了最为优质的教育资源。

几年来，工作站成员参加各级各类比赛，硕果累累。参加优质课评比，获得国家级奖项的有12人次，省市级奖项的有15人；撰写文章获得国家级奖项的有7人次，省市级奖项的有13人次，在教育教学杂志专刊上发表的有7篇。工作站还编印了3本课题集，收录了63篇教学设计范例、12篇经典课堂教学实录。另有马珍元、魏容、但琼、欧纯等教师，因为教学教研能力强、教学效果出色，迅速成长为学校骨干教师，并担任学校中层干部职务。

二是规范团队管理，发挥引领作用。赤壁市组块教学工作站的团建标准是"七有"——手上有课题，身边有团队，脚下有基地，刊物有文章，辅导有成果，教师有口碑，专业有威信。在具体的推进组块教学课题过程中，我们不仅关注专题的研究、活动的开展、团队成员的提升，而且注重通过规范团队管理，促进工作站的辐射和引领作用。

第一，层级管理铺路搭桥。赤壁组块教学工作站的主持人是教研员江清秀，下面有多位组长（也是导师），每位导师分别带着几名学员，确定某一个或多个课题作为小组主研方向。每个小组成员又引领所在学校的"组块教学"课题研究工作，并兼任本校青年教师的导师。

第二，全市铺开深耕细作。工作站选定研究素质和能力基础较好的校级骨干教师和管理人员参与组块教学实践，他们既是基础科研管理者，又是有着多年教学经验的优秀教师，参与校级或片区教研活动，可以更大范围地发挥辐射带头作用。

第三，名师引进高屋建瓴。工作站每年以专题为载体，邀请名刊名师走进赤壁，进行课堂示范、理论讲座、课例指导、课题研究。四年来，有薛法根、何夏寿、夏江萍等多位专家走进赤壁，让我们赤壁乃至周边县市区的更多老师获得了与名师零距离接触的机会，给赤壁语文教育融入既新鲜又前沿的教育理念。

　　三是改善教学生态，获得质量提升。赤壁是一个极小的县级市，我们的学情是没办法与大城市和发达地区相比的，我们的教学资源更是谈不上最先进，自从组建了赤壁组块教学工作站后，在赤壁这块土地上，工作站把小学语文教研活动开展得风生水起。赤壁各所学校都有"组块教学"的实践课堂，各个区域都可以见到工作站成员活跃的身影。而我们，在野蛮土壤中茁壮生长的我们，逆风飞扬，一往无前，循前人足迹，创自我辉煌。在组块的理念中汲取养分，在教育的故事里续写传奇，在时代的浪潮下砥砺奋进。在每一次的期末测试中，工作站教师所任教班级的学生成绩，总是名列前茅，并远超平行班。漆霞、欧纯、马江山、邱晖等任教班级成绩，每次都是第一名。将这些班级与其他班级进行阅读和写作专项检测，有如下对比效果（见表4-1）。

表 4-1　阅读和写作专项检测对比

检测项目	阅读速度	写作速度	教材学习课时	单篇阅读检测	整本书阅读检测
对照班	4000字/5分钟	90字/5分钟	130课时	86.5分	81.5分
实验班	6000字/5分钟	130字/5分钟	96课时	93.5分	92.5分
对比分析	+400字/分钟	+8字/分钟	-26.2%	+7.0%	+11.0%

　　经过几年的实践与摸索后，赤壁小学语文的教学生态得到了极大改善，学生语文素养有整体的提升。工作站成员所任教的班级与同校其他班级，针对教材学习时间、课题阅读总量、单元阅读水平、整本书阅读效果、语言积累、读写能力等方面进行比对分析，呈现"轻松学习、扎实发展"的良好状态。几年来，团队的活动影响力和专业引领力，在全市小语届乃至整个咸宁市产生了积极的影响，促进了全市小学语文教师专业的发展和语文教学质量的提升，非常有效地改善了赤壁市小学语文的教育生态。

二、众家评述

言语智慧的生长

——美学精神引领下的组块教学

江苏省教育科学研究院　成尚荣

常和法根聊天，也在一起开会。每次接触，总觉得他的研究又有了新的想法，改革有了新的进展，用联合国教科文组织提出的第五根支柱"学会改变"来描述他，并来表达我的感受，还是很切合的。这就不难理解，法根为什么总是在进步，总是在跃升。萧伯纳曾说过这样的话："唯一办事聪明的是裁缝。他每次总要把我的尺寸重新量一番，而其他的人，老拖着尺码不放。"这是裁缝的智慧，而智慧在与时俱进，有一种"工匠精神"。语文，对于法根而言，就是那衣服那尺寸，而他则是那智慧的裁缝。

图 4-5　组块教学专题研讨活动（左一：成尚荣；右一：薛法根）

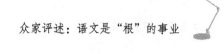

（一）美学精神的映照：薛法根语文教学研究、改革的新境界

讨论语文，不得不讨论美学和美学精神，有学者在审视美学史时认为，美学史就是语文——历史的科学。① 语文离开美，离开美学，就不是真正的语文，甚至不是语文。随着研究的深入，美学与语文越来越互相映照，越来越融合。就中国语文教育而言，美学是语言文字的感性释放，美学是语文价值的再造，美学是对语文生命的诗化阐释。显然，作为语文教师，我们必须用美学精神来丰富自己、提升自己，缺少美学精神的语文教师，他的语文教学绝不是语文教育，绝不会走向审美的崇高境界。

而薛法根却不是这样。他首先体现了对美学精神的不断追求。黑格尔、雅斯贝尔斯等都曾分别定义过哲学。黑格尔说："哲学的工作实在是一种连续不断的觉醒。"雅斯贝尔斯则说："哲学不是给予，它只能唤醒。"他又说："哲学就是在路途中。"美学，作为哲学的一个分支，当然亦是如此。假若你永远行进在路途中，假若你不断地被唤醒，又不断地自我觉醒，那么，你一定是在追索美学，也一定在养成一种美学精神。薛法根正是如此，也许以往他还是自发的，而如今他已逐步走向自觉，美学精神在他语文教学生活中日益彰显。

从学习品质看，法根具有中国美学中的静虚和坐忘精神。静虚，内心的宁静，抛却浮躁，走向谦逊，让自己的心灵在安静、谦逊中得到安顿。这是一个审美体验的过程，极具美学精神。法根具有谦虚的美德，他总是说，"我有许多知识是不懂的"，又总是说"不少问题我还没想清楚"，当然他也会说，"近来我有了一些新的想法"。近几年，他的阅读视野不断拓展，已超越了语文的边界，开始涉及心理学、社会学、美学、哲学等。阅读视野的开阔，他对语文教学的理性思考日渐深入，组块教学内在关联的逻辑线索越来越明晰。其实，法根的内心又是不安分的，但是不安分并不是不静虚，正是静虚让他学会静下心来反思，在反思中寻求突破，在突破中创新。我以为，静虚精神品格，培育了他的创新精神，甚至可以说，静虚品格正是一种创新精神。坐忘，中华美学的又一精神。说到坐忘，我们似乎看到了那亮着灯

① 参见朱存明：《情感与启蒙——20 世纪中国美学精神》，北京，西苑出版社，2000。

光的窗户，那灯光下的一个人，他专心地读书、研究、写作……坐忘，刻苦、忘我，耐得住寂寞，抛却功利，走向纯粹。法根就是那个亮着灯光的窗下的人。我知道他的身体常有不适，但是学习的品质、刻苦的精神、坚持的意志从来没有淡化，更没有淡忘。坐忘，说到底是忘我。法根为了学校发展，为了青年教师专业成长，为了孩子们的秀外慧中，常常忘了自己的病痛。静虚与坐忘，铸就了法根的品格，在他的品格深处烙下中国美学精神的印记。

从学术的品位看，法根具有中国美学精神中的注重品味的审美品格。季羡林先生曾经分析过中国美学与西方美学的差异，认为中国美学更注重对美的"品"，亦即审美的内在品格，比如，中国常以梅、兰、竹、菊、松等表达审美感受和所追求的品位。法根领悟到这一特征，在中国美学精神的引领下，语文教学走向内涵，走向核心，走向深处。但是，这些走向绝不是要把教学搞得复杂起来，相反，法根注重教学的清简、幽默和自然，以此来切入和牵引教学，即在清简、幽默、自然的教学风格中，引导学生品味课文的内涵，渐渐漫溯深入，抵达核心。这是以简驭繁，以愉悦致深刻、以自然求真实的审美过程。如他的《爱如茉莉》课例，淡淡的爱在哪儿？对茉莉清淡、素朴美的品味中。还有《我和祖父的园子》《剪枝的学问》等，都有这样品美的历程。我们不妨做这样的概括：法根对中国美学精神的追求，凝练为清简的风格、自然的品格，表现为教学的智慧。法根的教学实践告诉我们，美学精神是可以"看得见"的。让美学精神"看得见"，需要在精神真正内化的基础上，以艺术的方式，使其外显。法根已具备了这样的积淀和实力。

从价值追求看，法根的语文教学具有中国美学的道德感和崇高感。中华民族优秀文化传统是以伦理道德为底色的，"仁者爱人"，"己所不欲，勿施于人"的道德感十分鲜明；美学又特别追求崇高，没有崇高感就没有美学，也就没有美学精神，"为天地立心，为生民立命，为往圣继绝学，为天下开太平"，生动而深刻地呈现了中国美学的崇高感的追求。作为中国美学载体的中国语文，更要以道德与崇高的追求为价值旨归。法根在他内心深处就是这么坚定地认知的。依我看，语文就是语文，但语文又不仅仅是语文，语文首先是"道德课程"，是"价值高端"课程。纵览法根的语文教学，深切感受到他在语言文学的背后看到了人，在母语的深处看到了一个民族，语文育人，语文立人，正是法根的追求。道德感、崇高感又落实在语言文字中，在法根的课堂里，道德感不是说教，崇高感不是空谈，语言文字让道德感、崇高感有了落脚的地方，而道德感、崇高感让语言文字有了灵魂。

（二）为发展言语智能而教：薛法根语文教学核心目的和核心任务的进一步聚焦

美学精神也常常通过提问来表现。法根常有这样的自我提问："语文是什么？对于儿童的生命成长有何意义？""语文学科究竟要教什么？怎么教？""儿童语文学习有哪些秘密？我们怎样创造可以带得走的语文？"……这些提问写在他的思想深处，回响在语文教学的上空。提问即追问，追问让法根把语文教学的形而下与形而上结合起来，从"器"走向"道"，追寻、把握语文教学之道。

道也，路径也；规律也；哲理也；生命的创造力也——学者们对"道"有不同的解读。我们不必在它的本义与喻义上纠缠，重要的是让自己的认知贴近语文教学的主旨。在法根看来，语文教学之道即语文教学的核心任务，是语文教学的终极意义和目的。这是语文教学的根源性问题。根源性，语文教学之根、语文教学之源，语文教学建基于何处？在哪里诞生？从哪里开始，走向哪里？……诸如此类，假若搞不清，用法根的话来说，就是那"暗自摸索的黑胡同"永远是"黑胡同"。法根想照亮它。

于是，法根把眼光投向了言语智能。为什么？道理在哪儿？法根是从语言的生命性来认识的。他引用海德格尔的话来立论："人是能言说的生命存在。"其实，海德格尔还讲过："语言自我生长。"语言是一种生命，它能自我生长，而使用语言的人，更是在言说中获得生命的存在感和发展感。语言的生命更体现在母语教育上。阿根廷诗人赫尔曼说："祖国就是语言。"语言，母语，不仅是人的生命，而且是祖国的生命。无论是人的生命，还是祖国的生命，都集中体现在言语智能上，用智慧的方式表达语言，此时的语言就是在言说中闪耀着智慧。中国的语文教学的使命在于让儿童在语言的运用中，向人们展现自己的智慧，向生活表达自己成长的智慧，向世界讲述中国的智慧。当语言成为言语时，当言语表达自己对世界对生活态度时，它就成了言语智能。法根认定，为促进学生言语智能发展而教，才是语文教学的核心目的和任务。

在言语智能及其教学实践中，经过研究，法根有几个重要的成果。其一，他认为言语智能是"语言合金"，是言语智力与能力的统一（这一表述还可以再斟酌，因为能力是智力的一种形态）。即是合金，它是多元素整合在一起的。法根说："以形象思维为内核的智力因素和以实践创造为内核的能力因素，在言语活动中高度融合，就构成了言语的特殊智能。"这样的界定和阐释是合理的，法根有着自己独到的见解。其二，言语智能中有两个重要元素，一是思维，二是情感。语言是思维的外壳，怎么思维就怎么言说，怎么言说意味着他再怎么思维，言语智能应以思维为核心。情感，用梁启超的话来说："天下最神圣的莫过于情感"，"情感这东西……是人类一切动作的原动力"。在哲学家大卫·休谟看来，"情感不存在违反理性的问题"，而"理性在指导意志方面并不能反对情感"。儿童是情感的王子，这是大家形成的共识。言语中缺失了思维，就丧失了核心；缺失了情感，就丧失了发展的原动力，丢弃了美。其三，言语智能对于语文教学，就是促使"言语与精神"的同构共生，促进学生核心素养的发展，这是语文教学的"独当之任"。在这过程中，言语智能"成为语文素养的种子，成为文化底蕴的养料，成为人格形成的萌芽"，这是诗意的表达。法根还以直问的方式表达："让学生越学越聪明"。其四，紧紧围绕言语智能应当建构"实战型"的教学。"实战型"教学，不仅意味着要实在，要可操作，而且意味着让学生在实践中理解和运用语言文字。为言语智能发展而教，在法根那里是一个扎扎实实的教学体系。

语文教学核心目的与核心任务的进一步明晰，也在破解一个难题：语文的工具性与语文的人文性。言语智能告诉我们，这一难题必须破除两元思维，应当建构复杂性思维范式。言语智能将工具性与人文性融合在一起，你中有我，我中有你，尤其是中华民族的母语，你即我，我即你，更要融合、锤炼与合成。法根有自己的见解和思维方式，显现了他的功力和智慧。美学精神让他走向高处。

（三）组块教学，一种召唤性结构：薛法根语文教学的创新性发展

名师应当有自己的教学主张，由主张而形成教学风格。这是名师成长之道，经验已证实了这一点。法根一直没有放弃这一追求。可是，何为教学主张？又何为教学风格？法根意识到，教学主张、教学风格的本质特征是独特性，其实质是思想的深刻性，不进入思想，风格就丢弃了灵魂，血管里再也没有思想血液的奔涌，若此，风格就成了表演、炫技的面具。所谓思想的深刻性，首先是对教育本质和基本规律的深刻探究与准确把握，其次是对教学基本规定性的深刻认知和把握，最后是对语

文教学基本特征、独特任务的深刻认知和把握。舍此，无真正的教学主张、教学风格可言。基本规律、基本规定性、基本特征等，无非言其基本性，就是根本性，就是深刻性。法根正是聚焦在这些基本性、根本性、深刻性问题上潜心研究，而且有了突破性进展。他认为，语文要教形式。他说："要知道，言语智能无法'裸奔'。语文教学须以教材为凭借，关注语言形式三个层面的教学。"又认为，"教学在于'织线成网'"。于是，法根提出了组块教学，"即以发展学生的语文运用能力为主线，将散乱的教学内容整合成有序的实践板块，促进学生言语智能的充分生长"。

组块教学是一个结构，法根认为所谓结构，就是在关联理论的支撑下，以教材为蓝本，"紧扣教学的关键点，连点成线、织线成网"。值得注意的是，他不求教得完整，但求教得立体。艺术家李默然说："不论什么艺术都应该以几何体为标准，要具体，要有长度、宽度，要有深度。"风格一词，有不少的比喻，其中一个是：风格是个立方体。立体的语文是站得起来的语文，组块教学追求语文的立体性。此外，他不求教得多深——不是不要深度，而是求学得充分，组块教学为学生充分学习提供了多侧面的平台，引导学生从多种视角审视语文材料，学得充分起来，自己就在语文中生长起来，内心丰盈起来，自己就在语文中站立起来。

组块教学不是普通的结构，它是一种"召唤性结构"。召唤性结构具有空间性，为学生提供足够的空间。但空间不能离开时间，只有时间在空间里流淌，空间才有意义，因此马克思说："时间是人类发展的空间。"① 组块教学就是由空间与时间共同编织成的结构，充满着无限的可能性。召唤性结构具有开放性，为学生拓展更大的视域。组块教学注重结构的紧密，但不封闭，相反向外打开，学生从这一结构中走出来，可以走向另外一个结构，发现新的天地，甚至可以建立新的结构。召唤性结构具有开发性，激励学生去研究、探索、开发。组块教学只为学生提供材料，绝不提供答案；只为学生提供思路和线索，绝不提供所谓的标准。这样，学生的学习就是在开发，在持续开发，在开发中有所发现，有所创新。召唤性结构当然具有召唤性，召唤学生去探究，鼓舞学生去争辩，就像《狼和小羊》中的小羊，从容、沉着、应答、反驳，以理服人。如果用一个比喻来形容组块教学的话，我想用"造房

---

① 《马克思恩格斯全集》第二十一卷，204 页，北京，人民出版社，2003。

子"来作比。在组块教学中，学生的语文学习好比用语言文字来造房子，门、窗、廊、床、桌、椅……都在开发、设计中。造房子就是造一个世界，组块教学引导学生走进生活，走向世界。无疑，组块教学极具美学特征。

法根重视形式是很有道理的，美国儿童剧领域的"教父"托尼·瑞奇最近在讨论儿童剧时，反复强调形式。他说："儿童剧里最难处理的，还是形式，最简单的总是最难办。"他还说："我们追求的简单，是在表达方式层面的，做减法，洗净铅华。"语文教学又何尝不是如此呢？组块教学，这一形式，内涵多么丰富；但它又不只是形式，是形式包裹下的无比丰富的内容。因此，法根将组块界定为内容板块：以语文核心知识为内核的板块、以语文能力为内核的内容板块、以语文问题解决为内核的板块。而这一切都是为了儿童的学习，法根将其界定为联结学习，这就是与组块教学取得内在的高度一致，形成了教学的整体。

在美学精神的引导下，法根正在实现一个转化，从教师转化为研究者，转化为学者。他是个智慧的"裁缝"。他不断地量学生的尺码，为学生提供适合的教育，提供智慧语文，为言语智能发展而教，其实，他也在不断地量自己。我们应当为他击掌。

图4-6　组块教学实验工作会议（中间左：沈正元；中间右：薛法根）

为学生的言语智能发展而教

——薛法根组块教学目标述评

江苏省苏州市吴江区教育局　　沈正元

"为学生的言语智能而教"是组块教学重要的价值追求和教学目标。这个目标的提出是薛法根试图解决语文教学"高耗低效"的顽症而提出的教学主张。

薛法根针对语文教学现状作了分析：第一，长期以来，语文课程、教材未能解决语文课程内容与教材内容的问题，尚未形成科学的、可表述的语文学科内容结构……必然带来语文教学的低效，甚至是无效、负效。第二，目前的语文教学习惯于"以文本内容学习带动言语能力培养"，强调学生的"感悟"，然未能就"经验、思维、想象"这些"感悟"的内在要素作学理的解析，没有提炼出具有普适性的教学方法与方式，难以应对不同的文本与不同的学生。第三，语文教学承载了太多的"使命"，因而头绪繁多，方向不明，不知为何而教，因而常常"种了人家的地，荒了自家的田"。他主张语文教学应该以发展学生的言语智能为核心，走向综合的生活实践，让学生在实践中获得更为丰富的文化背景，生长出言语智慧。

（一）为言语智能而教：语文课程育人价值的独到之见

"言语智能"的概念最早来自计算机领域，2010 年，薛法根在《组块教学：为小学生言语智能的发展而教》一文中提出："我始终坚持，语文教学应以发展学生的言语智能为核心，走向生活、走向综合、走向运用、走向智慧。发展学生的智慧潜能是教育的价值追求，发展学生的言语智能是语文学科的独当之任。"这里，薛法根用"独当之任"强调了在语文学科中发展学生言语智能的价值、意义。

关于语文教学的目标，在"为学生的言语智能而教"之前，薛法根提的是"言语智慧"。2004 年，他在接受《中国小学语文教学论坛》采访时认为，语文教学要重视"双基"，但知识不等于智慧，机械的技能也不等于智慧，他说，语文是一门充满思想、充满人文精神、充满智慧的学科，而语文教学却恰恰缺少了智慧、缺少了思想、缺少人文关怀。他创立组块教学，就是要通过一项项整体性的语文学习活动来发展学生的言语智慧（言语能力和人文素养）。

薛法根认为，语文教学要创造简单课堂，生成言语智慧，让学生享受到语文学习的乐趣，感受到智慧的力量。2009 年，他指出，组块教学从儿童言语智慧潜能发展规律出发，探究语文教学内容的生成性和策略的适切性，实现儿童语文的智慧教学："语文教育，就其哲学实质来说，就是言语智慧教育。其心理学原理是个体言语组块在言语实践中不断丰富、重组、生成，获得一种言语的心智技能，即言语智慧。"可见，语文教学应当超越知识与技能，走向智慧与素养。

关于"言语智慧"的内涵，李海林教授认为："语文教育，就其哲学实质来说，就是以言语为对象的人性智慧教育，简捷地说，语文教育就是言语智慧教育。"对此，薛法根也有过阐述："言语智慧是一种实践性智慧，是一种基于言语经验基础之上的，在生活中生成的智慧。""言语智慧并不是与生俱来的。个体的言语智慧优势潜能只有在长期的言语学习、研究、磨砺中才能得以真正显现和发展。""言语智慧其实是一种言语表达的灵气，而这种灵气来源于文化的积淀。"

梳理薛法根"言语智慧"的有关阐述，有助于把握其"言语智能"的含义，因为薛法根的"言语智能"是在"言语智慧"的基础上发展演变而来的，他认为："'智慧'是最不'智慧'的，'智慧'是无法言说的，所以我更愿意将这种'言语智慧'称为'言语智能'。"

1. 言语智能的含义

如果把言语智能这个短语拆开来，那么"言语""智能"，都有特定的含义。《现代汉语词典》（第七版）对"言"和"语"的解释都有"话（名词）"和"说（动词）"两个意思；对"言语"的解释也有两个意思，一是说的话（名词），二是说话（动词）；对"语言"的两个解释都是名词性的，一是人类所特有的用来表达意思、交流思想的工具，二是话语。智能，则是智力和能力的总称，一般把智与能看作两个相对独立的概念，"智"指进行认识活动的某些心理特点，"能"则指进行实际活动的某些心理特点。组合成"言语智能"又是怎样的含义呢？《现代汉语词典》等工具书未见"言语智能"这一概念，自然也就没有相关的解释，倒是能看到与它极为相似的霍华德·加德纳博士的多元智能理论中对"语言智能"的解释。加德纳认为，智能就是那些解决问题，寻求特定问题的答案以及迅速有效的学习的能力；语言智能则是语言文字的掌握能力，指的就是有效地运用口头语言及文字的能力，即听说读写能力。

　　显然，加德纳是从语用学理论出发，从言语交际的过程与效能来做出"语言智能"内涵界定的，对薛法根"言语智能"的内涵解释是有启发的。薛法根基于心理学原理，从语用学关联理论视角重新定义言语智能："指运用语言进行认知与交际的言语创造力。它表现为在言语活动中，对语言具有特别的敏锐感和熟练的驾驭力，应对问题语境具有较高的自我效能感。"这里，薛法根从内涵和外延两方面对"言语智能"做了阐释。他还补充说："言语智能是人的生命特质，是人类智能发展的生长点，是语文能力形成与发展的心理学基础，也是语文能力转化为语文素养的孵化器。"

　　薛法根还认为，言语智能在具体语境中可以化为听说读写等言语能力。这样，就把传统意义上的听说读写与言语智能挂上了钩，或者说，传统意义上的听说读写是言语智能的外在表现、形态。

**　　2. 言语智能的结构**

　　关于言语智能的结构，薛法根认为，言语智能的结构要素包括言语材料、言语法则及言语思维。言语材料是言语智能形成的"语言养料"，包括语汇、词素、词语和固定短语；言语法则是言语智能生成的"基因密码"，指运用语言的普遍语法，包括词法、句法、段法、章法等；言语思维是言语智能发展的"动力装置"，是人类独有的思维方式，主要是形象思维。言语智能不是三种要素的机械相加，而是三种要素的有机结合，形成一个以言语思维为核心的整体认知结构。以形象性为主的言语思维将言语材料、言语法则围绕语义联结成一个融会贯通的心智操作系统，锻造出个性化的"语言合金"。

**　　3. 言语智能的价值**

　　言语智能的意义和价值，必须放在语文核心素养的背景下去分析。语文核心素养是学生通过语文教育所获得的最具终身发展价值的人格修养与关键语文能力，以"语言建构与运用、思维发展与提升、审美鉴赏与创造、文化传承与理解"为核心，但并非四者的简单相加，而是以"语言与言语"为内核的整体结构。薛法根指出："语文核心素养是语文课程本质属性的实践结晶，聚焦于'语言建构与运用'，旨在通过丰富的言语实践，实现'语言与思维、审美与文化'的同构共生，体现了语文课程鲜明的'言语性'。"语文核心素养以语言为载体或媒介，四位一体，融汇交织，密不可分。因此，组块教学提出"为学生言语智能而教"的价值取向，就是为了"培养'运用语言与创造语言'的现代公民"，契合了语文核心素养四个方面之间的关系。

基于言语的特殊地位，薛法根认为言语智能的发展能促进语文核心素养的整体提升：第一，言语智能是人的生命特质，是人类智能发展的生长点，是语文核心素养形成与发展的心理学基础；第二，言语智能内隐为言语思维，外化为言语能力，其道德性情感衍化为儿童的言语品格，共同构成语文核心素养；第三，言语智能的发展将促进语文核心素养的整体提升，实现'自能读书、自能作文'的理想境界。

（二）为言语智能而教：语文课程性质的重新认识和把握

关于语文课程的性质，长期以来争论不休。《义务教育语文课程标准（2001版）》指出，工具性与人文性的统一，是语文课程的基本特点。《义务教育语文课程标准（2017版）》再次强调二者的统一。至此，语文课程的性质似乎应该尘埃落定了，其实不然。近年来，人们在对语文本质的研究中，逐步形成关于语文课程具有言语性特征的观点。这种观点以潘新和、李维鼎、李海林等为代表。1990年，李维鼎发表了《越出雷池轻装前进——从语文科的"工具性"说起》《"语文课"就是"言语课"——再从语文学科的工具性说起》《正本清源说"工具"》等；2000年，李维鼎出版了《语文言意论》，李海林出版了《言语教学论》，2004年潘新和出版了《语文：表现与存在》等，都对语文课程的言语性特征作了阐述。

持言语性观点者分析认为，"语言""言语"是有区别的，语言是语音、语义、词汇、语法的规则系统，而言语主要有两方面的含义：第一，言语就是讲话（包括写作），是一种行为动作；第二，言语就是所讲的话（包括所写的话），是行为动作的结果。概括起来，言语是在语言的基础上个性化地运用语言的行为（言语行为）及其结果（言语作品）。潘新和、李维鼎、李海林等主张把语言与言语完全分离开来，认为语文就是言语，语文教学就是言语教学，语文课程的本质属性就是言语性。李维鼎认定"语文课"就是"言语课"的基本事实，揭示了"言意互转"是语文课的基本性质，他在《语文言意论》中认为，既然"语文课"就是"言语课"的结论，是从语文教学内容，教学目的和教学方法诸方面作综合考察的结果，而"言语"的实质又是"言"与"意"的矛盾统一，那么，"言"与"意"的互转性乃是语文课的性质，便是顺理成章的了。李海林在《言语教学论》中指出语文教学论要由以语言为主体的本体论变为以言语为主体的本体论，他认为言语是语文内涵的科学表述。潘和新则在《语文：表现与存在》中指出，通俗地说，"言语"指的是个人在特定语境中的具体的语言运用和表现，"语言"来自于"言语"，"言语"包含"语言"，"言语性"是指语文课程所独具的学习"个人在特定语境中的具体的语言运用和表现"的特殊属性，简言之，语文课程的特性，即学习言语（包括学习语言，但最终目的是学习言语），学习言语包括学习个人的口头语言与书面语言的实际运用和表现。于是，言语性才是语文学科的种差，语文课程也只有在言语性上，才能有与其他学科根本的区分，成了一种普遍性理念。

如果从关联性上作分析的话，在课程目标上，"工具观"强调，语文课程要培养学生正确地理解和运用祖国语言文字，与"言语观"都强调语文教学重在语文实践，在课程实践取向上都是旨在培养学生的语用能力。这也从另一个视角表明，言语性的提出不是空穴来风。

另外，关于语文概念的各种解释，诸如"语言文字""语言文章""言语文学"，都离不开"语言"。没有了语言，釜底抽薪，就没有了语文存在。叶圣陶先生有过经典的解释："'语文'一名，始用于1949年之中小学语文课本。当时想法，口头为'语'，笔下为'文'，合成一词，就称'语文'。自此推想，似以'语言文章'为较切。"叶老的话应该也是语文言语性的最好诠释。

语文课程的言语性是语文教学发展学生"言语智慧""言语智能"的理论基础和前提，薛法根提出"为学生的言语智能而教"，则表明了他对语文课程的言语性的认同。他认为："语文是运用语言文字（工具性）进行的生命活动（人文性），'言语性'才是其本质属性。"薛法根的语文课程的"言语性"有其鲜明的个性，可以从以下四个方面去理解。

1. 薛法根的言语性基于对母语的独特情怀

他深情地说："语文是母语，儿童的学习生活和精神成长与母语相伴相生，学语文就是学做中国人；语文学习的根本意义在于运用母语完成自我生命的实践建构；语文教学的核心价值在于激发言语创造力，在教与学的多重交互中生成活泼泼的语文生活，促进儿童言语智能和精神生命的蓬勃生长，彰显母语教学的儿童性、整体性和文化性。"

2. 薛法根的言语性源于他一贯对于语言训练的重视

语文教学要加强语言训练，培养学生母语情怀，是薛法根一直以来的观点。20世纪90年代中后期，语文教学提出"要把语文课上成语言文字的训练课"，"语言文字训练"成为当时语文课堂教学的主旋律。1996年，薛法根撰写的《语言训练要在内化上下工夫》一文获得江苏教育"教海探航"一等奖，在文中，薛法根对照当时的教学问题，从学习内化理论视角，提出了语言训练要在内化上下工夫的观点。其中建立内在联系、注重整合迁移等观点都基于他对教学实践的长期实践和思考。"重组教材""注重联系"等是他组块教学中"组块""关联"等核心概念的滥觞。1999年，他再一次强调："提高学生语文素质的根本途径是扎扎实实地进行语言文字训练，必须在听说读写的语言训练上用心计、花力气、下功夫。"从"语言训练"到"言语性"，是一种自然的演变。

3. 薛法根的言语性价值定位于"运用语言"

他指出，语文的实质是"运用语言"，即"言语"："语文是'运用语言'的学科，而不是'研究语言'的学科；语文教学培养的是运用语言说话与写话的人，而不是专门谈论语言的人。由此可见，语文教学的根本目的是'教'学生'用'语言。"语文教学的根本目的是培养"善于运用语言"的人，而非"善于研究语言"的人。

4. 薛法根的言语性具有原创性的突破

他的观点超越了知识与能力，摆脱"工具性与人文性"的无谓之争，是一种原创性的突破。同时，薛法根特别强调，"听说读写"是四种运用语言的行为方式；"工具性"是指"言语的形式"，"人文性"是指"言语的内容"，两者在言语活动中才能得以真正的统一。

（三）为言语智能而教：语文教学走向语用性规律

关于言语智能的含义，薛法根是从语用学关联理论视角定义的。"语用"一词最早可追溯到语用学的概念。美国哲学家莫里斯在《符号理论基础》（1938）一书中，首次提出了"语用学"这一术语。1970年，自然语言实用学国际讨论会召开，语用学得到了迅速发展。1977年，《语用学杂志》在荷兰阿姆斯特丹正式出版，标志着

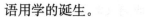

语用学的诞生。

关于语用学的含义，一般认为，语言的语用学，就是研究语言运用的科学。国内一些学者也依据不同的侧重点对"语用学"做了阐释，何自然在《语文：语用学与英语学习》中认为，语用学是理解语言、使用语言的学问，是讲究言语合适、得体的学问。索振羽则在《语用学教程》中指出，语用学研究在不同语境中话语意义的恰当地表达和准确地理解，寻找并确立使话语意义得以恰当地表达和准确地理解的基本原则和准则。语用学的研究对象主要有三个——"话语""交际者""语境"，被称为"语用三要素"。语用就是以语境为条件，以话语为工具，以参与话语活动的交际者为主体的完整系统。

随着语用学研究不断深入，人们开始运用语用学的基本原理和方法来研究和解决实际教学问题。语用学首先进入的是外语教学领域。成功的经验也给我国母语教学提供了很好的启迪借鉴作用。语文教学的核心任务是培养学生对祖国语言文字的运用能力，就是要让学生能够将所学到的语文知识运用到具体的口语交际和书面语写作中。正如韩雪屏在《语文课程知识初论》中所说的，语文课程与教学，实质上是一种言语教育，应当属于语用研究的范畴。语文教学离不开语言的语音、语义、词汇和语法规则系统，但是语文课程的根本目的不是培养学生去研究语言，而是培养学生具有理解和运用祖国语言文字去进行交际的言语能力。历年的语文教学大纲以及近几年的语文课程标准也都有明确的表述：1963 年语文教学大纲就提出语文教学的目的是教学生能够正确地理解和运用祖国的语言文字；《小学语文课程标准（2011 版）》明确语文课程是一门学习语言文字运用的综合性、实践性课程；《小学语文课程标准（2017 版）》指出，语言文字是人类社会最重要的交际工具和信息载体，语言文字的运用，包括生活、工作和学习中的听说读写活动以及文学活动，存在于人类社会的各个领域。

在确认语文课程言语性特征的同时，薛法根认为，语文课程是一门学习语言文字运用的综合性、实践性课程，语文课程应致力于培养学生的语言文字运用能力。1996 年，薛法根就指出："语言是表情达意的交际工具，学生只有在语言运用的实践过程中，才能逐步掌握这个工具，内化为自身的语言交际能力。"在实践中，他"根据每篇课文的语言训练点，精心设计语言运用练习，促使学生将学到的语言规律在运用中深化和扩展，化知为能"。2000 年，提出并实践"组块教学"的实验之初，他坚持以培养学生的语文运用能力为主线。之后，他提炼成语文教学要"走向运用"："语言是人类最重要的交际工具。语文是实践性很强的课程，语文教学应着力培养学生的语文实践能力，尤其是语文运用能力，而不必追求语文知识的系统和完整。"

薛法根关于语文教学的语用性实践以及理性思辨，都围绕"为学生的言语智能而教"的课程目标。从语用性角度，他形成了关于学生言语智能的培养和发展的基本观点。

1. 言语智能在实践中才能充分生长

薛法根认为，言语是人的本能，但善于言语是人的智能，是在后天环境中锤炼出来的，在后天的言语实践中才能得以充分生长。他说："言语能力不是靠教师'讲'出来的，而是需要在言语实践中'练'出来的。语文教学最关键的是要创设适宜学生的言语活动，感受、领悟、积累、运用，在'学得'与'习得'的双重转化中，生长言语能力。"薛法根分析了小学阶段儿童母语学习的特点，这一阶段是儿童从自然学习向集中教学情境下学习的转变，言语学习还处在从自然习得向教学下的"学得"、从单纯的口语能力发展向口语、书面语共同发展并逐步侧重书面语发展的过渡阶段。他认为："这个阶段需要让儿童有更多的直接接触言语材料、直接进行言语实践的机会，在丰富的活动中不断来尝试言语运用，体悟言语规则，积累言语经验，更多地以语感的方式来贮存或呈现学习所得。"

2. 言语智能发展要有适切的目标以及原则

语文课程不是要教学生应该说什么，而是教学生应该怎么说。薛法根认为，"语文教学是一种特殊的言语交际，根本目的在于指导儿童'学习运用语言进行认知与交际'，在生活化的言语实践中获得言语能力和精神生命的同构共生。"薛法根提出了小学生言语发展目标和原则。他认为，小学阶段可以设定为"清通""得体""新颖"三个层次的言语目标。关于语文教学中提升学生的言语品质，薛法根提出应该遵循三条准则：一是说真话，不说假话。如果在特殊的语境中不能全说真话，那么即使不说话也坚持不说假话。二是说自己的话，不说套话。每个人都有自己的话语风格，直爽的人快人快语，说话不转弯抹角，有修养的人温文尔雅，说话文雅得体。三是说负责任的话，不说空话。每个人都应该对自己说过的话、写下的文字负责。这是一种责任感，既对自己负责，也对别人负责。说话严谨，思维就缜密，做事就踏实，做人就实在。

3. 言语智能的培养要充分运用好教材

薛法根指出："教学要善于运用教材蕴含的、即兴生成的言语实践契机，创设生活化的言语实践活动，鼓励学生运用语言解决问题，获得思想与言语的提升。"他认为，语文要着力字词的积累、句式的丰富、表现方法三个层面的教学。具体的路径有：一是联结性语文学习。"将散落在课文中的言语材料、言语规则以及言语方式等整合为结构化的言语知识，实现知识的自我建构"；二是情境性语文活动。"形成'字词句篇、语修逻文'之间的整体关联，实现'听说读写'之间的顺畅转化，越学越聪慧"；三是统整性语文实践。"以语文为凭借贯通各门学科，促进学生在跨界学习中进一步生长言语智能。"

4. 言语智能训练要创设生活化语境

薛法根认为，学生的言语智慧"绝不仅仅通过'言语知识——言语能力'这样一种转化模式来实现的，而是主要通过学生无限的、自主的、生活化的言语实践活动获得的。因为语言只有在生活活动中、在生活交际中才具有显示的意义和价值，才为使用语言的人所积极而富有创造性地运用。离开了具体的、生活化的言语活动，学生的言语实践就难以产生生命的活力。"因此，薛法根特别强调生活化与创设语境，指导儿童学习运用语言进行认知与交际，在生活化的言语实践中获得言语能力和精神生命的同构共生。

在薛法根看来，"言语性"是语文课程的本质属性，"语用"是语文课程的核心任务；"言语智能"是"语用"的"创造力"，是"语文素养"的实践表征。因此，"为发展言语智能而教"，指向"语文素养"，着力"言语创造能力"，具有逻辑关联。

组块教学：扎根中国大地的实践学派

江苏省无锡市梁溪区教师发展中心　魏　星

薛法根老师通过20多年的持续不断的实验与改革，创立了融会贯通、自成一家的组块教学。从教学主张的提出到自足性论内涵、自洽性体系的建构，从一所学校到一个区域、再到全国实验基地的形成，组块教学的影响力越来越大，辐射面也越来越广，显然已经具有教学流派的特征。但组块教学和"学院派"不同，它来源于教学田野并始终拥抱教学实践，是对学与教的透彻理解，是薛法根老师世界观和方法论的系统体现，因而具有鲜明的草根性、原创性、实践性。下面仅从语文学科的视角，来谈谈组块教学所表现出来的科学精神、创造精神和生命精神。

（一）科学精神：组块教学的学理追求

一线教师喜欢薛法根老师的课。除了喜欢他的幽默、风趣、简约的个人风格以外，更重要的是组块教学体现了语文学习的特有规律，呈现出语文课堂崭新的教学样态，能通过"组块"的教学方式能够带来令人解放的东西。

语文学科是人文学科。人文学科自然关乎人心、人情、人性，于是也就有了"文化语文""诗意语文""生命语文"等提法。但是，作为课程语境下的语文首先应遵循它的科学性，按照语文课程的特定目标和特有规律来实施教学。组块教学鲜明地提出"为发展言语智能而教"的核心价值，围绕这一核心价值建构实践体系，这就体现了语文教学的科学性。

"言语智能"是一个复合性的概念。薛法根老师有个形象的说法，"言语智能"是语言关乎思维、审美和文化的"合金"。——这和当前提出的"语文核心素养"有异曲同工之妙。人的生命机体存在一个"母板"，这个语言发展的模板，有人叫它"言语图式"，有人叫它"语言习得装置"，有人叫它"信息组块"。语文教学必须要激活、丰富、拓展学生这一"母板"，才能有效地促进言语的发生、理解。组块教学强调语文学习要在综合性的交际语境中进行，字词句篇、听说读写要有机整合，以"组块"的形式去顺应、去撞击、去唤醒、去优化学生的"语言习得装置"，这就有利于生活世界、心灵世界和语言世界之间的转换，更有效地发展学生的言语智能。苏格拉底说："未经审视的生活是不值得过的生活。"组块教学是经过薛法根老师认真审视、实践求证过的，它以语言发生学、心理学为基础而建构起来的实践理论体系，闪耀着理性的科学思维。

语文教什么？"为发展言语智能而教。"组块教学的本质是创造有利于学生言语智能发展的教学形态。薛法根老师认识到，"言语智能是运用语言进行认知与交际的言语创造力，表现为对语言的敏锐感、熟练的驾驭力及良好的自我效能感。"薛老师清晰地回答了这一本体性因而是前提性的问题后，一些教学实践中的问题就迎刃而解了。研究薛法根的大量教学案例就会发现，他的语文课总是特别关注文本的"怎样说"，科学地选择教学内容，将言语智能作为教学的出发点和归宿。薛老师在教学中也引入了一些语文本体性知识，这些本体知识是为了提升语用行为和言语品质服务的，而不是怀特海在《教育目的》中所说的"惰性知识"。语文怎样教？"以组块的形式推进教学内容"。即便是简单的"默词"，薛老师也总是能找到语言的规律性，并把字词教学与生活经验、文本理解有机地结合起来，让我们感受到语言合金的魅力；薛老师能将文本语境巧妙地转化为交际语用环境，以言语实践组块的形式推进文本教学，引导学生发现言语的秘密，从文本的内容逻辑结构进入文本作者的思维逻辑结构；薛老师总是能激活学生的生活经验，设置的言语实践组块与学生头脑深处的"信息组块"发生作用，产生相似的、和谐的、深刻的振动。语文教到什么程度？"学生的言语智能充分发展了。"研究薛法根的大量教学案例还会发现，他总是设置表现性的言语转换活动，让学生"以言传言"，把自己读懂的用自己的话表达出来。组块教学聚焦在"怎样说"上，并以板块化的活动推进教学，这样就多一些"语文"的东西，少一些"关于语文的东西"，所以薛法根老师的课堂是洗练的、漂亮的、达成度高的。——这也是组块教学能够扎根中国大地、吸引全国老师追随的重要原因。

（二）创造精神：组块教学的实践命脉

薛法根老师具有突出的实践创新素养，他将语言学、心理学中的"组块"这一概念迁移到语文教学中来，这是原创性的教学实践和理论建构。之所以说组块教学是扎根中国大地的"实践学派"，一个重要原因在于这种教学主张开了风气之先，在长期的创造性实践中形成了集体性教学文化人格和教学信仰。组块教学实践始终在创新，始终在发展，始终体现了前瞻性思维和创新品格。

方法让理念更完美。组块教学打破了传统惯常的碎问、串讲的教学方式，形成了自己独特的教学方法和教学形式。组块教学工具箱中的工具很多，具有突出的创造性品格的有三种：

第一，板块式结构。组块教学创造性地将文本结构和教学结构有机地结合起来，由语文关键能力统领，每篇课文设计 3～4 个教学板块。板块之间无论是并列的、承接的或是递进的结构，都构成一个关联的、立体的、网状的学习链。这种教学结构有清晰的语文大观念引领，有生动的语文大任务支撑，因而这种结构是"召唤性的结构"，可以吸引学生主动进入这个结构，并通过这个结构打开自己的语言空间、思维空间和发展空间。"板块式言语活动结构"冲击了长时间以来的"一路问到底"的"烦琐化内容分析结构"，让学生真正与语言文字相遇、与知识相遇，在"相遇"中建构言语智能，这给全国的语文教学改革带来了积极的变化。

第二，联结性学习。组块教学将"相似律"引进到教学中来，创造性地采用类化、联比、联想、推想等方法，通过优化的板块活动实现言与意的联结、上与下的联结、表与里的联结、异与同的联结、知与用的联结、文与人的联结等，追求教学活动的整体化、场域性以及联动性。薛法根老师清晰地认识到，"板块式课程内容的学习过程，就是发现联系、建立联系、运用联系、生成联系，进而实现改变的过程"。传统语文教学中也存在联结，但多是"刺激—反应"式的消极联结、单点联结、表层联结。简单的联结产生简单的学习，深层次的联结产生深层次的学习。组块教学呈现出深层次联结的教学样态，这给学生的语文学习及思维发展带来深刻的变化。

第三，课程化建构。薛法根老师带领团队，根据文本的教学功能重新组合教材的编排，按照"定篇、类篇、用篇"的理念，研制三类课文的内容开发和不同的教学策略，探寻实用型文本和文学性文本的教学范式，并根据语文目标适度引进校本语文课程——这和当前统编语文教材的教读、略读、整本书阅读"三位一体化"的编排十分契合，体现了语文课程建设的先进性和时代性。组块教学还倡导打破学科壁垒，跨学科进行主题阅读、学科写作和项目学习，这给传统的语文课程形态带来积极的变化。

组块教学法的形成，来源于前瞻性的教学思维和教育智慧，更是来源于薛法根对教育、对儿童、对语文炽热的爱。薛法根老师带领团队不断地去破解语文教学中的难题，不断地汲取新鲜的经验和先进的理论，坚持走自己的路，不仅在实践上取得了提升师生素养的效能，而且在理论上也为构建具有中国特色的教学论提供了范例性的教学模式。

（三）生命精神：组块教学的价值底色

一个教学流派的影响力，不仅仅在于学术建树，也不仅在于课堂艺术，根本上在于品行。认识薛法根的人都说他品行好，有强大的人格魅力。

　　研究薛法根老师的组块教学，不能就研究谈研究，就课堂谈课堂，必须将其置入更大的背景，结合薛法根老师的这个"人"来进行。组块教学没有喊出什么"甜言蜜语""豪言壮语""花言巧语"，理论建构也没有停留在"意气用事""自以为是""自说自话"的层面，而是扎扎实实地推进实践和研究，这与薛法根老师的质朴、真诚、勤勉与智慧是分不开的。薛法根老师创造着组块教学的财富，也创造着教师魅力的财富。

　　组块教学不是冰冷的、抽象化的教育思想，而是对富有意义的教育生活的建构。薛法根老师"一生只做一件事"，一生守着一所学校、一座城，他就像一个长跑运动员，执着地向前行，带着团队向前行，通过组块教学打开了无限的可能、无限的发展时空，影响了全国一大批语文教师甚至是其他学科教师。组块教学的成功和取得的成就，让我们看到爱、责任和勇气，也让我们感受到了明亮的、温润的、高贵的生命精神。

　　组块教学不是单向度的技能训练，而是指向"完整的人"的培养。薛法根老师深刻地认识到："语文是母语，儿童的学习生活和精神成长与母语相伴相生，学语文就是学做中国人；语文学习的根本意义在于运用母语完成自我生命的实践建构；语文教学的核心价值在于激发言语创造力，在教与学的多重交互中生成活泼泼的语文生活，促进儿童言语智能和精神生命的蓬勃生长，彰显母语教学的儿童性、整体性和文化性。"组块教学以"生命的存在""人的完成"这个教育原点出发，以独特的实践方式来"建构完整的语文生活"，实现语文学科育人的价值。组块教学的独特理念和实践策略固然使人心动，而充溢其中的高远的教育理想以及热爱语文、挚爱儿童的情怀更让人感佩。我们无法设想一种没有教育理想和生命情怀的语文教育之道。

　　组块教学不是技术化的操作要领，而是指向个性风格的创造。布封曾说："风格即人。"薛法根老师的语文课——"很薛法根"——清简有致，轻松自在，看似平常却又常常使人产生"亏他想得出"的惊叹，内蕴着独特的趣味、独特的智慧、独特的美感。"清简"是薛法根的美学追求，也是组块教学的美学追求。当然，我们也可以将语文课上得浓烈、奔放、厚重。但组块教学背后的教学规律以及它所闪耀的生命精神，让每一个儿童都能进入语文而体验语文、欣赏语文而思考语文、表现语文和创造语文的美好追求，是值得每一位语文老师借鉴和学习的。

组块教学已经成为小学语文教学实践和研究的典范。现在可以这样说，组块教学已不属于薛法根一个人，也不仅仅属于组块教学核心团队，它属于每一位自觉践行组块教学的语文老师。随着全国中小学语文教师使用统编语文教材，组块教学呈现出更开放、更活跃、更深入的研究状态。期待组块教学的研究和实践永不停歇，不断发展，为中国语文教育注入更多的智慧、更宝贵的财富。

从关注"教"到研究"学"

江苏省苏州市吴江区组块教学研究室　沈玉芬

1997年，是我踏上工作岗位的第三年。那一年，薛法根老师原创性提出组块教学。薛老师给我们上组块教学示范课，给我们作专题讲座。可是，"组块"是什么，我们还是懵懵懂懂。为了让我们弄明白，薛老师打了一个形象的比喻：一堆花花草草，单个看，都不够特别；根据花草的颜色、品种，把它们加以组合，可以变出许多漂亮的花束，花束中的每一株花草竟变得极为可爱。"变"的过程就像是组块，散状的花花草草，就像是语文教学中碎片化的教学内容。这一比喻让我对组块，对神奇的"变"产生了无限的好奇。

紧跟组块教学研究的脚步，不经意间，我从一名不满三年的新教师，成为一名骨干教师。上课、磨课，我对"变"的比喻理解得更为深刻。语文教材是文选型教材，教学内容具有不确定性，不同的语文教师能从同一篇文章中发现不同的教学内容，且各有各的道理；语文教学内容极为丰富而庞杂，字词句篇、语修逻文、听说读写，每一个方面都能从一篇课文中找出相应的教学内容，每一项内容似乎都很重要，都有教学的价值。因此，语文教师需要凭借一双慧眼，进行教学内容的删繁就简。然而，大部分语文教师在面对取舍时，却很难真正做到"断舍离"：一是对学生不放心，没有讲的内容，如果考试遇到了，学生不会做怎么办？二是对自己不够自信，如此取舍内容，我的选择真的对吗？做不到"断舍离"，那就只能如老黄牛般勤勤恳恳耕耘，把每个内容讲个遍。殊不知，面面俱到的教学却偏偏是教师的"一厢情愿"。一堂课四十分钟的时间，教学问题满堂灌，几十个教学点频繁转换，学生思维也随之频繁切换。逐点解析、分项训练，碎片化的教学导致学生蜻蜓点水式的浅学习，学生难以集中于一个教学点经历充分的学习过程，学过了，却并非学会了。

（一）教什么

教什么，比怎么教更重要。碎片化的教学内容如何重整？这是组块教学研究中一项重要研究内容。2009 年，我申报并立项江苏省教育科学"十一五"规划课题"基于组块教学理念的小学阅读教学内容研制的策略研究"；2013 年，课题顺利结题。在薛法根老师的指导下，经过几年的实践研究，逐渐对教学内容研制有了一些探索。

1. 小学阅读教学内容研制的程序

弗洛伊德在《精神分析法引论》中提出：人格结构由本我、自我、超我三部分组成。这是人体内并列的三部分，但由于这三部分之间的差异，我们在一定范围内也可以理解为这是对自己认识的三个层次。其实，在我们的阅读教学中，从拿到文本开始，到确定教学内容，也经历着这样三个过程。①本我：只是一名读者，凭借个人喜恶选择阅读；②自我：我是一名教者，以此判断与选择教学内容；③超我：眼里只有学生，没有教师的一厢情愿，只有完完全全对学生的关照。

2. 阅读教学内容研制处理的关系

主要处理好三者关系：局部与整体，个性与共性，中点与终点。注重文体，但是又以整体视角超越文体，丰富教学内容；体现文体一般特点，更要发现这一篇独一无二的核心教学内容；不满足于"教了"，而追求"看什么地方，看出什么来"阅读方法的学习。这三个方面在研制不同体裁教学内容时是具有普遍意义的。

3. 阅读教学内容研制的基本策略

一是聚焦。阅读教学不能只带学生跟着课文内容跑，而是要借助课文这一例子，破解言语的密码，实现"言语的习得"。但是教材是多姿的世界，聚焦这多姿世界中的核心，以文本中适合学生发现、理解、积累与运用的教学内容为重点展开教学：只是这一类：特定的体式有特有的阅读方式；只是这一篇：特定的文本有特有的文本价值；只是这一段：特定的年段有特有的内容取向。二是陌生化。"陌生化"理论在阅读教学中的运用，不仅引导学生领略一篇文本，而且让学生从"陌生化"理论视角用阅读的思维方式去发现言语的秘密，学会自主阅读："错用处"辨别，读懂"不恰当"中的深刻；平常处发现，领略浅淡中的情意；乏味处赏析，体会无味中的理趣；华丽处转身，品味浓郁中的意境。三是联比。联比可以解释为"借用关联，形成比照，使学生达到融会贯通与心领神会"：联相对相映的言语材料，在改变中发现，透视语言的张力；联相同结构中的不同，由平面到立体，触摸真实的形象；联作者与读者的内心，读进去读出来，读到本质的自己；联他人的故事与儿童的认知，设身处地中自省，生长思想的芦苇。四是整体。如何从整体思维着眼研制阅读教学内容？我们可以立足于整体思维的内涵，从语境所创设的文本主题、文体特征、文本结构、文本语言等角度进行探究与构建：要素融合，由孤立构联系，深刻体悟表达主题；异同比较，从具象到抽象，全面把握文体特征；结构梳理，化平面为立体，系统探寻内在逻辑；整体出发，于外围至核心，鲜明感知言语个性。

（二）如何学

2012 年，薛法根老师主持申报并成功立项国家社会科学基金"十二五"规划2012 年度教育学一般课题"关联视域中的小学语文组块教学研究"。非常幸运，我承担了子课题的研究："小学语文组块教学中的联结性学习研究"。对我来说，"联结性学习"是一个全新的课题，这是从关注"教"到研究"学"的一个重大转变。在6 年研究的基础上，2018 年，我主持申报并立项江苏省教育科学"十三五"规划2018 年度课题"小学语文组块教学中学生联结性学习研究"。

1. 联结性学习的本质特征

从"教"到"学"，是教学研究的重心下移。与"自主、合作、探究"等学习方式相比，联结性学习有什么特别之处？在语文组块教学中，一个学习板块是教学内容整合后形成的整体，内在包含各种各样的要素，诸如字词句篇、语修逻文、听说读写。学生在板块学习中，需把握各要素之间的内在联系，建立各要素之间的联结。联结性学习是指个体发现、把握并重构知识经验之间的本质联系，从而获得智能意义的学习方式，是组块教学中学习方式变革的必然取向。

联结性学习以挑战性情境任务为导向。言语问题是情境创设的前提，语文要素是情境创设的内核，活动任务是情境创设的组织方式，活动任务链是呈台阶状的活动任务群。在联结性学习中，学生主动建构各语文要素之间的关联，在任务解决中，生长语文能力，提升语文素养，从而成为一名优秀的阅读者。

联结性学习契合汉语言的基本特征。汉语是"意合型"语言，包含两条线：一是外显的语序，即字词句的排列组合形成的言语形式；二是内隐的脉络，即言语形式的内在隐藏的言语内容。语文学习就是在语境中建立与把握"外显语序与内隐意脉"的联结：阅读就是根据外显语序把握内隐意脉，表达则是根据内隐意脉建构外显语序。两者意义的建构，促进学生的语文学习。可以说，联结性学习是"最语文"的学习方式。

我们要倡导用语文的方式教学生学语文，这与课程改革倡导的"自主、合作、探究"学习方式，显然是有差别的。"自主"的对立面是"他主"，强调的是"个体独立学习"，旨在学生依靠自身的努力解决问题；"合作"的对立面是"独自"，强调的是"群体互助学习"，所谓"独学而无友，则孤陋而寡闻"；"探究"的对立面是"接受"，强调的是学生必须经过艰苦的尝试、反思过程获得学科知识，而不是通过老师的告诉直接获取知识，指向知识获取的过程；"联结"的对立面是"孤立"，强调的是将不同的学科知识与能力加以关联与整合，达到融会贯通与熟能生巧，直抵知识之间的本质联系和运用规律，这是一个从量变到质变的学习过程，提高了一个人的学习品质。举个例子，每个人都能说话，但并非每个人都会说话。所谓"会说话"，就是要将说话的"礼貌性、合作性、改变性"三个原则在实践中贯通起来，达到运用自如的程度。没有经过口语交际训练的人，很难在真实情境中表现出应有的言语品质。

2. 联结性学习的实践运用

在语文联结性学习中，学生由"点"与"点"之间单一的联系，转变为丰富而立体的联系：一个"点"与多个"点"连成"线"，"线"与"线"之间连成"网"，由此形成语文学习"互联网"。

"点"是谁？如何连？怎样实现由表及里，由此及彼，由常及变？我们可以尝试借用"联结20问"，引导学生逐渐形成语文联结性学习的方法系统。

不同的导语指向不同的"点"与"点"之间的联结。作者这样说，其实在说什么？引导学生发现文字与作者之间的关联；和我有关吗？引导学生读懂文字赋予自己的意义；其他同学也是这么想的吗？鼓励学生建立我与他之间的关联，善于借用伙伴视角开拓自我思维新路径；哪些和这个内容是一类的？目的在于逐步建立学生的归类意识；还可以运用在其他地方吗？引导学生以不同情境激活知识，从而学习用知识解决复杂问题。

联结 20 问，是否可以延伸为 21 问？或者是 20＋n 问？答案自然是肯定的。联结 20 问的意义，不是以既定的一成不变的问题去固定学生的思维方式。联结 20 问是一种学习工具，也是一个开放的学习导语系统。学习工具的价值在于提供多维度的学习路径，以优化学生的学习方式；学习工具的再创造，将更好地为学生的学习提供帮助。我们无限地期待：学生能借用"联结 20 问"，进行自主的语文联结性学习；更能举一反三，自然而然地创造"联结 20 问＋"，自主建构学习导语系统。由此，学生的语文学习"互联网"逐渐形成。

【案例列举】

学习导语：我能把这些关系用图画下来吗？

学习案例：统编本教材四年级下册《纳米技术就在我们身边》

这是一篇科普性说明文，介绍了一项高端的科学技术在现实生活的运用。课文主要围绕三个内容来写：（1）什么是纳米技术？（2）纳米技术就在我们身边。（3）纳米技术可以让人们更加健康。介绍纳米技术在生活中运用的时候，主要列举了三个纳米技术的用途：纳米涂层，运用在冰箱可起到杀菌和除臭功能；碳纳米管，运用在航天领域可制作成"碳纳米管天梯"；纳米吸波材料，运用在隐形战斗机可吸收掉探测雷达波。介绍纳米技术可以让人们更健康时，也主要列举三个用途：纳米检测技术，可实现疾病的早期检测与预防；未来的纳米机器人，可以通过血管直达病灶杀死癌细胞；纳米缓释技术，能让药物效力缓慢释放。

我能把这些关系用图画下来吗？可以用表格的方式。我能把这些关系用图画下来吗？还可以用思维导图的方式。思维导图展现了知识节点之间的联系。文体不同，学习内容就不相同。但是，无论是哪一种文体，都具有内在的结构。例如六年级下册《那个星期天》一文，学生可以把母亲所做的事情和我当时的心情相关联，绘制一个事件发展心情曲线图，从而体会到"我"在那个星期天真实而丰富的"等待"内心世界。

人文主题与语文要素双线并进的单元内，篇与篇之间也都具有内在的联系。单元与单元，年级与年级，内隐着语文要素的逐层递进。类型梳理，由点及面；角色梳理，统零为整。在梳理过程中，绘制思维导图，把点与点之间的关系以形象化的方式呈现，形成整体建构的思维方式。

（三）研究如何深化

"我是农民的孩子。"薛法根老师经常这样说。做好一个农民不容易，必须肯吃苦，耐得住寂寞，老老实实在土地里耕耘；要学会尊重，尊重万物生长的规律，尊重自然的气候，容不得一丝马虎等。以农民自居的薛老师，几十年如一日，在组块教学这块广博的大地上耕耘。

图 4-7　薛法根在给老师们讲座

1. 视角要善于转变

从关注"教"到研究"学"，不是研究领域的变化，而是研究视角的转变：关注教师的"教"，更要关注学生的"学"。跨出这一步，是勇气，更是对教与学规律的准确把握。联结性学习是组块教学研究中基于学习方式变革的一项重要研究内容。在联结性学习中，教师从学生立场出发，关注学生的学习行为表现，发现学习问题，以问题为导向，创设激励性的学习情境，提供有效的方法，有用的思维工具及策略，点拨与引导，帮助学生解决学习问题。从"教"到"学"研究视角的转变，对教学研究具有重大的意义。

2. 研究一定要接地气

"拿课来说话，就像农民拿产量来说话一样。"这是薛法根老师经常告诫我们的一句话。组块研究的主阵地一定是课堂。20多年的组块教学研究，变化的是不同阶段的不同探索，不变的是对课堂坚守的态度。为开发联结性学习工具，薛老师提出

"九宫格学习单",综合课前试学单,课中学习单和课后延学单。薛老师一课又一课的尝试、修改、再尝试,以课例研究来突破,逐渐建构"九宫格学习单"的操作系统。20多年来,薛老师开发与积累了一百个组块教学课例,为广大一线语文教师提供"一看就懂,一学能用"的教学范式;薛老师边实践边提炼,提炼的成果在运用中获得验证,在反思中得以提升,实现理论与实践的双重转化,这也就是组块教学如此接地气的原因,是组块教学具有持续生命力的原因。

3. 需要长时间的持续

1997年,薛法根老师正式原创性提出组块教学。20多年的研究历程,有收获,也有困惑与艰难。然而,坚持就是一种最美的力量。不浅尝辄止,不半途而废,不同阶段的深入推进,使组块教学不断焕发新的生命,逐渐触摸到语文教学的规律与本质。我们认为,一生只做一件事,需要毅力,更需要教育情怀与教育勇气。选择对的,坚持走下去,就能把语文教学的研究大道越走越宽,越走越远!

在薛老师的世界里,他的东西可以全部是我们的,哪怕是几段关键的研究文字,哪怕是新开发的一个课例。在鼓励我们写文章时,总是这样说:"写文章一定要严谨,不能抄袭;但是,我的东西你们都可以用,因为我们是一个研究共同体,我的研究成果是属于大家的。"凡是有新的研究成果,他总是迫不及待、毫无保留地和我们分享;只要我们需要,他总是放下自己的工作,耐心地陪我们解读教材,甚至比我们还投入。正因为这样的胸怀与气度,让更多的人愿意跟随着薛老师的脚步,在组块教学研究之路上无怨无悔。

教语文是一件幸福的事

——跟着薛法根老师研究组块教学

江苏省苏州市吴江区盛泽实验小学   王晓奕

2000年,是我教育教学生活的起点,也是我组块教学研究的开始。对于刚踏出校门的新老师来说,这次幸运的相遇成了我教育教学生活的好风景。

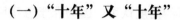

（一）"十年"又"十年"

工作的第一年，也是组块教学第一阶段研究的总结阶段，我就如一块从未吸过水的"干海绵"，快速地、最大限度地吸收着组块教学给予我的"水分"。《卧薪尝胆》《螳螂捕蝉》等，在薛法根老师的这些课例中，我明白了语文老师眼里一定不能仅有教材，必须打破一本教材的局限，引领学生将语文学习与生活融合起来，重组、整合、选择适合的学习内容。跳过了新人教师在教学内容上翻来覆去的阶段，组块教学给了我"减、联、合"的教学设计启发。工作至今，我在自己的课堂上深深体验着组块教学每一阶段的研究成果给我的课堂教学带来的变化——清简而有效。

1. 用"板块综合"实现"一课多得"

新手起步，组块教学所提倡的建构综合学习活动板块让我的课堂富有了更多的张力。组块教学主张实现一个板块活动达成多个教学目标，减少无效劳动，具有增值性。即使是简单的词语教学活动，也可以设计成一个融识记、理解、运用于一体的综合性实践板块。如《永生的眼睛》一课，我设计了读拼音、写词语，交流生活、理解词义，借用词语、练习概括的词语教学板块。作为导入的读拼音、写词语，是站在学生生词学习基础上的复习考查，考查的是每个学生的识记能力。但这个词语教学板块的价值远远超过了对这三个生词的默写掌握。从心愿到遗愿，从自己的捐献经历到对捐献器官的崇敬，第二个环节的交流，是基于学生生活经验的理解，考查的是学生的理解能力。而第三个环节，借助三个词语，从一句话到三句话，是对学生概括能力的训练。看似平常的词语教学恰恰蕴藏着多元的功能、三重目标：生字词复习、重点词语理解、课文内容概括。三个教学活动是环环相扣，纵向深入的。如果我们在教学中把这三个教学活动割裂开来，词语复习就是单纯的词语默写，把词义理解融入课文学习之中，再另觅时间安排学生概括课文主要内容，那么这三个活动的价值就非常有限。因为在课堂上围绕学生的识记、理解、概括三个能力将三个教学活动整合成了一个综合的教学活动板块，构建出了一个层层推进的语文实践活动，于是教学就变得清简了，目标的达成也就水到渠成了。

2. 用语文的方式学语文

用语文的方式学语文，这是我从组块教学研究中收获的又一个锦囊。何谓用语文的方式？简单地说，就是指导学生运用听说读写的语文学习方式，在听说读写的语文实践活动中，发展以听说读写能力为核心的语文素养。苏州市 2000 届小学语文教师评优课活动，我执教的《水》得到了评委老师的高度认可，因为课堂上我用生活的方式带着孩子学语文。用"在我的记忆里……"这一句式，借用课文中的内容梳理课文；激活学生生活经验，体验"一场雨"的痛快；通过对"滑过"等语言形式的讨论，发现文本细腻的写法；在"渴"与"饿"的比较中，感知"以乐写苦""以乐写悲"方法。朗读、背诵、写话；理解、体会、运用；以读代讲、以问促读、读写结合；提问、归纳、点拨……语文教学，不需要花哨的表演、煽情的音乐、诱人的动画，就是在师生静静的阅读中，原本平平淡淡的语言，甚至毫不起眼的词句，也能生出那么多的韵味，读出那么多丰富的情意。

3. 用专业的眼光教语文

慢慢地我发现，听说读写的学习方式看似简单，但真正要设计出符合文体特征、符合学生语文学习规律的语文实践活动，需要的是教师解读教材、活动设计时的专业眼光。说明文教学，极易上成科学课，老师们往往会把教学的重心放在课文内容的学习上，而忽略了对语言文字的理解与运用。研磨《大自然的文字》，我发现这篇文艺性说明文，介绍了大自然中的现象以及背后的科学知识，借用了"文字"的比喻，显得生动形象，具有可读性。就六年级的学生而言，阅读理解文本内容，并非难事；教学的重点在于对文艺性说明文的说明方法与语言表达特征的理解和运用。抓准了这一个教学的核心价值，就体现了语文教学的专业性。识记字词、理解概述、运用仿写，三个教学板块都聚焦于语言文字的学习与运用，是语文学科本体性的教学内容，课文的内容是学习语文的凭借。如此，语文教学才真正走出了围着课文内容兜圈子的怪圈。

4. 用任务情境激发言语创造力

语文学习要融入鲜活的生活，语文能力是在听说读写的语文实践中练出来的。所以，语文教学必须进行专业的活动设计，以让学生在拟真的任务情境中，创造性地运用语言文字解决具有挑战性的生活问题。这样的语文实践活动，赋予学生特定的情境角色和实践任务，可以最大限度地激发学生的言语创造力，发展学生的言语智能。执教《西门豹治邺》，我聚焦单元语文要素"了解情节、简要复述"，紧扣西门豹的"三把火"，设置了"概括、复述、评议"三个具有挑战性的学习任务。用一个词语或短句准确地概括三件事，这个精准概括的过程，实质上是思维从感性到理性、从分析到综合、从发散到聚焦的多重联结。而第二个复述任务，从50字的汇报民情奏折、到劝告逃亡百姓回乡的转述、到激励百姓开凿水渠的演讲，三个"复述性"的情境任务，无一不具有挑战性，重设了场景，变换了对象，复杂化了任务，而正是这种挑战性的学习活动，激发了学生的言语创造力。最后的评议性任务：你怎么看西门豹烧的这三把火？如果这三把火发生在今天，你又怎么看？古代对西门豹"民不敢欺"的评价怎么理解？不断推进的评议性任务，在激活学生已有思维的同时，把学生引向了批判性思维、深度反思，更给了学生课堂外不断阅读思考的启示。

在一个阶段一个阶段的组块教学研究与实践中，我发现我的课堂简洁了，但学生在课堂上的学习活动却丰富了、深入了，学生的语文能力生长了、语文素养提升了、言语智慧闪现了。课堂的改变、教学行为的改变，都源于我对学科教学认识的不断深入，源于组块教学所提供的那一个个可操作、可迁移、可运用的语文教学策略。工作的第一个十年，组块教学对我而言就是教学研究的全部，是"除却巫山不是云"的膜拜，那一段"我的眼里只有你"的日子成就了我作为小学语文教师的专业性。而工作的第二个十年，我在"组块"的试验田上开始了自我的寻找。

（二）指向言语品质

1. 如何"育智能"的追问

在长期的组块教学实践和研究中，我总结出了语文老师研制适切的教学内容的四个角度：从儿童的天性看雅俗；以儿童的悟性定深浅；视儿童的耐性取多少；就儿童的知性分先后。依据这四个角度，我能比较准确地发现课文的教学内容，能敏锐地洞察孩子需要怎样的语文教学。但是我发现教学内容学生喜欢了，课堂氛围活跃了，可我的课堂仍然存在"高耗低效"的现象。问题究竟出在哪里？如何才能破解呢？我重新打开薛法根老师的一堂堂经典课例，从《我应该感到自豪才对》《真理诞生于一百个问号之后》《螳螂捕蝉》到《爱如茉莉》《我和祖父的园子》《哪吒闹海》，我猛然发现薛老师每个版块的教学内容都隐藏着一个核心的语文教学价值取向，也就是他说的"言语智能"，即作者运用言语文字精确妥帖地表达信息、知识、情意的智慧能量。于是，我明白了，聪明的语文老师不仅要洞察学生需要怎样的语文学习，而且要深喻作为专业老师需要给孩子怎样的语文引领，在两者落差之间寻找到合宜的教学点，才能真正促进儿童的语文能力和素养的发展。我觉得自己体察到了薛老师"发展言语智能"教学主张的智慧所在，但是自己功力有限，还是处于说不清道不明的境地。"言语智能"教学对自己来说总归需要有一个具体抓手——那么抓手是什么？在哪里？我又一次陷入了迷茫……

2. 找到"育智能"的抓手

学生时代的我非常喜欢杨绛先生翻译的诗句："我和谁都不争，和谁争我都不屑"，甚至把它作为自己的座右铭。偶然地，我发现同样是兰德的原文"I strove with none, for none was worth my strife."李霁野先生则译作"我不和人争斗，因为没有人值得我争斗"。诗人绿原又译作"我不与人争，胜负均不值"。"不屑"与"不值"折射的是不同的生活姿态和情怀境界……原来，言语是有"品"的。遣词造句的正误、雅俗，谋篇布局的巧拙、优劣，是一个人言语能力及内在品格的整体反映，我称为"言语品质"。言语品质就是作者（说者）言语智能的外化结果，它可以作为"为言语智能而教"的抓手。于是，我大胆地提出了源于组块教学又属于自己的语文教学主张：言语品质，语文教学的价值取向。

带着这样的理解，我完成了《和时间赛跑》这一教学研究课。对《和时间赛跑》这一篇哲理性的散文，我删繁就简，将阅读的视点聚焦在"谜""赢""理"。而这三个教学的"落点"，正是学生阅读本文的"关键节点"："谜"中揭示"时间一去不复返"之理；"赢"中道出"超越自我"之理；"理"中阐释"快走几步"之道。这些正是三年级的学生自己阅读的"困惑之处"，教在起点才能促进学生进步。而我的三个板块，处处都将文本阅读与学生经验融合在一起，无论是课始的"一分钟"摆钟，还是课中的"赛跑"游戏，或者课尾的情境劝说写话，都贴近学生的生活，但又高于学生的原生态生活。这样的一种适度贴近，铺设了一个个走向作者心灵世界的台阶，让学生逐渐与作者的情思与哲思产生共鸣：哦，原来我也有这样的生活体验。如果作者不说破，我就永远不知道！这样的阅读才会时时带来惊喜，带来精神的愉悦与境界的提升。好的作品，就是你能感觉到作者的话，正是说给你自己听的。语文课，不管什么样的文章，都要聚焦语言文字，偏执于文本的思想感情，是不完整的教学。教学《和时间赛跑》我把握了"言与意"的恰当尺度。对"谜"一样文字的概括理解、感情朗读，对"赢"的书写指导、语境解读，对"理"的朗读背诵、迁移运用，都体现了本体性的语文教学观。而散文的语言文字，是作者高度个性化的语言表达，同样的词句，在林清玄的笔下自有不同的含义与意味，不用心品味，就难以获得浸润其中的情感与况味。比如文中那个小小的"了"字，传达出的是那样细腻、真切的悲伤与怜悯，还有一种淡淡的无奈与害怕。教学的着力点正是这些看似平常实则奇绝的语言，磨砺的是学生散文语言的敏感性。对语言的敏感，实际上也是心灵的敏感。因为，读者与作者，因语言而心灵相通，神情共鸣。

《和时间赛跑》得到了同行、专家的肯定和赞许，我更清楚地认识到运用语言文字表情达意，是语文教学的价值目标。语言文字与思想情感是"形式"与"内容"的关系，也是一个人"表"与"里"的体现。文如其人、言由心生，一个人的言语行为及其言语作品，折射出一个人的内在精神与思想人格。形式与内容本是言语的一体两面，语言的运用机制就在于"言意互转"。阅读练的是"以言逮意"的功力，写作练的是"以言达意"的功夫，这也就是薛法根老师的组块教学所提倡的"为言语智能而教"。一篇篇课文的教学，在读懂课文"写了什么""说了什么"的基础上，还要琢磨课文"是如何说的""为什么要这样说""我又该如何说"，这样学生就获得了言说的方法、言说的能力、言说的智慧，也就是"言语智能"。

3. 铺设"育智能"的阶梯

如何才能让语文教学真正地指向言语品质，以学生言语品质的提升实现"发展言语智能"？在《灰惊鸟》《匆匆》《狐狸和蝉》等一系列课列研究的基础上，我清楚地认识到语文教学的起点就是学生已有的言语水平，从学生的所言所作中，准确把脉其言语活动中的各种"病象"，设计有针对性的"听说读写"的矫正训练活动，才能促进学生的言语品质发展。言语品质是在言语活动或言语作品中体现出来的，教学中一定要带着学生揣度一下"为何这样写而不那样写""一般人会怎么写""如果是我，会怎么写"，这样的阅读研习才能抵达作品的言语品质。言语品质不是靠讲出来的，也不是靠做练习做出来的，而是在言语实践中锤炼出来的。越是复杂的言语环境，就越能锻炼一个人的言语机智和言语品质。语文教学要立足课堂，将学生在学习、生活中可能面对的言语问题引入教学，呈现生活化的任务语境，教给学生实战型的言语策略、方法，以期获得言语能力和言语品质的提升，实现言语智能的发展。这也就是薛法根老师所说的"语文教学就是在教学过程中帮助每个学生发现自己在言语智能领域的潜在优势，并创设适合学生言语实践的'聪明环境'，在积极健康、富有'营养'、充满情趣和交互作用的语文课堂中，促进学生言语智能的持续发展"。

图 4-8　薛法根课间和组块教学实验学校老师在一起

（三）从一颗种子到一片森林

一颗种子，促成一群教师教学思想的萌芽。沿着组块教学的研究之路，我们发现组块教学，就是一颗生命的种子，它播撒下的不仅仅是一种语文教学思想，更是作为教育者的生命成长状态。从 1997 年到现在，组块教学在一个又一个阶段性研究目标的实现中不断地深入，直至明天、以后、未来，从来不曾画上句号。它让更多老师看到的是一种教学思想的形成一定是来自教师自己的实践，是由实践到认识、再由认识到实践、再由实践到认识的不断往复的过程。同时，教学思想必然还原到自己的实践中。组块教学之所以受到广大语文教师的欢迎，因为我们在薛法根老师的课堂上能鲜明地看到组块教学的科学性及其价值意义，看到了组块教学所具有的广泛的实践价值。组块教学，借鉴心理学组块原理、从语用学视角诠释了语文课程的"言语性"，符合语文学科学习、学科教学的规律，符合心理学、教育学的基本原理。同时，组块教学又是具有原创意义的理论，充分彰显了薛法根老师的语文学科见解，是他建构起的专属自己的语文学科教学的理论架构。组块教学这颗生命的种子，让更多老师的研究之心萌芽，让更多老师看到在教学研究的大地上，我们究竟应该如何播种、如何耕耘、如何看待收获。沈玉芬、徐国荣以及我先后成为江苏省语文特级教师，还有江苏省美术特级教师娄小明、苏州市体育名教师曹忠、苏州市综合实践带头人周菊芬、苏州市数学带头人周育俭、苏州市英语带头人戴建琴、苏州市音乐带头人马晓菲……盛泽实验小学教育集团各学科教师的百花齐放，就是组块教学这颗生命的种子在所有老师心中生根、发芽、不断生长最好的证明。

一颗种子，促成一门学科教师专业能力的飞跃。组块教学是薛法根老师原创的语文教学思想，它紧紧围绕"发展言语智能"这一语文教学的核心目标，形成自己的实践范式，开发了板块式课程，建构了联结性学习方式，探索了学科统整性实践，积累了系列的经典课例。对于语文教师来说，组块教学不是空中楼阁、不是象牙塔、概念车，是可以让我们拾级而上的拐杖。确实，组块教学给了一线语文教师清晰的阅读教学思路，目标的定位、内容的重构、活动的设计、方式的选择、实践的视角，它就像一个摆满了生活用品的货架，教师们可以随意选购以更好地过自己的语文教学生活。在盛泽实验小学教育集团，组块教学促进了全体语文教师解读教材、设计活动和课堂应对的能力，形成了实证性的教研文化，30 多位语文教师应邀在全国各地作示范课、讲座 200 多场次，4 位教师先后成为江苏省教学名师、特级教师。组块教学这一颗生命的种子，在带来语文教师专业能力飞速提升的同时，也成就了教师们在语文教学研究之路上的特色发展、个性成长。沈玉芬老师的联结性学习、徐国荣老师的指向言语体验的语文教学、王晓奕老师的适性教学、金洁萍老师的点亮生命的儿童写作教学……盛泽实验小学教育集团语文教师的精彩，更在于他们在组块教学的土壤上经历四季成长、结出了属于自己的教学硕果。独木成林，是一颗种子、一个生命的壮阔，而组块教学这颗种子带来的是一颗颗具有蓬勃生命的种子、是一整片森林的不断绵延。

什么是幸福？当我以一位语文教师的身份自问。我想说幸福就是作为语文教师的价值得以彰显、得以实现、得以满足。组块教学，赋予了我作为小学语文教师的幸福，幸福地与我的孩子们一起不断享受语文的魅力，幸福地与我的同伴们一起不断发现语文教学的秘密。组块教学研究，一件幸福的事，成就我的下一个十年。

组块教学与我的专业成长

苏州市吴江区教育局教研室　徐国荣

　　1990 年我到无锡师范三二分段大专班报到的第一天，来火车站接站的学哥学姐一知道我是吴江人，就兴奋地说起了薛法根，话语中饱含对这位早已毕业两年的学哥佩服之情。就读无锡师范大专班的两年间，很多老师很多次以薛法根为榜样教育过我们、激励过我们。也许是缘分，1992 年我大专毕业分配到盛泽实验小学（当时叫吴江县第二实验小学），竟与薛法根成了同事。1994 年，我才上岗两年，薛法根就鼓励我跟着他一起参加了吴江市首届"百节好课"教师评选，居然和他一起获奖了。从那时起，我内心似乎播下了小学语文专业成长的种子，感觉到内心有一种生长的力量。1997 年，吴江市成立小学语文教学改革中心组，我再次有幸和薛法根一起成为其中一员。1998 年，薛法根老师正式提出"小学语文组块教学"这个概念，针对小学语文教学长期"高耗低效"的困局，明确提出了语文教学改革的"三个走向"，即走向生活、走向运用，走向综合。这标志着"组块教学"的初具雏形，如同新生命呱呱坠地。1999 年，薛法根老师成了江苏省最年轻的小学语文特级教师。从教 30 年，薛法根的组块教学思想就像一盏明灯，照亮着我语文教学人生的梦想之路，一步一步引领我叩开语文教学殿堂之门。1999 年，获评吴江区学科带头人，2009 年获评苏州市学科带头人，2010 年获评苏州市名教师，2016 年获评江苏省特级教师。

（一）练就专业的眼光

　　教什么永远比怎么教重要。精准解读教材，确定合宜的教学内容成了语文教学突围"高耗低效"的关键之举。在薛法根的组块教学理论体系中有一个著名的"三不教"原则，即学生已读懂的不教，学生自己能读懂的不教，教了学生也不懂的不教。这个原则对我影响深刻，是它指引我练就了解读教材的专业眼光。通过一个阶段的思考，结合自己的实践，我提出了解读教材的三种眼光，即成人的眼光，以成人宽广多元的视角、丰富深刻的生活积累、厚实广博的学识，站在文学与哲学的高度去解读、鉴赏课文；儿童的眼光，用一颗童心，以我们熟悉的儿童视角、儿童生活、儿童思维去解读课文，摸清学生独立解读课文所能达到的原始高度；教师的眼光，即专业眼光，在前面两种解读的基础上，以一个语文教师的视野和责任来审视成人阅读和儿童阅读之间落差，站在语文课程目标的高度发掘教材的教学价值。带着这三种眼光解读教材，我们才会有拒绝阅读各类教学参考资料的底气，与文本进行深入对话的灵气，才能用心去感受、理解文本的价值与意义，深刻把握文本的人文蕴含；才会基于学生言语发展的需要去触摸、涵咏、体察文本的语言，关注作者运用语言文字的智慧。只有这样，教师才会敏锐地发现"三不教"的内容，给"教学目标"一个准确的定位。我由此写成的《专业化预设：生成性课堂的智慧投资》，获得江苏省教海探航征文一等奖，并发表于《江苏教育研究》2009年第4期。我又进一步研究，提出教学内容研制的"三部曲"。即依据文本的教学价值以及《语文课程标准》规定的"总目标"和"阶段目标"，发掘"这篇课文一般可以教什么"；针对具体学情，有效地达成既定的课程目标，筛选"这篇课文实际需要教什么"；根据所选教学内容之间的联系，和学生的生活实际与学习需要之间的联系，进行有效整合，设计"怎样更有效地教这些内容"。我把相关观点和实践写进了《教材解读：应注重教学内容的确定》，发表于《江苏教育》2009年第5期。

以执教《我和祖父的园子》为例，我带这样的理念与眼光解读教材，梳理整合出三个教学内容，即"内容理解"，概括文本写了哪些事，进而引导学生探讨栽花、拔草、铲地、浇菜这些农活累不累、苦不苦，学生从比较中发现萧红在院子玩闹，甚至闯了祸祖父也没有责怪她，由此领会到萧红童年生活的自由和快乐；玩味"对话的选择"，引导学生发现文本在这些往事的讲述中只有"铲地"这件事中展开了一段对话，且每句话语独立成段，继而引领学生通过朗读来领会作者展开这段对话的写作意图——这段对话最能感动读者；感受"语言的调子"，通过朗读，把静态的语言转化成听得见的情感"调子"，继而发现这样的语句在遣词造句的形式上的规律，然后直指作者的文心——萧红的心是自由快乐的，眼中的事物也是自由快乐的，更神奇的是笔下的文字也有了自由、快乐的调子。薛法根听了我的课，欣然为我的教学写了点评《另起一行的精彩》（发表在《小学教学（语文版）》2014年9期），他说，"尤其是'对话的选择'与'语言的调子'，是一般老师看不到的、想不到的……"，"徐老师淡化了散文体小说的文学色彩，重在对隐于其中的语文知识的发现和归纳，尤其是教学直接指向（学生）写作（的需要），教出了不一般的精彩"。

（二）找到语文的句子

1999 年，薛法根执教公开课《螳螂捕蝉》一举走红，它是组块教学在实践层面走向成熟的标志性课例。继而，薛法根雨后春笋般陆续推出了《珍珠鸟》《爱如茉莉》《我应该感到自豪才对》《"你必须把这条鱼放掉"》等一系列经典课例，生动、可视地演绎了他的组块教学思想，在全国产生了广泛而深刻的影响。"近水楼台先得月"，薛法根每出一个课例，我都认真研读，揣摩他就具体的课文在教什么，这些内容是怎么研制出来的；分析他是怎样设计的，为什么这样设计；梳理他是如何构建教学活动的，又是如何展开、推进的；推敲他是怎么点拨的，为什么这样点拨；玩味他是怎样评价的，为什么这样评价……自己班教到这些课文，我就偷偷地"克隆"，刻意模仿，开始生硬、别扭，慢慢顺畅了，自然了，好像悟到了一点法根上课的窍门了，对组块教学的"为发展儿童言语智能而教"主张的认同日益深刻。日常教学中，我常问自己：这篇课文法根会教什么；这些内容他会怎么教；他会教到什么程度；学生没有感觉时，他会怎样点拨引导……2010 年，苏州市学科带头人课堂展评，我执教《槐乡五月》，获得了各县市区教研员的好评。他们说我的课里法根的影子越来越清晰了。听到这样的话，我很高兴，甚至有点自我陶醉。

2011 年暑假，法根问我有没有自己的教学主张。我说有，追随组块教学，"为发展儿童的言语智能而教"。他凝视了我好久，语重心长地说："你现在是苏州市学科带头人、名教师了，要有自己的思想和主张。不能老跟着我，你要做你自己！"话语掷地有声。接着，他给我讲了小学语文教学改革的现状，介绍了很多当下有影响的教学主张，最后布置了一个任务，写一份不少于 5000 字的个人教学主张。我把自己历年来的教学案例和论文梳理了一遍，又把新课标深入地研读几遍，懵懵懂懂地确定了自己专业研修方向：指向言语体验的阅读教学。我思考，阅读教学要落实"学习语言文字运用"的核心任务，就要有效地用课文的言语图式积极影响学生言语图式，两者链接点应该放学生在阅读和写作中获得积极的言语体验。言语体验，是言语内容体验和言语形式体验两者融合而成的整体，其重心是发现和玩味言语形式对言语内容表达得"精确妥帖"的经历和结果。我认为言语体验积淀的成果就是以"言语能力"为核心的"言语智能"。我还提炼出了言语体验教学最语文的方法："言语形式"的比较，将文本的言语形式与学生已有的"自然言语形式"进行比较，让学生获得高于"自然"的认识和体悟；还有创造相似语境，促发迁移运用，化"他用"为"我用"。为了提出自己的主张，我的研究重心始终聚力于课堂实践上，基于组块教学寻求个人课堂教学的转型，打造属于自己的课堂。我相继开发了《海底世界》《珍珠鸟》（实录发表于《小学语文教师》2013 年 12 期）《我和祖父的园子》（实录发表于《小学教学（语文版）》2014 年 9 期）等课例，得到了许多专家、老师的好评。下面是我执教《安塞腰鼓》的一个片段（阅读第五至第八自然段）：

师：这五个比喻从不同的角度表现了安塞腰鼓舞姿的壮阔、豪放和火烈。作者的观察力和联想力着实让我们佩服！可是，老师总觉得这组比喻句形式上很怪异，你们发现了吗？

生：是的，每个比喻表达的顺序和我们平常写的不一样，被倒了一下顺序。

师：你能帮他还原吗？

生：急促的鼓点像骤雨一样；飞扬的流苏像旋风一样；……（屏幕投示，齐读"常态"的比喻句）

师：作者为什么不用这样常态的顺序来写这个句子呢？内容一模一样的啊！（学生一时说不上来）我们来比较着读读……有什么发现吗？

生：改成常态语序的句子读起来好像没有了力量，用不上力气。

生：这个常态语序的比喻句只是形象地写出了舞姿的样子，好像没有了节奏的力量。

师：的确如此！作者将比喻句的语序倒一下，再加一个逗号，使句子有了节奏，有了节奏就有了调子。我们再来齐读，感受一下这个句子铿锵有力、激情四射的调子。（齐读）

师：现在我们来看段录像，请特别注意安塞腰鼓的鼓点、流苏、脚步、眼睛和身姿，同时联系这个句子的节奏，看看有没有新的发现？（看录像）

生：这个句子读起来的节奏和腰鼓的节奏一样有力。

生：读到"骤雨一样""旋风一样"等好像是一锤打下去，有力量感。

生："骤雨""旋风""乱蛙""火花"和"斗虎"又是极具动感和力量。

师：语序的变异，喻体的选择，使语句的音响就有了节奏，还有了击鼓的力量。

腰鼓的艺术舞姿和语言的艺术形式达到了真正的统一，这样的表达叫匠心独运。我们再次朗读这段话，读出作者精心创造的节奏……

师：第五至第八自然段中，就这句话具有与安塞腰鼓节奏合拍的调子吗？还有吗？大家再读读，找出来感受一下……

片段中，可以看出学生阅读体验的兴奋点，从言语内容的感受转移到对言语形式的玩味上去了，学生无不折服于作者对言语形式的苦心孤诣。这样的教学，学生获得的不再只是比喻的概念化知识，而是"比喻"在创造性运用中的语用体验。我认为学生的"言语智能"就是在这样的言语体验中被唤醒，并茁壮成长起来的。

就这样，我就坚定而清晰地提出了属于自己的教学主张：指向言语体验的小学语文教学。随着实践的深入，我发现我的教学主张其实就是组块教学"为言语智能而教"的个性化探索和演绎，我的根深扎在组块教学的园地里。

（三）形成教学的风格

在薛法根组块教学"清简·智慧·扎实"的教学风格的影响下，我逐渐找到了自己风格定位：活泼·有序，并基本走向成熟。

1. 活泼

指向言语体验的语文教学认为，一切规范的、优秀的、个性的言语典范所内隐的言语知识，只有附着于学生活泼的"言语体验"，才能成为具有"活性"的知识，才能充满"活力"地同化、顺应到学生言语图式中，内化成言语能力，积淀起语文素养。我在具体的教学实践中，力求无论是教师"教"的活动，还是学生"学"的活动都应该呈现活泼的生命状态；无论是文本语文教学内容，还是师生自身参与学习的知识经验、情感态度都要被充分地激活，催化老师、学生和文本言语（作者）之间活泼的对话。唯有这样，才能确保学生发现和习得言语知识的过程中经历和获得的"言语体验"生动自然、充满生机。我充分发挥自己活泼、幽默的性格特点，带着对语文和儿童的热爱，运用情境创设、游戏组织等手段和方式，激活儿童活泼、好奇的语文学习需要，和他们一起营造、融入充满趣味、民主、和谐的课堂氛围，使得语文学习成为安全、快乐、满足的生活。在此基础上，指向言语体验的语文教学着力追求的是课堂内在的活泼。通过比较、迁移或唤醒，深入浅出地凸显语言文

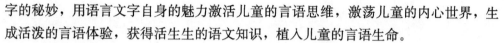

字的秘妙，用语言文字自身的魅力激活儿童的言语思维，激荡儿童的内心世界，生成活泼的言语体验，获得活生生的语文知识，植入儿童的言语生命。

2. 有序

指向言语体验的语文教学追求活泼的风格，并不是师生随性而为，而应该做到活泼而有序。所谓"有序"，就是使得语文教学遵循语文课程内在的秩序，遵循儿童语文学习的规律，遵循汉语文教学的规律，遵循儿童言语生命生长的规律，主要包含以下三个层次：首先是教学内容研发的有序性。就一篇具体的课文，教师要在科学、充分发掘文本的语文教学价值的基础上，依据具体的学段进行教学内容的选择、整合和转化，依据具体的教学对象进行言语体验程度的定位；教师的目光不能局限于一篇具体的课文，还要将课文放进整个教材体系中进行考量和权衡，善于发现和梳理散落在"无序"的课文中的语文教学价值点之间的关系，如同类课文（例子）前后统筹安排，前后兼顾，使得言语体验教学循序渐进、螺旋上升。其次是教学过程展开的有序性。就一个具体的言语体验点，教学起点和落点的确定要遵循"最近发展区"的规律。言语内容浅显易懂的言语体验教学点，教学的精力可以直接集中在言语形式解密上，避免在内容理解上迂回；言语内容离学生的生活有一定的距离，或者内涵丰富，学生看似自己能读懂，其实是一知半解的言语体验教学点，势必要先帮助学生基本读懂言语内容的基础上，将"内容体验"回溯到言语形式上，再聚焦于"内容体验"与"言语形式"的关系，寻求适切自然的言语体验。最后以"言语体验"为核心价值取向的语文教学，不仅仅着力于通过言语体验教学提高儿童语文知识、能力的习得，更要着眼于改变儿童语文学习的方式，重建儿童的言语思维方式，尤其是改善作为语文学习的儿童终身的语文习惯和价值取向。

如果说如今组块教学是小学语文教育界的一株参天大树，那么我始终感觉到我是这株大树的一根新枝，不是嫁接上去的，而是自己生长出来的。我以前、现在和未来的成长离不开组块教学的园地，离不开组块教学的根，更离不开薛法根的教诲与引领。

附录

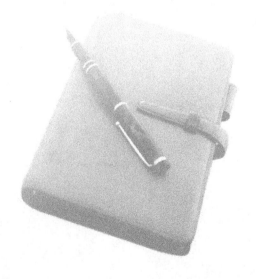

一、主要专著

1.《薛法根教学思想与经典课堂》，太原，山西教育出版社，2005。

2.《为言语智能而教——薛法根与语文组块教学》，北京，教育科学出版社，2014。

3.《现在开始上语文课——薛法根课堂教学实录》，北京，教育科学出版社，2014。

4.《做一个大写的教师》，北京，教育科学出版社，2014。

5.《薛法根教阅读》，郑州，文心出版社，2014。

6.《文本分类教学——文学作品》，福州，福建教育出版社，2016。

7.《文本分类教学——实用性作品》，福州，福建教育出版社，2016。

8.《薛法根：组块教学》，南京，南京大学出版社，2019。

9.《一课三磨：过一种专业的教学生活》，南京，江苏凤凰教育出版社，2019。

二、代表性论文

1.《循环日记：作文教学的好形式》，载《江苏教育》，1993（13）。

2.《教得轻松 学得扎实〈奇妙的魔本〉作文指导及自评》，载《江苏教育》，1993（22）。

3.《语言训练要在"内化"上下功夫》，载《江苏教育》，1996（1）。

4.《语文教学要着力提高学生的语文素质》，载《人民教育》，1999（1）。

5.《在主动学习中落实语言训练》，载《江苏教育》，1999（5）。

6.《实现三个转化 提高课堂效益〈螳螂捕蝉〉教学谈》，载《江苏教育》，2000（12）。

7.《简约之美——我的好课设计观》，载《语文教学通讯》，2004（10）。

8.《言语智慧：语文课堂的自觉追求》，载《新语文学习》，2005（1）。

9.《追求智慧的语文教学》，载《江苏教育》，2006（8）。

10.《呼唤智慧的语文教育》，载《江苏教育研究》，2007（1）。

11.《备课：善于发掘教材的教学价值》，载《小学语文教学》，2010（27）。

12.《课堂观察 拥有透视课堂的眼睛》，载《吉林教育（现代校长）》，2007（5）。

13.《模仿·融合·创新》，载《江苏教育研究》，2007（6）。

14.《打造有效的课堂教学》，载《福建教育》，2007（6）。

15.《走向有效的作文课堂教学》，载《小学语文教师》，2007（12）。

16.《让作文更自然一些〈人物素描〉习作实录及执教感言》，载《语文教学通讯》，2007（36）。

17.《教学内容的重构：有效阅读教学谈》，载《小学语文教师》，2008（05）。

18.《教学目标的定位：有效阅读教学谈》，载《小学语文教师》，2008（06）。

19.《语言训练要在内化上下功夫》，载《江苏教育》，2008（z2）。

20.《重论阅读教学的四个要素》，载《江苏教育研究》，2008（24）。

21.《素描作文：贴近事物本来的样子》，载《小学语文教师》，2009（2）。

22.《让语文课清晰起来——〈燕子〉教学实录》，载《四川教育》，2009（z2）。

23.《阅读题"考什么"》，载《小学教学（语文版）》，2009（10）。

24.《言语智慧教学——基于组块的阅读教学策略》，载《江苏教育》，2009（34）。

25.《组块阅读教学策略（上）》，载《小学教学（语文版）》，2010（1）。

26.《组块阅读教学策略（下）》，载《小学教学（语文版）》，2010（2）。

27.《阅读教学的三个转变——小说〈爱之链〉教学后感》，载《江苏教育》，2010（10）。

28.《作文教学从阅读起步》，载《小学教学（语文版）》，2010（4）。

29.《为健康阅读而命题》，载《小学语文教师》，2010（06）。

30.《组块教学：为小学生言语智能的发展而教》，载《江苏教育》，2010（z1）。

31.《基于课程标准的教学内容研制策略》，载《江苏教育》，2010（28）。

32.《幽默课堂的三个支柱》，载《小学语文教学》，2010（28）。

33.《怎样"聚焦重点段"》，载《小学语文教师》，2011（5）。

34.《清简：为言语智能而教》，载《语文世界（教师之窗）》，2011（9）。

35.《形象·理趣·结构》，载《小学语文教师》，2011（10）。

36.《思考，让语文更智慧》，载《语文教学通讯》，2011（36）。

37.《看别人如何"说理"——议论文教学策略例谈》，载《小学教学设计》，2012（25）。

38.《清简：语文教学的本真回归》，载《小学教学研究》，2013（4）。

39.《课堂教学的审美化改造——〈匆匆〉教学例谈》，载《语文教学通讯》，2013（12）。

40.《用儿童的方式教语文〈我选我〉教学实录及及教学感言》，载《小学语文教学》，2013（13）。

41.《组块教学：为言语智能而教》，载《小学语文教师》，2013（7—8）。

42.《让语文教育充满智慧》，载《江西教育》，2013（26）。

43.《落差的教学转化》，载《江苏教育》，2014（1）。

44.《教学的勇气》，载《江苏教育》，2014（1）。

45.《专业赋权——教师权力的解放与规约》，载《江苏教育研究》，2014（5）。

46.《知识在于运用——以〈雾凇〉为例看语文知识的教学转化》，载《小学教学》，2014（3）。

47.《跟着贾老师教作文》，载《小学语文教师》，2014（4）。

48.《教学的"舍"与"得"——〈剪枝的学问〉教学实录与思考》，载《小学教学研究》，2014（25）。

49.《真理都是朴素的，好课都是简单的——〈剪枝的学问〉教学实录及教后感》，载《小学语文教学》，2014（28）。

50.《对话：改变你自己——弗莱雷解放教育思想的教学解读》，载《江苏教育》，2014（45）。

51.《教学设计"三问"》，载《小学语文教学》，2014 增刊。

52.《追寻教学的逻辑意义——〈水〉教学实录》，载《江苏教育研究》，2015（z2）。

53.《从"教课文"到"学语文"》，载《小学语文教与学》，2015（4）。

54.《"一课三磨"：教研与科研的统整实践》，载《江苏教育》，2015（19）。

55.《散文教学策略新探》，载《新教师》，2016（2）。

56.《让学习真实地发生——以学定教的活动设计策略》，载《语文教学通讯》，2016（18）。

57.《组块教学：指向言语智能发展》，载《语文建设》，2016（22）。

58.《识体·适体·得体——文体分类教学的价值考量》，载《语文教学通讯》，2016（27）。

59.《指向言语智能发展的语文组块教学》，载《江苏教育研究》，2017（S1）。

60.《基于"不教之教"的课堂创造》，载《江苏教育》，2017（66）。

61.《揭开"苹果的皮"》,载《小学语文教师》,2018(3)。

62.《好课都是简单的》,载《江苏教育》,2018(33)。

63.《教得集中 学得充分——〈黄河的主人〉教学实录及思考》,载《语文教学通讯》,2018(18)。

64.《教得准确,学得充分——〈珍珠鸟〉教学实录与解读》,载《中国教师》,2018(6)。

65.《和组块教学相伴一生》,载《中国教师》,2018(6)。

66.《用语文教儿童——统编本小学语文教材的教学要义》,载《内蒙古教育》,2019(10)。

67.《从'要素'到'能力'的活动转化——以〈风娃娃〉教学为例》,载《小学教学设计》,2018(34)。

68.《用母语编织意义——统编小学语文教材写作教学要义》,载《语文建设》,2019(2)。

59.《小学语文组块教学的实践研究》,载《人民教育》,2019(z1)。

70.《单元语文要素的教学解读——以统编三下第七单元教学为例》,载《小学教学设计》,2019(13)。

71.《一课三磨:过一种专业的教学生活》,载《教育视界》,2019(z1)。

72.《人在课中央》,载《教育视界》,2019(z1)。

73.《好课是磨出来的》,载《教育视界》,2019(z1)。

74.《"一课三磨"见大道》,载《教育视界》,2019(z1)。

75.《在阅读中亲近鲁迅——六上人物主题单元的教学解读》,载《小学教学设计》,2019(34)。

76.《"藏"起来的情思——统编本四年级下册散文单元的教学要义》,载《小学语文教学》,2020(z1)。

77.《整本书的导读要义与教学策略》,载《语文建设》,2020(12)。

78.《教学设计的三个优化》,载《小学语文教学》,2020(z2)。

79.《散文教学的关键点——〈四季之美〉教学片段及反思》,载《小学教学(语文版)》,2020(z1)。

后　记

　　这是我的第十本语文教学专著，以"教育家成长丛书"的方式出版，的确是一件值得纪念的事。说实话，这本书拖延了许久，是一份"迟交"的作业。五年前，时任中国教育报刊社副社长的张新洲先生，就约我撰写书稿。他说，全国小语界新生代名师中，窦桂梅、王崧舟、孙双金等都已经完稿出版，就剩我还没有写。我一再承诺年底写完，结果拖了一年又一年，每次接到新洲先生的电话或短信，都深感惭愧和不安，有时甚至额头冒汗。其间，我陆陆续续整理了一些材料，也写了一部分章节，但是都不太满意，感觉担不起"教育家成长丛书"这个名号。在我的理解中，"教育家成长丛书"是一套有思想高度、有实践深度及有影响广度的教学专著，一本书就是一个火种，可以点燃一群人，点燃一个学科研究领域。由此，我在写作的时候，努力做到三个"不"。

　　一是不重复。我曾经写过一篇文章，题目就叫《不做重复的自己》。上课，不能简单复制以往的教案；写书，也不能简单拼凑以往的书稿。组块教学 20 多年的研究成果，大部分都写入了此前出版的九本专著，唯有 2018 年完成的国家社科基金课题"关联视域中的组块教学实验研究"，相关成果尚未系统总结与科学提炼。这本书呈现的，就是这一阶段的最新研究成果，无论是理论建构还是实践课例，几乎都是刚刚摘下来的"瓜"，还留着一股"新鲜气"呢！

　　二是不浮夸。好文章是做出来的，怎么做就怎么写，扎扎实实做，老老实实写。如果做了十分，写了一分，那是"辞不达意"，白白浪费了宝贵的经验；如果做了一分，却写了十分，那是"言过其实"，经验一旦"注了水"就成了肥皂泡，好看不中用了。课堂实录就是"写实"，容不得编造；教学模式就是"写真"，见不得虚构；教学理论就是"写意"，没必要为了夺人眼球而故意偏激。这本书中的组块教学思想、范式、策略与课例，或许还不够深刻与完美，追求的唯有"实事求是"，所写的就像我自己，就是我自己。

三是不复杂。我喜欢简单的生活，喜欢简约的课堂，喜欢简洁的文字。能用一句话写清楚的，绝不啰唆成三五句话。要做到这一点，真的很不容易，必须对所写的内容深思熟虑，想透彻，想明白了，写出来的文字才是干净的。这本书，我很少引用别人的话，尽量写得通俗明了，让人一读就懂，一看就会迁移运用。由于水平有限，很多教学的原理至今都没有想清楚，所以很多章节仍然写得很含糊，显得很"朦胧"，这让我心里堵得慌，恨不能有一双"火眼金睛"，可以洞穿各种现象背后的本质规律。而这个"堵"，需要时间去实践和思考，下一本书，或许可以写得更舒畅些。

书稿的"众家评述"部分，既有来自全国各地组块教学实验区的一线报告，也有专家学者高屋建瓴的评述引领，还有组块教学核心团队中名师特级的实践体会。此外，有很多文章因篇幅有限只能忍痛割爱了。我深感幸运的是，在组块教学的研究道路上，有那么多的学校和老师一路相伴。一个人的成长，是无数人托举起来的。我要感谢我的母亲，是她让我懂得了"人可以不聪明，但不能不勤奋"。我要感谢我的恩师庄杏珍老师，感谢贾志敏、于永正等老一辈语文名家，是他们用"严格的爱"让我走上了"语文教学的正道"。我要感谢沈正元先生，是他让我下定决定"一生只做一件事"。我要感谢成尚荣先生，是他让我获得前行的勇气和转弯的智慧。我要感谢杨九俊、彭钢、董洪亮、孙孔懿、吴立岗、吴忠豪、王荣生、崔峦、朱家珑、袁浩、李亮、张晓东、王一军、王彦明、陈国安、邓衡仪、黄年胜、许红琴等专家学者，在我研究最困惑的时候，给予我点拨和鼓励。我要感谢沈玉芬、王晓奕、娄小明、徐国荣、范建健、钱卫华、黄妹芳、金洁萍、朱琪、赵桂芝等组块教学核心成员，感谢各地的组块教学工作站和实验学校，感谢他们对组块教学研究做出的诸多贡献。我要感谢一直以来关心我成长的朱永新、顾月华、周春良、顾乃肖、徐卫、林红、陈宇以及王剑荣、张文柏、姚荣荣、钟金泉、康美英等老领导。我还要感谢为本书出版付出心血的张新洲先生和伊师孟老师。

组块教学的攻坚克难，是共同奋斗的结果；组块教学的研究成果，是集体智慧的结晶。我相信，这本书是组块教学研究道路上的一个站点，而非终点。因为，组块教学是一项有生命力的研究，是一项"有根"的事业。

薛法根
2021 年 6 月 1 日写于红梨湖畔